Günter Harnisch

ORTE DER KRAFT
entdecken und selbst gestalten

Günter Harnisch

ORTE

DER

KRAFT

entdecken und
selbst gestalten

Kösel

ISBN 3-466-36530-9
© 1999 by Kösel-Verlag GmbH & Co., München
Printed in Germany. Alle Rechte vorbehalten
Druck und Bindung: Ebner Ulm
Umschlag: Elisabeth Petersen, München
Umschlagmotiv: photonica, Hamburg (Fotograf: Masao Ota)

1 2 3 4 5 · 03 02 01 00 99

Gedruckt auf umweltfreundlich hergestelltem Werkdruckpapier
(säurefrei und chlorfrei gebleicht)

Inhalt

Dieses Buch ist all denen gewidmet,
die mit mir auf die Reise gegangen sind
in ein Land, das jenseits des Alltags liegt und
eine unerschöpfliche Quelle der Kraft
und der Erneuerung ist.

Einleitung:
Was in diesem Buch
auf Sie wartet

In erster Linie möchte dieses Buch Menschen unserer Zeit helfen, ihre Wurzeln neu zu entdecken, damit sie Kraft aus ihnen schöpfen und ihr Leben wieder lebendiger gestalten können.

Unter Orten der Kraft sind in diesem Buch nicht nur jene alten Kultstätten in den Wäldern, den Quellen der Bäche, auf den Bergen und Felsen, den Klippen am Meer und den von Menschenhand errichteten Kathedralen und Kirchen zu verstehen. Orte der Kraft sind auch alle die Rituale, die kultischen Feste der Vergangenheit und der Gegenwart, welche die Menschen je gefeiert haben. Ihre Spuren bleiben.

Zu den Orten der Kraft zählen schließlich auch alle möglichen Gegenstände, die für uns *Symbole* der Kraft darstellen. Das können Krafttiere ebenso sein wie Zahlen, Runen, selbst gefertigte Kraftbilder, indianische Steinkreise, die Rhythmen der Musik, Tanz, meditative Übungen und Phantasiereisen, Gebete. Unsere Wohnung kann zu einem Ort der Kraft werden, der Garten. Unsere eigene Energie ist es, die Orte und Gegenstände in Symbole der Kraft verwandelt. Wir selbst sind

Orte der Kraft. Unsere Energie fließt überall dorthin, wohin wir unsere Aufmerksamkeit richten. Und mit unserem Bewusstsein können wir die Kraft spüren, die in Orten, Gegenständen und Symbolen wohnt. Unsere Träume sind voll von Symbolen der Kraft.

Orte heilender Kraft sind überall dort, wo ein Mensch sein Wesen, sein Werden, seinen Lebensstil verwirklicht. C. G. Jung hat einmal gesagt: »Eine innere Situation, die man sich nicht bewusst gemacht hat, taucht außen als Schicksal auf.« Lassen Sie uns also hinschauen auf unser Inneres, auch auf die Schattenseiten in uns, damit sie uns nicht länger als Schicksal von außen einholen müssen. So geschieht Heilung.

Viele Menschen heute haben Probleme mit ihrem Leben, weil ihnen der Zugang zu ihren Wurzeln verschüttet ist. Wo es gelingt, sie für die alten Symbole und Orte der Kraft zu sensibilisieren, erhält ihr Leben einen gewaltigen Schub an Kraft, an Sinn und an Heilung. Für C.G. Jung gehörten die archetypischen Symbole zur überdauernden, lebensnotwendigen Grundausstattung, ohne die der Mensch nicht überleben kann:

»Wer mit Urbildern spricht, spricht wie mit tausend Stimmen, er ergreift und überwältigt, zugleich erhebt er das, was er bezeichnet, aus dem Einmaligen und Vergänglichen in die Sphäre des immer Seienden, er erhöht das persönliche Schicksal zum Schicksal der Menschheit, und dadurch löst er auch in uns alle jene hilfreichen Kräfte, die es der Menschheit je und je ermöglicht haben, sich aus aller Fährnis zu retten und auch die längste Nacht zu überdauern.«[1]

Der Zugang zu dieser Kraft öffnet sich oft über die Sprache der Träume. In unseren Träumen spielen die jahrtausendealten Kraftsymbole wie Baum, Wasser, Feuer, Berg, Höhle oder Meer noch immer eine bedeutsame heilende Rolle. Es sind die gleichen Symbole, die unsere Urahnen in der Natur »im

Original« aufsuchten, um Kontakt zu den Göttern aufzunehmen, zu opfern, zu bitten, zu danken. Und noch immer steht uns ihre Kraft voll zur Verfügung, wenn wir uns ihr öffnen. Dieses Buch will helfen, den Zugang zu diesen Kraftquellen neu zu gewinnen. Doch der Weg, den es aufzeigt, führt noch weiter: Er zeigt Möglichkeiten, wie wir uns selbst neue Kraftsymbole schaffen können. Denn die Menschen jeder Epoche brauchen ihre eigenen Kraftsymbole.

Die Naturvölker wussten um diese Notwendigkeit. Nicht umsonst erhielt bei den Indianern jeder Heranwachsende seine persönliche Medizin, sein Kraftsymbol, das für sein ganzes Leben Bedeutung gewann. Wir können uns unsere Symbole der Kraft selbst schaffen. Sie helfen uns, den Zugang zu der Kraft, die uns aus der Natur zuströmt, neu zu öffnen. Wir brauchen diese Kraft nur in die Tagesrealität hineinzutragen. Das gelingt, wenn wir die Kraftsymbole unserer Träume und Meditationen als unsere kleinen, persönlichen Kunstwerke gestalten. Dazu müssen wir keine professionellen Künstler sein. Unsere alltäglichen durchschnittlichen Fähigkeiten und Begabungen genügen voll und ganz, die innere Welt unserer Kraftsymbole auszudrücken.

Die interessantesten Geheimnisse der alten Kultorte entziehen sich dem Zugriff wissenschaftlicher Methoden. Sie sind nicht messbar, nicht wägbar und nur sehr schwer mitteilbar. Wir bewegen uns in einem Grenzgebiet zwischen Traum und Tag. Beide Bewusstseinsebenen sind Realität. Beide gehören fest zu unserem Leben. Wer die Traumebene ausklammert, lebt ein unvollständiges Leben. Denn in unserer Phantasie, in unseren Träumen, wissen wir weit mehr über uns selbst als in unserer Tagesrealität.

Wenn wir uns in diesem Grenzgebiet zwischen Tag und Traum bewegen, begegnen uns oft seltsame Dinge, die sich mit unserem kausalen Tagesdenken schwer vereinbaren lassen. Wir sind den Göttern näher, wie auch immer sie für uns beschaffen sein mögen. Deshalb ist die Sprache dieses Buches oft eine andere als die, welche wir zur Mitteilung unserer Alltagsdinge benutzen. Das Reich der Phantasie, des Göttlichen in und um uns liegt zwischen Tag und Nacht. Es ist schwebend und manchmal schwer umreißbar mit den Mitteln unserer Sprache. Deshalb spricht dieses Buch vielfach in der Sprache der Meditation, der Dichtung, des Traums, der Mythen und der Sagen. Diese Sprache eignet sich am ehesten, eine Wahrheit mitzuteilen, die mit der Wissenschaftssprache schlichtweg nicht mitteilbar ist.

Knapp zusammengefasst, geht es in diesem Buch um Folgendes: Jahrtausendealte Orte heiliger Kraft gibt es an vielen Stellen in der Natur. Aber auch Bäume, Pflanzen, Steine, Symboltiere und von Menschen geschaffene Gegenstände sind bedeutsame Kraftträger. Wir können lernen, ihre Kraft wieder zu spüren, um Heilung und Lebensenergie aus ihnen zu schöpfen. Wir können uns selbst als Kraftträger begreifen und den Zugang zur Kraft in uns öffnen. Unsere Träume, selbst gefertigte Symbole und Rituale helfen uns auf diesem Weg.

Das Buch beschreibt,
- welche Wirkungen von den alten Orten heiliger Kraft ausgehen,
- wie sich das Geheimnis ihrer heilenden Wirkung erklären lässt,
- wie wir die Kraft starker Orte besser spüren können,
- wie wir selbst Orte der Kraft in unserer Wohnung, in unserem Haus, im Garten oder in der Landschaft schaffen können, um ihre heilende Wirkung zu nutzen,

- wie wir Symbole der Kraft in uns spüren und Kraftgegenstände gestalten können,
- wie sich Kraft in Symbolen unterschiedlichster Art mitteilt und überträgt.

Es öffnet den Zugang neu zu all den heilsamen Energien, welche die Priester und Schamanen der Naturvölker seit unvordenklicher Zeit zu nutzen wussten. Zugleich bietet es eine Fülle von *praktischen Übungen* und gibt vielfältige Anregungen, wie sich der Lebensraum um uns bewusster gestalten lässt. Wenn wir unsere Wohnung, das Haus, den Garten oder die Landschaft und unser Inneres in Einklang mit uns selbst bringen, kann uns wieder reichlich Lebenskraft zufließen. Noch immer ist genug davon vorhanden.

Dieses Buch entfaltet seine Wirkung am besten, wenn Sie es mit viel Ruhe lesen. Deshalb ist es gut, wenn Sie beim Lesen immer wieder einmal innehalten, verweilen, nachdenken, meditieren, das Gelesene wirken lassen, zurückblättern, das Buch manchmal aufgeschlagen liegen lassen. Denn es möchte Sie ein Stück weit auf Ihrem Lebensweg begleiten. Es will Ihnen helfen, die Welt um Sie herum neu sehen und hören zu lernen und jene heilende Kraft wieder zu spüren, die uns an den alten heiligen Orten umgibt und die in uns selbst reichlich vorhanden ist.

I
Faszinationen

Orte der Kraft strahlen fast immer eine ungewöhnliche Faszination aus. Schon früh in meiner Kindheit berührten sie mich tief. Denn ich bin in einer Gegend Deutschlands aufgewachsen, in der etliche Berge in nächster Nähe meines Wohnortes alte slawische Heiligtümer waren: Der Czorneboh galt als der Schwarze Gott der Sorben. Direkt ihm gegenüber stand der Bieleboh, der Weiße Gott. Sie beide habe ich als Kind oft besucht und bestaunt.

Wir hielten uns damals als Kinder den ganzen Sommer über in unserer Freizeit meist in den Wäldern auf. Felsklippen, alte Steinbrüche und im Wald verborgene Teiche waren unsere bevorzugten Spielplätze. Niemand zu Hause wusste jemals genau, wo wir uns befanden. Manchmal brachten wir Beeren oder Pilze mit. Die Fundstellen hielten wir streng geheim. Und natürlich besuchten wir dabei immer wieder die aus den Berggipfeln herausragenden Felsklippen. Eine von ihnen trug den Namen Teufelskanzel. Er beeindruckte mich damals besonders. Ich stellte mir vor, wie dort oben der Teufel stünde und, wie ein Pfarrer in der Kirche, zum Volk predigen würde – auf seine Weise.

Es gab unheimliche Orte in den Wäldern meiner Heimat. Von der Gegend um einen Teich hieß es, dort gehe ein Mann ohne Kopf um. Ich erinnere mich sehr genau, dass ich an diesem Ort immer ein dumpfes Gefühl im Bauch empfand. Dennoch ging ich immer wieder dorthin, vielleicht gerade deswegen. Viel später erfuhr ich aus einem Buch über Sagen aus jener Gegend, dass an ebendiesem Teich vor Jahrhunderten ein Mann ermordet worden sein soll, der dort in dunklen Herbstnächten noch immer mit dem Kopf unterm Arm umhergehe.

Auf einem meiner Streifzüge zu einem »Ort der Kraft« fand ich einen »Schatz«. Unter einem Stein wuchs ein Marone hervor: ein Bilderbuchexemplar von einem Pilz. Ich wollte den Stiel ganz miternten. Deshalb hob ich den Stein hoch – und fand darunter einen Beutel mit Geldstücken. Das rote Leinensäckchen, in dem sie sich befanden, war schon stark zerfallen. Leider verbargen sich darin keine Gold- oder Silberstücke, sondern nur Messingmünzen, ihrer Prägung nach aus den Jahren um 1871. Ich nahm sie dennoch mit nach Hause – als hervorragend geeignetes Spielmaterial. Aber seither hat mich der Gedanke niemals mehr losgelassen, wie jenes Säckchen mit den Münzen unter den Stein im Wald gelangt sein mochte: Hatte es ein Räuber auf der Flucht dort versteckt und später nicht wieder gefunden? Waren es durchziehende Soldaten gewesen, die dort ihre Kriegsbeute deponierten? – Der Stein im Wald wird sein Geheimnis behalten, wie auch die alten Orte der Kraft ihr Geheimnis niemals vollständig hergeben werden. Darin gerade liegt zumindest ein Teil ihrer Faszination begründet.

Faszinationen aus unseren frühen Jahren halten oft durch unser ganzes Leben hindurch vor. Bei mir bestimmen sie heute meine berufliche therapeutische Arbeit, die in erster Linie im Umgang mit den inneren Bildern meiner Klientinnen und Klienten besteht. Und immer wieder stammen diese inneren

Bilder aus der Natur. Die Kraft der Natur ist tief in uns. Wo es gelingt, sie wieder ins Bewusstsein zu rufen, dort lösen sich Blockaden, die uns von unserer Lebenskraft abschneiden. Dort beginnt Heilung.

> *Wir spielen mit dunklen Kräften, die wir mit unseren Namen nicht erfassen können, wie Kinder mit dem Feuer spielen, und es scheint einen Augenblick, als hätte alle Energie bisher ungebraucht in den Dingen gelegen, bis wir kamen, um sie auf unser flüchtiges Leben und seine Bedürfnisse anzuwenden. Aber immer und immer wieder in Jahrtausenden schütteln die Kräfte ihre Namen ab und erheben sich, wie ein unterdrückter Stand, gegen ihren kleinen Herren, ja nicht einmal gegen sie –, sie stehen einfach auf, und die Kulturen fallen von den Schultern der Erde, die wieder groß ist und weit und allein mit ihren Meeren, Bäumen und Sternen.*
>
> Rainer Maria Rilke (1875-1926)

2
Wie die Idee zu diesem Buch entstand

Oft brauchen wir mehrere Anstöße in unserem Leben, ehe wir begreifen, welche Aufgaben auf uns warten. Die seit meiner Kindheit bestehende Faszination für alte Orte der Kraft allein genügte noch lange nicht, um ein Buch zu diesem Thema zu schreiben. Eine Kette weiterer Impulse musste hinzukommen.

In den letzten Jahren häuften sich Begegnungen mit Kraftorten in meinem Leben so stark, dass es mir schwer fällt, sie für zufällig zu halten. Den Stein endgültig ins Rollen brachte schließlich ein Erlebnis, das ich vor ungefähr einem Jahr hatte: Ich fuhr mit dem Fahrrad allein durch einen Wald in der Nähe meines Wohnortes. Am Wegrand sah ich eines der Wegkreuze, wie sie in der münsterländischen Landschaft sehr oft vorkommen. Doch dieses Kreuz war rundum von meterhohen Findlingen umgeben. Und in den Wald hinein führte eine schmale Allee, auf beiden Seiten ebenfalls von Findlingen gesäumt.

Im ersten Augenblick glaubte ich, an einem alten Kraftort zu stehen. Doch sehr bald wurde mir klar: Etwas unterschied diesen Ort von den historischen Kraftorten. Die Anordnung der Steine an den Wegrändern, die Teiche dazwischen – das alles konnte erst in neuerer Zeit entstanden sein.

Ich ging die Allee entlang in den Wald hinein, betrachtete die Steine genauer. An fast allen fiel irgendeine Besonderheit auf: Bei manchen war es die Form, die an ein Fabeltier erinnerte. Andere Steine wieder trugen von Natur aus Adern, deren Linienführung deutlich an Runen erinnerte. Wieder andere lagen übereinander geschichtet, wobei der oberste unverkennbar einem Plattfisch glich. Dicht neben einigen großen Steinen lagen kleinere angekuschelt, so als ob sie Schutz suchten.

Die Allee verlief sich irgendwo im Wald. Aber vorher zweigte im rechten Winkel ein weiterer Weg von ihr ab, wieder links und rechts von Steinen gesäumt. Er führte zu einem kreisrunden Platz mit Holzbänken und einem Tisch, eingesäumt von eindrucksvollen Findlingen auch er. An mehreren ineinander übergehenden Teichen entlang wand sich der Weg, vorbei an Sitzbänken, Steinkanzeln und einem erhöhten Sitzplatz, zu dem Stufen hinaufführten. Ein Holzschild wies auf Franz von Assisis Sonnengesang hin. Schließlich kam ich zu einer Imkerhütte, von Menschen derzeit nicht bewohnt, doch von mehreren Bienenvölkern. Ich setzte mich auf eine der Holzbänke, um die Eindrücke in Ruhe auf mich wirken zu lassen.

Was für ein Mensch mochte das sein, der diesen modernen Kraftort errichtet hatte? Was waren seine Motive? Dass er einen ausgezeichneten Geschmack und viel Einfühlungsvermögen im Umgang mit der Natur hatte, lag auf der Hand. Weiß er um die – rundum stark spürbare – Kraft der Steine, die sich ja nicht grundsätzlich von der Kraft anderer Lebewesen wie der Pflanzen und Tiere unterscheidet? Kommt er noch hierher? Ist er alt oder krank? Er musste über 70 Jahre alt sein, wie ich einem Imkerdiplom im Fenster des Bienenhauses entnahm.

Ich würde diesen Mann kennen lernen und ihn fragen, das schien mir auf eine vollkommen selbstverständliche Weise klar.

Deshalb war ich bei einem meiner nächsten Besuche dort nicht weiter überrascht, als plötzlich ein Auto am Wegrand hielt und ein älterer Mann mit schnellen Schritten die Allee entlang auf mich zukam. Er hatte wenig Zeit für ein längeres Gespräch, weil er Gäste hier draußen erwartete und ihnen nur vorausgeeilt war, um ein paar letzte Vorbereitungen zu treffen. Doch auf einige der inzwischen in meinem Kopf versammelten Fragen antwortete er dennoch.

In den 50er-Jahren hatte er das Waldgrundstück mit ein paar ehemaligen Flachsteichen darauf erworben – zum Entsetzen seiner Eltern, Anverwandten und Freunde, die damals bei Beginn des Wirtschaftswunders lieber auf den Erwerb eines Eigenheimgrundstücks setzten.

Der Mann war im Zweiten Weltkrieg Bataillonskommandeur gewesen und hatte in Bosnien mehr als zweihundert Soldaten seiner Truppe verloren. Damals hatte er gelobt, ein Kreuz für seine Kameraden zu stiften.

In den 70er-Jahren sei dann das Fernsehen hierher gekommen – mit einer Sendung über Wegkreuze im Münsterland. Ein paar Wochen später sei das Kreuz verschwunden gewesen: geklaut! – Inzwischen hat er es durch ein neues ersetzt. Aber für ihn bleibt es verständlicherweise eben ein Ersatz.

Deshalb also reagierte dieser Mann zwar höflich, doch eher verhalten auf meine im Gespräch geäußerte Absicht, ein Buch über Orte der Kraft zu schreiben. Der Gedanke, auf diese Weise könnten erneut Menschen ihre Aufmerksamkeit auf diesen abgelegenen Ort richten, schien ihm nicht zu behagen.

Viel später erst kam mir der Gedanke, ob nicht in Wahrheit jeder dieser Steine, die hier standen, dem Gedenken eines

*Ein Kraft-Ort in einem Wald in der Nähe von Telgte im Münsterland.
Der Eigentümer hat das Waldgrundstück mit ehemaligen Flachsteichen
in den Jahren um 1950 erworben und selbst gestaltet. Viele der Findlinge
dort erinnern an seltsame Fabeltiere. Andere Steine haben von Natur aus
Adern, welche die Form von Zahlen, Buchstaben oder Runen abbilden.*

seiner gefallenen Soldaten bestimmt war. Der Mann hatte nichts davon gesagt. Vielleicht hatte er sich hier eine persönliche Gedenkstätte geschaffen, ähnlich dem, weiß Gott, problematischen »Sachsenhain«, im Dritten Reich errichtet zur Erinnerung an 4500 »sächsische Edle«, die Karl der Große 782 in Verden an der Aller angeblich an einem einzigen Tag enthaupten ließ. In Wahrheit sollen es zwar nur vierzig gewesen sein, aber das ändert nur wenig. – Und wenn es so wäre? Wenn dieser Ort der Kraft eine persönliche Gedenkstätte für gefallene Soldaten darstellte? Wäre er dann eher eine Art Heldengedenkstätte und nicht mehr mein Kraftort, der mir inzwischen ans Herz gewachsen ist, den ich Dutzende Male aufgesucht habe, immer wenn es in meinem Leben Probleme zu lösen gibt oder ich Ruhe und Kraft in der Natur auftanken oder einfach nur meinen Ideen ungestört nachgehen will? –

Ich weiß die Antwort nicht, will sie vielleicht auch nicht genau wissen, um die Liebe zu »meinem Kraftort« nicht unnötig in Gefahr zu bringen. Denn Liebe zu diesem Ort ist da gewachsen – und mit ihr der Entschluss, dieses Buch zu schreiben.

> *Jeder Teil dieser Erde ist meinem Volk heilig. Jeder Hügel, jedes Tal, jede Lichtung und jeder Wald ist heilig im Gedächtnis und im Herzen meines Volkes. Selbst die stummen Steine am Strand bringen Erinnerungen und Ereignisse im Leben meines Volkes für mein Volk zum Klingen. Die Erde unter unseren Füßen antwortet liebevoller auf unseren Schritt als auf Euren. Sie besteht aus der Asche unserer Väter. Unsere nackten Füße spüren Verwandtschaft. Die Erde lebt und ist kostbar durch unsere Vorfahren.*
>
> Häuptling Seattle

3
Die Suche nach den Wurzeln: uralte Orte der Kraft

Die Vorfahren der Vorfahren der alten Schamanen gingen, wenn sie etwas Wichtiges bewirken wollten, an einen heiligen Ort der Kraft. Sie zündeten dort ein Feuer an, sprachen die alten Rituale und meditierten.
Und es wirkte.

Die Vorfahren der alten Schamanen zündeten kein Feuer mehr an. Sie gingen nur noch an den heiligen Ort der Kraft, sprachen die alten Rituale und meditierten.
Und es wirkte.

Die alten Schamanen gingen nicht mehr an einen heiligen Ort der Kraft. Sie sprachen nur noch die Rituale ihrer Vorfahren und meditierten.
Und es wirkte.

Die jungen Schamanen sprechen nicht mehr die Rituale. Sie zünden auch kein Feuer an und haben vergessen, wo der Ort heiliger Kraft liegt. Sie sitzen in ihren vollklimatisierten Räumen und meditieren und erzählen von den alten Ritualen und Orten heiliger Kraft.
Und es wirkt.

Diese leicht verändert wiedergegebene Geschichte stammt ursprünglich aus dem Chassidismus. Das ist eine alte jüdische Glaubensrichtung, die sich durch unglaubliche Lebendigkeit auszeichnete. Gesang und Tanz spielten darin eine große Rolle. Und in all ihren Ritualen zeigte sich eine für moderne, kopflastige Menschen kaum fassbare Freude in der Begegnung mit dem Menschen und mit der Schöpfung. Chassidische Gemeinschaften gab es bis zum Holocaust in Deutschland, besonders im Rheinland. Ihr eigentlicher Schwerpunkt aber lag weiter im Osten.

Doch trotz all ihrer prallen Lebenszugewandtheit muss die Chassiden das Problem des schleichenden Verlusts ihrer wertvollen alten Rituale bereits bedrückt haben. Die hier wiedergegebene Geschichte lässt diese Sorge erkennen. Aber sie gibt zugleich eine Antwort, die exakt auf unsere heutige Situation passt: Das Meiste an altem Wissen um unsere rituellen Wurzeln ist uns unwiderruflich verloren gegangen. Doch die wenigen Rituale, die uns erhalten blieben, wirken ebenso stark wie früher in ihrer gesamten Fülle, solange wir sie wenigstens praktizieren.

Es ist spät: eine Minute vor Zwölf vielleicht schon. Wir wissen das, obwohl wir den Blick auf das Zifferblatt wie die Pest meiden. An Warnungen hat es gewiss nicht gefehlt. Selbst die Indianer, deren Kultur wir Weißen endgültig zur Strecke brachten, mahnten immer wieder vor dem Verlust unserer eigenen Kraftsymbole. Denn wer seinem Krafttier die Lebensgrundlagen entzieht, der entzieht sie sich selbst:

Der weißköpfige Seeadler ist das Wappentier der Vereinigten Staaten. Sein Bild schmückt euer Geld, aber Eure Geldgier rottet ihn aus. Wenn ein Volk beginnt, seine eigenen Symbole zu vernichten, dann ist es schlecht um dieses Volk bestellt.

Lame Deer, Medizinmann der Hopi

Ich mag die Hoffnung nicht aufgeben. Ein neues, waches Interesse an den Wurzeln unserer Kultur lässt sich seit einigen Jahren bei älteren wie bei jungen Menschen erkennen. Doch nicht an den Universitäten und nicht an den vom Staat eingerichteten Bildungsanstalten wächst dieses Interesse. Die neue Bewegung, die da entsteht, ist keine Kopfgeburt. Die Suche nach den eigenen Wurzeln geschieht eher abseits und unauffällig, ohne großes Mediengetöse, in kleinen Gruppen, auf emotionaler Ebene, aus dem »Bauch« heraus, völlig selbstverständlich, von großen Theorien ungestört, einfach so. Dass diese neu erwachende Bewegung überwiegend von Frauen ausgeht, ist sicherlich kein Zufall. Frauen waren es seit eh und je, die das geheimnisvolle Erdwissen hüteten. Und Frauen sind es heute, die die neuen Hexenkreise bilden, die das Wissen um alte Rituale und heilende Kräuter neu beleben, die sich um die uralten Orte heiliger Kraft kümmern und sie vor dem endgültigen Versinken in Vergessenheit bewahren.

Hexenverbrennungen drohen ihnen diesmal nicht. Das Mittelalter ist vorbei. Die Kirche hat mit sich selbst genug zu tun: Sie leidet an innerer Auszehrung; die Mitglieder laufen ihr in hellen Scharen davon; längst geht es nicht mehr um das Ablegen von »Karteileichen«, sondern um die Substanz.

Doch ganz so problemlos, wie es auf den ersten Blick scheint, erwacht die Bewegung »Zurück zu den Wurzeln« auch wieder nicht: Da feiern junge Menschen schwarze Messen, bei denen es zu abstrusen Verletzungen, selbst zu rituellen Tötungen auf Friedhöfen kommt; da versammeln sich junge Nazis an alten Orten der Kraft wie den berühmt-berüchtigten Externsteinen, um dort ihre Sonnenwendfeiern zu inszenieren. Ahnherr Himmler, Reichsführer der SS, lässt grüßen. ... Manches an der Zurück-zur-Ahnenwelt-Bewegung riecht gefährlich nach »Blut und Boden«. Heilig und unheilig bzw. heil-los liegen manchmal nicht weit auseinander.

4
Die Berührungsängste der Experten

Aber da stößt man noch auf andere Hindernisse. Sie stammen eher aus dem akademischen Lager und aus dem Reich, in dem die Amtsschimmel wiehern. Mit ihnen hatte eine Autorin, Expertin für neue Hexen und Heiden, zu kämpfen, als sie ein Buch über die alten Opferplätze, Heiligtümer und Kultstätten in Deutschland schrieb. Sie wandte sich an anerkannte Wissenschaftler mit ihren Fragen und Bitten um Informationen über alte Kultstätten. Mancherorts bekam sie vorbehaltlos das, was sie suchte. Bei anderen Experten wieder entwickelte sich ein Kuhhandel, etwa nach dem Muster »Sagst du mir deinen Ort, sag ich dir meinen«. Aber es gab da auch Wissenschaftler, die meterlange, handgeschriebene Listen über Deutschlands Opferhöhlen in ihren Amtszimmern vergruben und niemandem, auch nicht den Fachkollegen, ihre Fundorte verrieten. Stattdessen drohte man der Autorin mit der Polizei für den Fall, dass jemand irgendwann mit ihrem Buch in der Hand beim Buddeln an alten Stätten erwischt werde. »Ein Handbuch für Raubgräber« sei das, was sie schreiben wolle. Und wenn dann jemand in einen Felsspalt stürze, »wollen die noch eine Entschädigung von Vater Staat«. Zu sehen sei an den alten Plätzen doch sowieso nichts mehr. Dort gebe es doch »nur« Natur.

Ein Professor, mit dem die Autorin Kontakt aufnahm, sah im Geiste schon »Esoterik-Freaks« in hellen Scharen anrollen. Gerade habe sein Freund, Archäologe in Oxford, bei ihm angerufen und sein Leid über das Steinheiligtum von Stonehenge geklagt. Dort träfen sich die neuen »Druiden« und zündeten Feuer an. Monumentenverbrauch sei das. In ein paar Jahren hätten sie alles vernichtet. »Wir wollen hier kein Stonehenge!« Und einem anderen Professor für Vor- und Frühgeschichte sind die »Heiligtümer unter der Erde am liebsten, denn dort sind sie am besten aufgehoben«[2].

So ganz unberechtigt scheint die Sorge der Experten um die alten Heiligtümer nicht zu sein, vor allem, seit wilde Schatzsucher mit Metallsonden immer öfter in der Landschaft auftauchen und jeden Acker nach alten Münzen durchforsten. Doch wie soll die uralte Kultur eines Landes lebendig bleiben, wenn eine Hand voll hochkarätiger Experten ihr Wissen um diese Kultur selbst vor den eigenen Kollegen versteckt, damit möglichst niemand jemals wieder die alten Kulturstätten spüren oder gar die in ihnen verborgenen jahrtausendealten Erfahrungen wecken und am Leben erhalten kann? – Ein Ausgleich der gegensätzlichen Interessen wird hier gefunden werden müssen. Bislang weiß allerdings kein Mensch, wie er aussehen soll. Das Interesse der Archäologen an der Unversehrtheit ihrer wertvollen Ausgrabungsstätten verdient Schutz. Andererseits bleiben die alten Orte heiliger Kraft nur dann lebendig, wenn ihre Kraft weiter durch Rituale genährt wird, wie dies jahrtausendelang geschah. Die Menschen haben ein Recht darauf, die Heiligtümer ihrer Vorfahren besuchen zu dürfen.

5

Das Gespür unserer Ahnen für Orte mit besonderer Kraft

Die Menschen vorgeschichtlicher Zeiten begegneten der Welt ganz anders, viel emotionaler, unmittelbarer und weit weniger abstrakt, als wir heute mit ihr umgehen. Sie sahen die Naturerscheinungen in ihrer Umgebung persönlicher, in positivem Sinne naiver, eher wie Kinder.

Ein Rest dieser Sichtweise ist in den alten Volksmärchen erhalten. Für unsere Ahnen lebten in jedem Baum, in jeder Quelle Nymphen und Erdgeister. Höhlen und Brunnen führten direkt in den Bauch der Erde zu den Unterirdischen. Und hoch oben auf den Gipfeln der Berge, von den Wolken verhüllt, den Göttern nahe, lag das Reich der Berg- und Luftgeister. Auffällige Erscheinungen wie eine brodelnde Quelle, ein plötzlich aus dem Walddunkel steil aufragender Fels oder ein uralter Baum ließen sie die Nähe des Göttlichen ahnen. Die Menschen vor Jahrtausenden hatten offensichtlich ein unglaublich feines Gespür für Orte, an denen sie mit den jenseitigen Mächten in Verbindung treten konnten. Und an diese

Mächte wandten sie sich auf eine sehr persönliche Weise, direkt und unmittelbar, mit all ihren Anliegen, mit ihren Opfergaben, ihren Bitten und mit ihrem Dank, mit ihrer Furcht und ihrer Angst, mit dem Gefühl des Ausgeliefertseins und der Suche nach Geborgenheit, nach Heilung und Heil.

Ganz sicher ist es kein Zufall, wenn heute in unserer modernen, alles andere als heilen Welt so viele Menschen wieder an den heiligen Orten ihrer Ahnen Zuflucht suchen und dort Kraft schöpfen. Die folgende Übung will Ihnen hierbei wirksame Hilfen geben.

ÜBUNG

Die eigenen Wurzeln in der Natur und in dem Land unserer Ahninnen und Ahnen spüren

- *Suchen Sie auf einem Ihrer Ausflüge in die Umgebung Ihres Wohnortes einen Ort auf, von dem Sie meinen, er könnte ein Kraftort sein! Dabei kann es sich um den Gipfel eines Berges handeln, um einen Felsen oder größeren Stein, ebenso gut aber um die Quelle eines Baches, um einen besonderen Baum oder eine Höhle.*

- *Schauen Sie sich an diesem Ort der Kraft sorgfältig um! Vielleicht fallen Ihnen irgendwelche Besonderheiten auf, z.B. Wachstumseigenarten an Bäumen oder Zeichen, Symbole und Tiergesichter an Steinen. Solche Besonderheiten können von der Natur, manchmal aber auch in alter Zeit von Menschenhand geschaffen worden sein.*

● *Meditieren Sie an Ihrem Kraftort! Versuchen Sie, die spezielle Kraft dieses Ort zu spüren! Am besten wählen Sie für Ihren Besuch einen Zeitpunkt, an dem wenig Menschen sich dort aufhalten, damit Sie nicht gestört werden. Oder Sie suchen sich eine ruhige, abgelegene Stelle, an der Sie sich ungestört und geschützt fühlen. Nehmen Sie Kontakt auf zu Ihrem Schöpfer, zur kosmischen Kraft, Ihrer inneren Führung oder zu Gott, wie immer Sie dazu sagen wollen. Bitten Sie darum, dass Sie die besondere Kraft dieses Ortes und der Natur wieder stärker spüren.*

Besinnen Sie sich in Ihren Meditationen auf Ihre Wurzeln: Woher komme ich? Woher stammen meine Vorfahren? In welcher Gegend haben sie gelebt? Versuchen Sie, diese Wurzeln neu zu spüren! Das kann unter Umständen eine Reise in die Heimat Ihrer Vorfahren bedeuten. Mir selbst ging es so, dass ich einen Traum hatte, in dem ich eines jener für das Land meiner Vorfahren typischen Fachwerkhäuser sah. Es handelte sich exakt um jenes alte Oberlausitzer Umgebindehaus, in dem sie gelebt hatten. Ich verstand diesen Traum als Aufforderung, mich stärker um meine Wurzeln zu kümmern. In meinem nächsten Sommerurlaub fuhr ich in den kleinen Ort in der Oberlausitz, ließ jenes Haus, die Menschen, die Landschaft auf mich wirken und lernte dabei mich selbst tatsächlich besser kennen und verstehen. Scheinbar nebenbei gab mir diese Reise wichtige Impulse, aus denen dieses Buch entstand. Bitten Sie in Ihren Meditationen, dass aus Ihren Wurzeln neue Kraft zu Ihnen strömt! Sie werden überrascht sein, wie viel an Ruhe und innerer Sicherheit Sie auf diese Weise schon bald gewinnen!

»Tierköpfige« Felsen an dem alten Kraftort »Kälbersteine« bei Callenberg in der Oberlausitz

Meditationshilfen

Hier folgen einige Sätze, die Sie sich bei Ihren Meditationen an einem Ort der Kraft selbst sagen können, um Ihren Kontakt zur Natur neu zu beleben:

Ich öffne mich voll und mit allen Sinnen für die Kraft der Natur, die ich an diesem Ort spüre.

Ich will die heilende Kraft der Bäume, des Wassers, der Steine und der Berge voll und ganz aufnehmen und sie in mir wirken lassen.

Ich spüre meine eigenen Wurzeln neu. In ihnen steigt die Kraft meiner Ahnen auf, die Kraft aus der Erde, auf der sie gegangen sind und aus der auch ich stamme.

Ich danke meinem Schöpfer, dass ich seine lebenserhaltende und heilende Kraft in der Natur spüren darf.

Selbstverständlich können Sie solche meditativen Übungen auch zu Hause in Ihrer gewohnten Umgebung durchführen. Die Kraft eines Ortes lässt sich vor allem dann, wenn wir sie bereits erfahren haben, an jedem beliebigen Ort herbeirufen, denn sie ist in uns.

6

Die Kontinuität religiöser Kultstätten

Warum galt unseren Vorfahren eine Quelle als heilig, während sie an einer anderen Quelle, die nur wenige Meter entfernt von ihr entspringt, vorbeigingen?

Warum verehren Menschen über viele Jahrtausende hinweg einen Ort als Heiligtum, selbst wenn sie ganz verschiedenen Religionen und Kulturkreisen angehören? –

Sicherlich ist es oft die Macht der Eroberer gewesen, die den Besiegten ihre Religion aufzwang. Das geschah eben am eindrucksvollsten, indem die Sieger einfach die Heiligtümer der Unterlegenen zerstörten und an ihre Stelle neue, nämlich ihre eigenen, setzten. Die Römer – und nicht nur sie – richteten das Ziel ihrer Eroberungszüge bewusst immer auf die zentralen Heiligtümer der Völker. So trafen sie deren Lebensnerv, zerstörten die Götter der Besiegten und ersetzten sie durch ihre eigenen.

Doch solche Unterwerfungspraktiken allein erklären das Geheimnis nicht vollständig, warum die Orte der Kultstätten über weite Strecken der Menschheitsgeschichte hinweg immer wieder die gleichen geblieben sind. Manchmal gab es zwischen der Nutzung als Heiligtum Pausen von mehreren Jahrtausenden. Ausgrabungen belegen das. Und trotzdem kehrten die Nachfahren exakt zu dem gleichen heiligen Ort zurück, von dem sie nicht wissen konnten, dass er bereits ihren Vorfahren Jahrtausende zuvor als Kultstätte gedient hatte. Denn schriftliche Überlieferungen gab es nicht. Und Erzählungen, von einer Generation an die nächste weitergereicht, können so lange nicht halten.

In vielen Ländern der Erde gibt es Beispiele, wie Heiligtümer über Jahrtausende durch die unterschiedlichsten Kulturen hindurch immer an der gleichen Stelle verehrt wurden: Die Grabeskirche Jesu in Jerusalem war einstmals ein der Aphrodite geweihtes Heiligtum. Die Kaaba in Mekka diente bereits zu vorislamischen Zeiten als Kultstätte. Die Wallfahrtskapelle Ronchamp in Frankreich steht auf einem heiligen Berg. Man fand dort Altäre aus vorgeschichtlicher Zeit und Kultstätten der Kelten und Römer.

Aber am interessantesten sind jene Beispiele, wo zwischen den einzelnen Kulturen mehrere Tausend Jahre vergingen, in denen niemand die heiligen Orte benutzte – bis sich schließlich eine neue Kultur entwickelte und die Menschen ihre Opfergaben wieder exakt an der gleichen Stelle brachten wie eh und je:

In der Nähe von Meiendorf bei Hamburg fanden sich an einem Teich Spuren von Opferkulten aus zwei zeitlich weit auseinander liegenden Epochen. Die erste der beiden ging bis in die Zeit von 12 000 Jahren vor Christi Geburt zurück, die zweite bis um 8500 vor Christi. Dazwischen lagen mehr als 3000 Jahre, in denen der Teich nicht als Opferstätte genutzt wurde. Trotzdem legten die Menschen nach so langer Zeit ihre Opfer genau wieder im gleichen Abschnitt des Teiches nieder, direkt über den älteren Opfergaben.

In der Grotte von Lourdes, dort wo das vierzehnjährige Mädchen Bernadette mehr als ein Dutzend Mal Marienerscheinungen erlebte, fanden Archäologen eine Reihe von Kunstwerken aus der Eiszeit. Die Höhle war also bereits Jahrtausende zuvor ein heiliger Ort gewesen. Davon kann Bernadette aber nichts gewusst haben.

Im Lonetal in Baden-Württemberg gibt es sieben Höhlen. Fünf von ihnen waren immer reine Wohnhöhlen. Das lässt sich anhand der Funde eindeutig beweisen. Zwei Höhlen dagegen sind ebenso eindeutig immer wieder zu kultischen Zwecken genutzt worden. Zwischen den nachweisbaren Kulthandlungen lagen zum Teil Jahrhunderte, manchmal sogar Jahrtausende. Dicke Erdschichten überlagerten die im Boden enthaltenen Kultgegenstände. Aber immer wieder sind Opfer in denselben beiden Höhlen, an denselben Stellen dargebracht worden. Und genau diese beiden Höhlen, nicht die anderen fünf, nutzen Frauen aus der Umgebung heute als ihre heiligen Stätten.

Irgendetwas muss es geben, das ein und denselben Ort für Menschen aus unabsehbar weit auseinander liegenden Epochen immer wieder als heilig erscheinen lässt. – Was aber ist diese heilige Kraft, die an solchen Orten wirkt? Lässt sie sich beschreiben? Lässt sie sich womöglich sogar messen?

7
Das Geheimnis
alter Orte der Kraft

Seit langem versuchen Forscher, das Geheimnis alter Orte der Kraft zu enträtseln. Sie bedienten sich dabei der unterschiedlichsten Methoden, angefangen bei den Möglichkeiten der Parapsychologie, über den Einsatz von Rutengängern, bis hin zum Gebrauch modernster wissenschaftlicher Technologie.

Die älteren Forschungen aus den letzten beiden Jahrhunderten über die Ursprünge beispielsweise des berühmten britischen Kultortes Stonehenge reichen kaum über wilde Spekulationen hinaus. Da behaupten Forscher kühn, Stonehenge sei eine von den Römern angelegte Arena gewesen. Oder andere: Dänische Eroberer hätten die Steine mit übers Meer gebracht und sie im Land ihrer besiegten Feinde aufgestellt. Dabei stammen die Steine nachweislich aus britischen Steinbrüchen im Umkreis von 60 bis 200 Kilometer von ihrem Standort entfernt. Und sie stehen dort ebenso sicher nachweisbar seit 3000 bis 5000 Jahren – lange bevor die Römer britischen Boden betraten. Oder eine andere wenig einleuchtende Theorie: Stonehenge sei ein astronomisches Observatorium keltischer Druidenpriester gewesen. Richtig daran ist, dass bestimmte Steine auf die Stellung der Sonne zur Zeit der Sommer- und Wintersonnenwende und auf andere wichtige Gestirne hin ausgerichtet sind. Ähnliches lässt sich übrigens an anderen alten Stein-Kultorten in England, Schottland, auf dem europäischen Festland, selbst bei den Steinkreisen der Indianer in Amerika beobachten. Manche Veröffentlichungen kommen zu dem Ergebnis, die gesamte Anlage um Stonehenge mit ihrem eigenartigen System von Straßen und Wendebahnen habe Außerirdischen als Landeplatz gedient. Dass Stonehenge ein keltischer Kultort war, ist weit wahrscheinlicher.

Am interessantesten lesen sich die Untersuchungen moderner Forscher wie Paul Devereux. Er hatte sich schon seit langem mit vorgeschichtlichen Steinbauten befasst und mochte sich mit Spekulationen und Mutmaßungen nicht länger zufrieden geben. Er und seine Mitarbeiter waren der Meinung, aufrecht stehende Steine wie die von Stonehenge könnten Leiter einer unerklärlichen Kraft sein. Sie würden diese so genannte Erdenergie in unsichtbare Kanäle lenken, die sich mit bestimmten Erdenergiebahnen, den Leylinien, decken. 1978 begann Devereux mit seinen Forschungen auf zwei Ebenen. Er arbeitete mit physikalischen, aber auch mit parapsychologischen Methoden. Zusammen mit seinem Team setzte er modernste wissenschaftliche Technologie ein, beispielsweise Elektronenabtaster, die selbst winzige Spuren aller Arten von Energie feststellen können. Ebenso kamen aber auch Rutengänger zum Zuge, deren Messergebnisse sich dann leicht mit denen der elektronischen Geräte vergleichen ließen.

8

Erhöhte Radioaktivität und Magnetfelder an Kraftorten

Devereux begann seine Arbeit bei den Steinen von Rollright, einer vorgeschichtlichen Kultstätte, etwa 35 Kilometer nordwestlich von Oxford in England gelegen. Sehr schnell zeigten sich auffallende Ergebnisse: Die Instrumente schlugen auf ungewöhnliche Weise aus und zeichneten seltsame Ergebnisse auf. Unheimlicherweise begannen diese Ausschläge stets acht bis 20 Minuten vor Sonnenaufgang. Sie endeten ebenso plötzlich ein bis zwei Stunden später. Bei einigen der aufgezeichneten Energien handelte es sich unerwarteterweise um Ultraschall, eine akustische Schwingung, die das menschliche Ohr nicht wahrnehmen kann, ähnlich wie die hohen Töne einer Hundepfeife.

Messungen mit Geigerzählern ergaben innerhalb des Steinkreises deutlich höhere radioaktive Strahlenwerte als an vergleichbaren Orten in England. Ähnliche Beobachtungen sind aus den Vereinigten Staaten und Australien bekannt. Dort hatte man Uranlagerstätten unter den heiligen Orten der Ureinwohner entdeckt. Deswegen war es zu Streitigkeiten wegen der Bodenrechte zwischen den Ureinwohnern und der Regierung gekommen. Aus Frankreich ist bekannt, dass dort ebenfalls uranreiche Gebiete mit gehäuftem Vorkommen von Steinheiligtümern aus der Vorzeit übereinstimmen. Möglicherweise nutzten die Erbauer vorschichtlicher Steinkreise – bewusst oder unbewusst – Orte mit erhöhter natürlicher Radioaktivität zur Errichtung ihrer Kultstätten.

Noch eine interessante Erscheinung konnte Devereux mit seinem Team mit Hilfe eines so genannten Magnetometers messen – ein Gerät, wie man es zur Messung des Magnetfeldes der Erde benutzt. Ein bestimmter Stein innerhalb des Steinkreises hatte ein besonders starkes Magnetfeld. Außerdem traten bei ihm ständig schnelle Veränderungen in der Stärke des magnetischen Energieflusses auf. Diese Messungen bestätigen voll die Feststellung von Rutengängern. Sie kommen nämlich immer wieder zu dem Ergebnis, dass an den alten Steinkreisen besonders häufig erdmagnetische Eigentümlichkeiten auftreten.

Möglicherweise bestätigt sich damit zugleich ein alter Volksglaube, wonach die Steine der kultischen Heiligtümer besondere Heilkräfte besitzen. Seit Jahrhunderten suchen die Einheimischen die Steine auf, weil sie überzeugt sind, dass sie Knochenbrüche heilen können. Heute benutzen moderne Krankenhäuser elektromagnetische Schwingungen, um die Heilung schwer heilender Knochenbrüche zu beschleunigen. In den USA und in anderen Ländern sind bisher über 100 000 Patienten auf diese Weise behandelt worden. Man pflanzt Elektroden in die Nähe der Bruchstellen ein, die nach dem Zusammenwachsen des Knochenbruchs später wieder entfernt werden. Robert O. Becker, führender Experte für elektromagnetische Medizin in den Vereinigten Staaten, hat die Ergebnisse veröffentlicht. Danach liegt die Erfolgsquote dieser Methode immerhin bei 80 Prozent.[3]

Ein Rutengänger, so berichtet Devereux, war imstande, deutliche Ausschläge an einem empfindlichen Voltmeter auszulösen. Dazu legte er einfach die Hand auf eine der Stellen des Steines, die auf Energie besonders empfindlich reagierten.

Das Seltsamste aber, das Devereux berichtet: Mehrere der an seinem Forschungsprojekt Beteiligten hätten unabhängig voneinander unerklärliche Erscheinungen in der Umgebung der Rollright-Steine erlebt. Ein Auto, ein großes Pelztier und eine ganze Zigeunerkarawane sollen sich auf einer Straße in der Nähe der Steine materialisiert haben und dann wieder spurlos verschwunden sein. Devereux vermutet, die erhöhte Strahlung, die an der Stätte besteht, könnte leichte Halluzinationen bewirken. Eine andere Erklärung wäre: Überall auf der Erde gibt es offenbar Schwingungsfelder, in denen die Erinnerung an wichtige Ereignisse der Menschheitsgeschichte gespeichert ist, eine Art kollektives Gedächtnis der Erde. Das könnten jene morphischen Felder sein, wie sie der britische Biologe Rupert Sheldrake annimmt.[4] Der Psychoanalytiker C. G. Jung hat mit seinem Begriff des Kollektiven Unbewussten im Grunde etwas Ähnliches gemeint. Ihm selbst waren solche Wahrnehmungen wohlvertraut. So berichtet er beispielsweise, er habe nachts in seinem »Turm am See« unerklärliche Geräusche wie von einer vorbeiziehenden Menschenmenge gehört, aber nichts sehen können. Viel später erst fand er heraus, dass direkt auf seinem Grundstück ein alter Pfad entlanggeführt hat, auf dem früher Karawanen zogen – wahrscheinlich auf ihrem Weg über die Alpen.

An manchen Stellen der Erde, besonders an den alten heiligen Orten, sind diese »Erinnerungen«, aus welchen Gründen auch immer, allem Anschein nach besonders gut abrufbar.

So gelten in der Bevölkerung die Steine von Rollright seit uralter Zeit als ungewöhnlicher Ort, an dem es immer wieder zu seltsamen Vorfällen und zu übernatürlichen Ereignissen kommen soll. Bis heute treffen sich dort die Menschen zu kultischen Ritualen. Aber auch schreckliche Dinge haben sich dort schon ereignet. Einmal fand man einen Mann, an einen der Steine gefesselt, mit durchschnittener Kehle.

Die Steine haben begonnen, einige ihrer Geheimnisse zu enthüllen. Aber das ist erst ein allererster, bescheidener Anfang.

9
Kraftorte und ihre Bodenbeschaffenheit

Die Forschungsergebnisse, die Paul Devereux der Öffentlichkeit vorlegte, sind kein Einzelfall. Eine Vielzahl anderer Forscher bestätigen sie und tragen weitere Teile zum Puzzle bei.

Granit ist – in manchen Gegenden zumindest – ein radioaktives Gestein, stellten sie beispielsweise fest. Cornwall aber hat einen Granituntergrund. Und gleichzeitig findet sich dort die höchste Konzentration an vorgeschichtlichen Kultstätten in England. Ein Zufall? – Die großen tibetanischen Klöster liegen fast ausnahmslos in Gebieten mit erhöhter natürlicher Radioaktivität.

Zusammenhänge gibt es offenbar auch zwischen der Bodenbeschaffenheit und der Wirkung erdmagnetischer Felder: So besitzen Granit und Basalt deutlich höhere magnetische Eigenschaften als etwa Sandstein. Solche schwachen elektromagnetischen Felder haben aber offenbar positive Wirkungen auf den Körper, auf die Reaktionsfähigkeit, selbst auf die Psyche des Menschen. Der lange Zeit in der Religionsgeografie herumspukende Satz »Basalt macht fromm« beruht zwar nur auf

Wahrnehmungen.[5] Aber er könnte hier eine wissenschaftliche Bestätigung finden.

Eine andere Beobachtung geht in die gleiche Richtung: In Deutschland ist die Oberlausitz eine typische Granitlandschaft. Während des Zweiten Weltkriegs galt sie als bevorzugtes Flucht- und Rückzugsgebiet für die Menschen aus den umliegenden Städten. In der Bevölkerung hieß es damals: »Auf der blauen Platte« – damit war der Oberlausitzer Granituntergrund gemeint – »geschieht euch nichts.« Und in der Tat blieb das gesamte Gebiet der Granitplatte von den Kriegswirren fast völlig verschont, während die umliegenden Städte wie Bautzen und Dresden in Schutt und Asche zerfielen. Ein Zufall? – Natürlich konzentrierten sich die Bombenangriffe mehr auf die Städte als auf die ländlichen Gebiete. Aber das Oberlausitzer Bergland blieb auch von anderen typischen Gräueltaten und Kriegs- bzw. Nachkriegskatastrophen weitgehend verschont.

Selbst Untersuchungen über die Krebshäufigkeit ergeben ein gehäufteres Auftreten dieser Krankheit auf feuchten, lehmigen Böden als auf steinigem Untergrund wie eben zum Beispiel Granit oder Basalt.

Radioaktivität lässt sich heute sehr genau messen. Auch die Schulmedizin nutzt inzwischen die gesundheitsfördernde Wirkung natürlicher Radioaktivität, um Krankheiten zu heilen. So bringt man beispielsweise in Bad Gastein Kranke in einen radioaktiven Stollen und setzt sie auf diese Weise einer stimulierenden Reiztherapie aus. Forscher sind inzwischen imstande, durch neu entwickelte Messgeräte das Magnetfeld der Erde ziemlich genau zu bestimmen. Aber wie dieses Magnetfeld auf den Menschen wirkt, liegt bislang weiter im Dunkeln.

Etwas mehr wissen Forscher inzwischen über die Wirkung elektromagnetischer Felder auf Tiere: Fischschwärme reagieren mit Hilfe elektrischer Felder. Termiten orientieren sich bei der Errichtung ihrer Bauten nach dem Kompass. In den Zellen bestimmter Bakterien finden sich kleine Kristalle aus Eisenerz. Sie wirken wie Magnete und helfen diesen Bakterien, sich am Magnetfeld der Erde zu orientieren. Schnecken, Muscheln, Würmer und vor allem Tauben richten sich ebenfalls nach dem Magnetfeld der Erde. Zugvögel orientieren sich auf ihrer Flugroute anhand elektromagnetischer Einflüsse. Brieftauben verfügen über einen Orientierungssinn, der sich nach dem Magnetfeld der Erde bestimmt. Wie dies genau geschieht, ist bis heute noch nicht bis ins Letzte bekannt.

Im Sommer 1988 störte eine gewaltige Gaseruption auf der Sonne vorübergehend das Magnetfeld der Erde. Die Folge waren Störungen im Funkverkehr. Vor allem aber verloren an den unterschiedlichsten Orten der Welt Brieftauben ihre sonst außerordentlich sichere Orientierung. Sie flogen ziellos im Kreis herum. Schließlich ließen sie sich von ihren Irrflügen völlig erschöpft irgendwo auf Terrassen und Balkonen nieder.

Forscher der Universität Münster konnten nachweisen, dass der Erdmagnetismus Einfluss auf bestimmte menschliche Körperfunktionen hat. Ebenso gibt es eine Reihe wissenschaftlicher Untersuchungen über Zusammenhänge zwischen den elektromagnetischen Feldern von Hochspannungsleitungen und bestimmten Erkrankungen bei Menschen, die in der Nähe solcher Leitungen wohnen.[6] In den USA musste erstmals ein Stromerzeuger eine Hochspannungsleitung verlegen. Das Urteil eines Gerichts kam dort zu dem Ergebnis, die dicht an einer Schule vorbeiführende Leitung könne gesundheitliche Schäden bei Schülern und Lehrern hervorrufen.

Radiästhetische Messungen in Kirchen und an Kultstätten mehrerer europäischer Länder ergaben deutliche Reaktionen durch Überlagerungen und Kreuzungen von Reizzonen. Eine Dissertation an der Universität Innsbruck, Fakultät für Bauin-

genieurwesen und Architektur, aus dem Jahr 1981 über »Radiästhetische Untersuchungen an Kirchen und Kultstätten«
kommt zu dem Ergebnis: Die Standortwahl »heiliger Orte«
unterlag keinesfalls dem Zufall.[7] Unklar bleibt lediglich, wie
die Menschen in grauer Vorzeit die Auswahl für ihre heiligen
Stätten trafen, ob sie zum Beispiel in der Lage waren, allein
durch ihre Sinneswahrnehmung Orte der Kraft zu finden, oder
ob sie dabei Hilfsmittel benutzten.

10

Die geraden Linien heiliger Stätten

Bereits in den Jahren um 1850 berichten Altertumsforscher aus aller Welt über merkwürdige gerade Linien, die sich kreuz und quer durch die Landschaft zögen und alte heilige Stätten, Grabhügel und frühchristliche Kirchen verbinden. Nach dem angelsächsichen Wort für »Wiese, Flur« oder »gerodetes Stück Land« nannte man sie später Ley-Linien. In den Jahren ab 1920 häufen sich die Berichte über sie.

Schwer erklärbare lineare Ausrichtungen fielen schon an den indianischen Grabhügeln in Amerika auf. Aber auch Forscher auf dem europäischen Kontinent berichteten zu jener Zeit über die Ausrichtung alter Kirchen nach »heiligen Hügeln«. Erste Untersuchungen aus den zwanziger Jahren dieses Jahrhunderts nennen bereits so genannte »heilige Linien«, welche die Landschaft Deutschlands durchschneiden. Im Westfälischen führen Straßen oft mehr als zwanzig Kilometer weit schnurgerade, für den Laien deutlich erkennbar, direkt auf Kirchen mit uralter Vorgeschichte zu.

In Peru ziehen sich die berühmten Nazca-Linien als Pfade in der Wüste bis zu zehn Kilometer weit schnurgerade über

Hügel und durch ein Tal. In Westbolivien sind ähnliche Linien in der Sprache der dort lebenden Indianer als taki'is bekannt. Das bedeutet übersetzt »gerade Linien heiliger Stätten«. Diese Trassen sind mitunter bis zu 30 Kilometer lang.

Selbst zahlreiche Kirchen aus der spanischen Kolonialzeit stehen in Südamerika eigenartigerweise auf solchen geraden Linien. – Um 1976 gelang es dem Briten Tony Morrison, mit Hilfe der Infrarotfotografie gerade Linien nachzuweisen, die strahlenförmig vom Sonnentempel der Inkas in Cuzco in Peru ausgehen.

Der ursprüngliche Zweck dieser erstaunlich genauen geraden Linien bleibt bis heute rätselhaft. Den einzigen Anhaltspunkt gibt die Äußerung einer bolivianischen Indianerin. Von ihr erfuhr Morrison, die Linien seien »Geisterpfade«[8].

Britische Anhänger der Leylinien-Theorie nehmen an, diese Linien führten eine besondere Erdenergie. Ihr Netz ziehe sich um die ganze Erde. In vorgeschichtlicher Zeit sei das Vorhandensein dieser Energie den Erbauern der alten Steinheiligtümer bekannt gewesen. In den großen Steinen, die sie aufstellten, hätten sie diese Energien gespeichert und nutzbar gemacht. Stonehenge, wo sich zwei der markantesten Linien kreuzen, stellt demnach einen Energiebrennpunkt dar, ähnlich beschaffen wie ein Akkumulator oder wie eine Sende- und Empfangsstation, die an ein rätselhaftes Energienetz angeschlossen ist.

Diese Auffassung erinnert stark an die jahrtausendealte chinesische Lehre von den Meridianen, die als Energieleitbahnen den ganzen Körper des Menschen umfließen. An bestimmten Akupunkturpunkten kann man diesen Energiefluss stärken und regulieren: eine Vorstellung, die die westlichen Ärzte bis vor kurzem strikt ablehnten. Inzwischen wendet man die Akupunktur-Methode an anerkannten Krankenhäusern in den

Vereinigten Staaten und in Westeuropa mit bemerkenswertem Erfolg bei Operationen, in der Geburtshilfe und zur Schmerzbekämpfung an.

Warum sollte es solche Energieleitbahnen auf der Erde eigentlich nicht geben, wenn sie doch bei allen Lebewesen inzwischen nachweisbar vorhanden sind? Die Auffassung, dass die Erde, Gaia, ein Lebewesen ist, setzt sich immer mehr durch. Projekte zur Heilung der Erde durch Steinsetzungen ähnlich der chinesischen Akupunkturmethode sind heute keine Seltenheit mehr. Und das inzwischen berühmte Beispiel der Heilung des Schlossparks von Türnich durch den slowenischen Künstler und Geomantiker Marko Pogacnik spricht für sich.[9] Das alles lässt sich so leicht nicht vom Tisch fegen.

In Türnich hatte der Braunkohleabbau in den Jahren nach 1954 zu einem starken Absinken des Grundwasserspiegels geführt. Für die Bäume im Schlosspark bedeutete das einen schweren Schock. Etliche sehr alte Bäume starben, viele waren in einem sehr schlechten Zustand. Marko Pogacnik fand heraus, dass der Park auf einem alten Kraftort stand. Mit Hilfe von Steinsetzungen an wichtigen Akupunkturpunkten gelang ihm die Heilung. Inzwischen befindet sich der Park wieder in einer ausgezeichneten Verfassung. Ich konnte mich selbst bei einem Besuch in Türnich von dem kraftvollen Zustand der Bäume dort überzeugen. Der Schlossherr, Godehard Graf Hoensbroech, berichtet folgende Ergebnisse der Parksanierung:

Die Vitalität des Parks als Biotop ist ausgezeichnet. Die Bäume sind bei guter Gesundheit. Selbst alte, zuvor kränkelnde Bäume (z.B. Schwarzkiefern, Blutbuchen, Eichen) haben sich wieder erholt. Der Befall durch Pilzkrankheiten (z.B. Platanenwelke, Rosenmehltau) ist stark zurückgegangen. Im Park gibt es inzwischen 250 Arten von Wildkräutern und Wildstauden. Die Anzahl der Wald- und Wiesenpilzarten beläuft sich auf etwa 200. Etwa 35 Vogelarten brüten im Park. Wildstauden erreichen außergewöhnliche Höhen. Wasserdost und Weidenröschen wachsen beispielsweise bis zu zwei Meter hoch. Die Naturverjüngung hat stark zugenommen. Die Wuchsleistung nachwachsender Bäume ist ungewöhnlich. Selbst nach dem Verpflanzen in andere Gärten erreichten Ahornbäume beispielsweise zwischen 1 Meter und 1,5 Meter pro Jahr.

Besonders interessant aber ist: Das Verhalten der Parkbesucher hat sich grundlegend gewandelt. Während früher viel Vandalismus zu beobachten war, hat dieser seit der Sanierung im Jahre 1987 völlig aufgehört.

Aggressionen treten verstärkt an Orten der Disharmonie auf. Gelingt es, die Ausgeglichenheit der Schwingungen eines Ortes wiederherzustellen, so ist kein Raum mehr für aggressives Verhalten. Stattdessen kommt es zu einem Zustand kraftvoller Harmonie.

11
Die Konzentration von Negativ-Ionen an Orten der Kraft

Geheimnisvolle Kraftlinien, ungewöhnliche Ergebnisse bei der Messung des Erdmagnetismus und das Auftreten erhöhter Werte der natürlichen Radioaktivität waren nicht das Einzige, was Forschern an den Orten der Kraft auffiel. Darüber hinaus scheint es Besonderheiten in der Luftbeschaffenheit zu geben, die für die heilende Kraft alter Kultorte verantwortlich sein könnten. Bevorzugte Kultorte finden sich überall in der Welt in der Nähe von Wasserfällen, am Meer, auf Bergen und in der dichten Vegetation von Hainen. Indianische Schamanen etlicher Stämme suchen Felsnischen hinter einem Wasserfall auf, wenn sie der göttlichen Kraft nahe sein wollen. Keltische Kultorte finden sich öfters in der Nähe des Meeres. Griechische, germanische und auch keltische Heiligtümer lagen in den Wäldern, weil die Menschen dort die Nähe der Götter stärker spürten. An all diesen Orten kommt es typischerweise zu besonders hohen Konzentrationen an negativen Ionen in der Luft. Negative Ionen gelten aber in der Medizin als heilsam und wohltuend. Dagegen wirkt sich das gehäufte Auftreten positiver Ionen, etwa vor Gewittern oder bei Föhn, ungünstig auf das Befinden der Menschen aus. Nicht umsonst vermeiden die Chirurgen Operationen bei Föhnwetterlagen. Und nicht umsonst berücksichtigen die Juristen den Föhn als Strafmilderungsgrund bei Gewaltverbrechen.

Starke Luftkonzentrationen von Negativ-Ionen senken offenbar den Serotoninspiegel im Gehirn rasch ab. Ein Zuviel an Serotonin führt aber zu Müdigkeit und manchmal auch zu depressiven Zuständen. Das Einatmen negativer Ionen scheint das System der roten Blutkörperchen zu stabilisieren und sich damit auf Heilungsprozesse günstig auszuwirken. Heilung aber ist ja gerade das, was die Menschen zu allen Zeiten an den heiligen Orten suchten.

Vermutlich besteht ein Zusammenhang zwischen veränderten Bewusstseinszuständen, wie sie zum Beispiel im Yoga erreicht werden, und negativen Ionen.[10] Dass sich der Aufenthalt am Meer oder auf Berggipfeln besonders positiv auf das gesundheitliche Befinden auswirkt und ausgesprochen typische Hochstimmungen erzeugen kann, ist allgemein bekannt. Im Grunde muss diese offenkundige Tatsache daher nicht mehr mit wissenschaftlichen Methoden bewiesen werden. Die Nordsee-Heilbäder werben längst in ihren Prospekten mit der gesundheitsfördernden Kraft ihrer an negativen Ionen reichen Luft. Interessant sind in erster Linie Untersuchungen, wie es zu den erstaunlichen Heilwirkungen in einem an Negativ-Ionen reichen Klima kommt.

Der äußerst positive Einfluss des Meeres, des Hochgebirgsklimas und bestimmter radiumhaltiger oder an Mineralen reichen Quellen auf die Gesundheit ist seit langem bekannt. Schon die Römer nutzten ihn vor rund zweitausend Jahren, indem sie an solchen Heilorten Deutschlands erste Bäder anlegten. Die moderne Medizin weiß den hohen Heileffekt besonderer Orte in der Natur trotz ihrer blinden Liebe zur Chemie und trotz aller staatlich verordneten Einsparungsmaßnahmen noch immer zu schätzen. – Doch warum und wie diese Heilungen in der Natur zustande kommen, beginnt man erst ganz allmählich zu erforschen und zu begreifen.

Die Wirkung schwacher Magnetfelder auf den Menschen, wie sie an Steinkreisen besonders häufig auftreten, ist erst in allerersten Ansätzen bekannt.[11] Die Teile unseres Gehirns, die mit Erinnerung und mit Träumen in Verbindung stehen, reagieren äußerst empfindsam auf elektromagnetische Felder. Das gilt vor allem für den Schläfenlappen (lobus temporalis). Die Zirbeldrüse spricht ebenfalls auf schwache Magnetfelder an. Sie verändert dann nämlich ihre Hormonproduktion. Einige der Hormone, die sie unter dem Einfluss schwacher Magnetfelder produziert, wirken wie psychedelische Substanzen. Auf diese Weise lassen sich möglicherweise Visionen und visionäre Träume an heiligen Orten erklären, die ja in ungewöhnlich großer Zahl überliefert sind.

12
Visionen und Traumbilder an alten Kultstätten

Interessant und schwerer erklärbar ist, dass die jeweilige Eigenart eines Kraftortes offenbar auch Visionen und Traumbilder eines bestimmten Inhalts erzeugt. Dazu ein Beispiel:

In Cornwall, in der Gemeinde St. Buryan, liegt Merry Maidens, ein vorgeschichtlicher Steinkreis aus neunzehn aufrecht stehenden Steinen. Wie der Name schon nahe legt – man könnte ihn etwa mit »Die fröhlichen Mädchen« übersetzen –, handelt es sich um einen Steinkreis mit stark weiblichem Charakter. Er soll mit der Mondkraft in Verbindung stehen und schützende mütterliche Energien aktivieren. In der Tat suchen ihn abends vor allem einheimische Frauen aus der Umgebung auf.

Nach einer alten Sage haben sich hier neunzehn Mädchen getroffen, obwohl es Zeit zum Kirchgang war. Zwei Männer spielten als Musikanten zum Tanz auf. Es war eine lustige Gesellschaft. Weil die Mädchen aber lieber zum Tanz als zur Kirche gingen, wurden sie zur Strafe in Steine verwandelt. So stehen nun die neunzehn Merry Maidens versteinert im Kreis wie zu einem Tanz aufgestellt. Die Einheimischen nennen sie auch die tanzenden Steine. Und ganz in ihrer Nähe, ein wenig abseits des Kreises, stehen zwei weitere Steine aus Granit. Sie tragen den Namen »The Pipers«. Es sind die beiden Musikanten.

Die Geomantin Ingeborg Lüdeling besuchte die Merry Maidens wiederholt, im privaten Urlaub zunächst und dann auf einer Studienfahrt zu britischen Kraftorten. Mit einer Gruppe von Frauen feierte sie dort ein Ritual. Sie erlebte dabei einen Wachtraum, dessen Inhalt für diesen Ort mütterlicher Energie typisch ist:

»... Ich öffne nun meine Augen, forme mit den Händen einen Kelch und halte ihn nach oben. Mein ganzer Körper wird eine große aufnehmende Schale. Ich warte völlig passiv. Zuerst ist fast nichts zu bemerken, mir wird im Kopf warm, dann fließt die Wärme durch meinen Hals zum Bauch und in die Beine. Bis in die Füße strömt die Wärme und füllt nun meinen ganzen Körper. Es ist die vertraute Mondenergie. Nun kann ich fühlen, wie gute, weiche, warme Luftenergie in meine Hände fließt, und gieße den Kelch mit der Energie über alle Menschen und Steine aus, die in unserem Kreis stehen. Wie selbstverständlich legen wir unsere Hände zum Frauenenergiekreis zusammen. Die linke Handfläche nach oben, die rechte Handfläche nach unten. Sofort klopft und pulsiert es in den Händen, und sie werden ganz heiß. Diese Hitze verteilt sich auf meinen Körper und dann ...

Ich liege in sehr warmem Wasser in einer engen, dunklen Höhle, aber ich fühle mich sehr gut. Vertraute Gerüche aus meiner Kinderzeit steigen in meine Nase. Hier bin ich richtig und wunderbar beschützt. Nichts kann passieren, ich schwebe im zeitlosen Raum. Ab und zu ziehen rote und blaue Kreise an meinen Augen vorbei, das ist die einzige Abwechslung in dieser Höhle. Ich schwebe und träume, träume und schwebe jahrhundertelang.

Da trifft ein heller Strahl auf mein Gesicht, und ich fühle rechts und links Frauenhände, die mich halten. Ein tiefes Glücksempfinden und ein inniges Zusammengehörigkeitsgefühl mit allem, was ist, besonders zu den Frauen hier, mit denen ich ja im Moment durch die Hände auch physisch verbunden bin, überschwemmten mich. Meine Augen werden feucht, und ich öffne sie schnell. Dabei sehe ich, dass auch die anderen Frauen Tränen in den Augen haben. Wir lächeln uns etwas unsicher an, blinzeln die Tränen fort und lösen unsere Hände voneinander. Ein Sonnenstrahl scheint mir schon die ganze Zeit ins Gesicht, ich bemerke es erst jetzt. Langsam versuche ich, in die alltägliche Realität zu kommen ...«[12]

Natürlich erleben viele Menschen im Zustand tiefer Entspannung vergleichbare Situationen frühkindlicher Geborgenheit im Mutterleib. Mir sind sie aus eigenem Erleben und aus meiner therapeutischen Wachtraumarbeit seit vielen Jahren gut vertraut. Um solche Erfahrungen aus vorgeburtlicher Zeit zu erleben, muss man nicht erst eine Kultstätte in Großbritannien aufsuchen. Aber dennoch bleibt die Frage: Warum kommt es zu Trance-Erfahrungen mit diesem Inhalt gerade an diesem Ort, dem seit jeher weiblich-mütterliche Energien nachgesagt werden? Und wie lässt es sich erklären, dass die anderen Frauen aus der Gruppe offenbar ähnliche Erlebnisse gehabt haben? – Ingeborg Lüdeling berichtet zwar über deren Trauminhalte nichts. Aber die Tatsache, dass »auch die anderen Frauen Tränen in den Augen hatten«, die sie »fortblinzelten«, lässt erkennen, dass auch sie in ähnlicher Weise emotional tief berührt waren. Das alles spricht eben doch für das Vorhandensein bestimmter Schwingungsfelder mit bestimmten Inhalten, die sich an einem Ort der Kraft in jahrhundertelang praktizierten kultischen Handlungen aufbauen. Wer diesen Ort heute aufsucht, kann sich noch immer in die alten Felder einschwingen.

Ein »Beweis« im naturwissenschaftlichen Sinne ist das alles selbstverständlich nicht. Ihn gibt es nicht. Und vermutlich wird es ihn so schnell auch nicht geben. Auf dem Gebiet, auf dem wir uns hier bewegen, könnte immer alles auch ganz anders sein.

> *Ich gelangte nicht durch mein rationales Bewusstsein zur Erkenntnis der fundamentalen Gesetze des Universums.*
>
> Albert Einstein

13
Traumbilder durch Kultgegenstände und Körperhaltungen

Offenbar gibt es nicht nur eine Beziehung zwischen Kraftorten und den dort erlebbaren Trauminhalten. Selbst Kultgegenstände wecken immer wieder Traumbilder mit ähnlichem Inhalt. Um sie zu erleben, ist es notwendig, sich in einen Trancezustand zu begeben und dabei exakt die auf dem Kultgegenstand abgebildete Körperhaltung einzunehmen.

Die Wissenschaftlerin und Schamanin Felicitas Goodman fand solche Zusammenhänge eher zufällig heraus. Ihr war aufgefallen, dass die kultischen Abbildungen von Menschen, die man überall in der Welt aus verschiedenen Epochen und Kulturen fand, immer wieder ähnliche Körperhaltungen zeigten. Also, schloss sie, müssen diese Haltungen irgendeine besondere Bedeutung haben. Sonst hätten die Künstler in grauer Vorzeit es nicht für nötig gehalten, immer wieder diese besonderen Körperhaltungen abzubilden.

Zusammenhänge zwischen bewusst eingenommenen, bestimmten Körperhaltungen und dazugehörigen Geisteszuständen sind übrigens auch von alten tibetanischen Meditations-Praktiken her bekannt. Anfang der siebziger Jahre dieses Jahrhunderts entwickelte der tibetanische Meditationsmeister Chögyam Trungpa Rinpoche in den USA daraus die so genannte Maitri-Energiearbeit. Sie wird inzwischen in den Vereinigten Staaten, aber auch in Europa mit Erfolg praktiziert.[13]

Felicitas Goodman ließ bei der Arbeit mit ihren Gruppen die Teilnehmer zunächst probeweise eine dieser typischen Haltungen einnehmen, die ihr auf den alten kultisch-künstlerischen Darstellungen aufgefallen waren. Felicitas Goodman ermöglicht ihren Gruppen, in Trance zu kommen, indem sie 15 Minuten lang trommelt. Erstaunlicherweise erlebten dabei ganze Teilnehmergruppen im Zustand tiefer Entspannung immer wieder ähnliche Bilder aus uralten Fruchtbarkeitskulten und Heilungs- oder Begräbnisritualen. Der Inhalt dieser inneren Bilder richtete sich offenbar genau nach der Art des Kultes, bei dem die abgebildete schamanische Körperhaltung ursprünglich eingenommen wurde.

Hierzu ein Beispiel, bei dem es um ein Heilritual geht, das in der so genannten Bärenhaltung stattfindet: Meist wird diese Haltung stehend eingenommen. Aber es sind auch Darstellungen bekannt, auf denen Schamanen dieses Heilritual sitzend oder kniend durchführen. Die Hände werden bei dieser Übung eingerollt und in der Gegend über dem Nabel auf den Bauch gelegt – und zwar so, dass sich die ersten Knöchel der Zeigefinger berühren. Bei der Ausführung im Stehen sollten die Knie leicht gebeugt sein. Die Füße stehen parallel zueinander, etwa fünfzehn Zentimeter voneinander entfernt.

6000 bis 7000 Jahre alte Figur in Bärenhaltung.
Fundort: Kreta (Goodman 1995, 168)

Aus Südamerika stammende Figur in Bärenhaltung – aus der Zeit vor der Entdeckung Amerikas durch Kolumbus (Goodman 1995, 168)

Die archäologischen Funde aus aller Welt deuten darauf hin, dass diese Bärenhaltung sehr alt ist. Die ältesten Darstellungen gehen bis in die Zeit um 4000 bis 5000 Jahre v. Chr. zurück.

Anfänger erleben bei dieser Übung sehr häufig, dass sich ihr Blickfeld mit einem lila leuchtenden Farbeindruck füllt. Viele Teilnehmer fühlen sich gestützt, manchmal auch von hinten geschoben, zart oder auch recht rau. Manche befinden sich wie in einer kreisförmigen Bewegung oder meinen, das Gleichgewicht zu verlieren. Hitze steigt vom Unterleib her auf oder strömt den Rücken entlang aufwärts. Manchen lastet ein schweres Gewicht auf den Schultern. Sie schrumpfen oder öffnen sich, um eine heilende Flüssigkeit zu empfangen, wie zum Beispiel Judy, eine junge Frau aus einer der Gruppen, mit denen Felicitas Goodman arbeitete. Sie berichtet: »Ich war durstig, und mir wurde gesagt: › Lehn deinen Kopf zurück!‹ Dann habe ich gefühlt, wie eine honigsüße Flüssigkeit in mich hineintröpfelte.« Ähnliches erlebt Belinda, Teilnehmerin desselben Workshops: »Ich habe ein rundes Loch gesehen und bin da runtergegangen. Am Ende hat ein riesiges Glas gestanden, angefüllt mit Eis und einer sprudelnden Flüssigkeit; und die wurde mir in den Kopf geschüttet.« Wieder eine andere Teilnehmerin erlebte in ihrem Trancezustand, wie sie den Auftrag erhielt, eine ordentliche Portion Würmer zu essen, mit der Bemerkung, das würde ihr gut tun.

Die Teilnehmer wissen vor Beginn dieser Übung nicht, dass es sich um eine Bären-Heilübung handelt. Dennoch erscheint vielen von ihnen der Bärengeist, teilweise oder ganz, mit einer Maske, eine haarige Kraft, die sie von hinten umarmt oder erwärmt oder Kranke sachkundig untersucht. Eine Teilnehmerin fühlt sich von ihrem Führer zu einem Stern im Großen Bären gebracht und »dort hat der Bär meinen Körper und mein Energiemuster untersucht«. Ab und zu erlebt jemand, wie der Bärengeist einen anderen Mernschen heilt. So beobachtet Elisabeth eine eindrucksvolle Szene, wo der Bär die Augen einer Frau einritzte, »damit sie wieder weinen kann wie andere auch«. Mag sein, dass Elisabeth selbst diese Frau ist, die nicht weinen kann und in dieser Szene im Grunde ihre eigene Heilung erlebt.

Kristina gibt folgende zusammenhängende Schilderung ihrer Begegnung mit dem Geist des Bären: »Ich bin in den Bären hineingenommen worden, aber ich habe ihn auch gesehen. Zusammen sind wir ganz langsam geflogen, ich habe gefühlt, wie sich meine Füße und auch mein Rückgrat kreisförmig bewegt haben. Es hat bläuliche und auch lila Blumen gegeben, die waren innen gelb. Der Bär hat mich hin- und hergeschoben; davon sind in meinem Körper feine Bewegungen entstanden. Ich habe das Gefühl gehabt, dass ich immer tiefer in meinen eigenen Körper hineinsinke, während ich mich gleichzeitig in Nichts auflöse. Dann bin ich mir meines eigenen Körpers wieder bewusst geworden und habe mich rundum wohl gefühlt.«

Bei Pij beginnt sich der durch eine schlimme Kindheit verursachte Schmerz zu lösen: »... Die Rassel war wunderschön, es ist eine Kindheitserinnerung aufgetaucht, wo ich in einem Waschbecken Murmeln herumgerollt habe. Ich habe gesehen, wie sie herumgerollt sind, und war traurig, dass das Bild nur sehr kurz war. Ich krabble wie durch einen Tunnel, und alles ist weg, meine Trauer, mein Schmerz. Ich komme zu einer Bärenfamilie, es sind dreizehn kleine Bären, und weit weg ist die

Mutterbärin. Ich wollte nicht weg, aber die Rassel hat gesagt: ›Rüben raspeln, Rüben raspeln!‹ Dann habe ich gesagt: ›Ich kann es!‹ und bin weg von den Bären und fühle mich sehr stark. Links von mir ist ein weißes Licht, und rechts war es schwarz. Ich fühlte, ich könnte mich anlehnen, ich fühlte mich geschaukelt, geborgen und warm. Vor meinem rechten Auge ist ein grüner Fleck erschienen, ein grünes Auge, ich dachte, es ist vielleicht nicht wahr, aber es geht nicht weg, es war so realistisch; ich habe etwas Angst bekommen. Hinter mir war ein schwarzes Gefühl, und zwei schwere Pranken haben mich umarmt. Ich musste Vögel füttern, dafür bekam ich ein weißes Bärenfell geschenkt. Die dreizehn Bärchen sind auf mir herumgekrabbelt, und ich habe mich in einen Bären verwandelt.«[14]

Felicitas Goodman selbst berichtet, dass sie mehrere Male bei gesundheitlichen Problemen Heilung durch den Bärengeist erfahren hat: Einmal litt sie unter einer schmerzenden Schulter. Sie konnte nicht mehr auf der linken Seite liegen, sich nicht mehr mit der linken Hand aufstützen und sich nicht mehr nach links drehen. Die geringste Belastung bereitete ihr unerträgliche Schmerzen, sodass sie überlegte, ob sie ihren Workshop nicht besser abbrechen sollte. In ihrer Not brachte sie bei der nächsten Sitzung ihren Teilnehmern die Haltung des Schamanen mit dem Bärengeist bei. Und beim Rasseln nahm sie dann auch selbst, linksseitig, so gut es eben ging, diese Haltung ein. Sie flehte dabei den Geist des Bären an, er möge ihr doch helfen. Und: »Sachte, so als entferne er sich auf Zehenspitzen, nahm der Schmerz ab, und dann war er weg. Er ist auch während des ganzen Workshops nicht wieder aufgetaucht ... Das sind jetzt drei Jahre her, und von den Schmerzen gibt es weiterhin keine Spur.« Dabei hatte ihr eine Masseuse gesagt, in ihrem Rücken gäbe es eine Reihe von harten Muskelknoten, die sie bei ihrer Rückkehr nach Hause behandeln lassen müsse. Wieder nach Hause zurückgekehrt, begab sich Felicitas Goodman tatsächlich in Behandlung zu einer Masseuse, die aber keine Knoten mehr fand, sosehr sie sich auch anstrengte.

Einige Jahre später, so berichtet sie, habe sie unter einer heftigen Allergie gelitten. Durch starkes Schwitzen hatte sich offenbar in den Kleidungsstücken enthaltenes Formaldehyd aufgelöst und einen brennenden, juckenden Ausschlag auf ihrer Haut ausgelöst. Wieder wandte sie sich in ihrer Verzweiflung an den Bärengeist. Sie sah seine Maske. Aber das war auch alles. Schon hielt sie ihren Versuch für gescheitert, da hörte sie in der Nacht eine widerhallende Stimme, die immer wieder rief: »Essigwasser! Essigwasser!« Daraufhin besorgte sie sich Essig, mischte ihn mit lauwarmem Wasser und wusch damit ihren Körper. Innerhalb von zwei Tagen verschwand ihr Ausschlag.

Ich kenne Felicitas Goodman nicht nur als eine ungewöhnlich faszinierende Persönlichkeit, sondern auch als eine ernst zu nehmende Wissenschaftlerin. Deshalb habe ich nicht den geringsten Grund, die Richtigkeit ihrer Schilderungen anzuzweifeln. Mir selbst ist der Geist des Bären bisher zweimal in meinem Leben begegnet. Das erste Mal habe ich versucht, in der Meditation Kontakt mit ihm aufzunehmen. Das gelang mir jedoch – scheinbar – nicht, denn ich sah ihn nicht. Ich litt damals sehr unter einem chronischen Bandscheibenleiden und hätte die heilende Hilfe des Bärengeistes gern in Anspruch genommen. In der darauf folgenden Nacht träumte ich von einer großen Gestalt, die ein kindähnliches Wesen anhob, vor sich hielt und es auf diese Weise aus dem Fenster schauen ließ. Mir war klar, dass ich in diesem Traum dem Geist des Bären begegnet war. Und offenbar wollte er mir eine Botschaft sagen. Nach meinem Empfinden war ich selbst dieses hilflose Kind. Und wenn der Bär diesem Kind half, aus dem Fenster zu schauen, so wollte er mir offenbar sagen, dass Aussichten für mich bestehen. Denn Fenster verkörpern in der Sprache der Träume meist die Perspektiven im Leben des oder der Träumenden. Für mich gab es also Aussicht auf Heilung. Ich fand in der Zeit danach die richtigen Helfer, die mein Leiden ohne einen riskanten operativen Eingriff behoben. Warum sollte der Bärengeist nicht auf fachkundige Helfer zurückgreifen? Ich bin überzeugt, dass er mir geholfen hat.

Das zweite Mal wendete ich mich an den Geist des Bären, als es mir psychisch und körperlich schlecht ging. Ich fühlte mich seit längerer Zeit völlig erschöpft, ausgebrannt und kraftlos, hatte Kopfschmerzen und war deprimiert. Abends, vor dem Einschlafen, versuchte ich, in der Meditation den Bären anzurufen. Aber die Meditation gelang nicht richtig. Ich fühlte mich zu unruhig und hundeelend. Dennoch schlief ich die ganze Nacht tief und fest und erwachte am Morgen mit einem ganz ungewöhnlich starken und angenehmen Gefühl von Wärme im Rücken. Es war, als ob mich ein starkes, riesig großes, warmes Fellwesen kuschelig einhüllte. Ich genoss diese Kraft und diese Wärme so lange wie möglich und dankte dem Bären. Denn ohne Zweifel war er es, der mir von seiner Kraft gegeben hatte. Und dieser kraftvolle Zustand hielt an. Meine Krise war überstanden.

14
Die Kraft des Bären bekommen: eine meditative Übung

Vielleicht haben Sie inzwischen Lust bekommen, selbst einmal die heilende Kraft des Bären zu erfahren. Die in diesem Kapitel beschriebene Übung eignet sich besonders, um Kontakt zu der Kraft des Bären zu bekommen. Sie ist eine Heilübung und stärkt die körpereigene Abwehrkraft bei allen möglichen Krankheiten. Aber auch gesunden Menschen hilft sie bei zu viel Stress, bei Unsicherheit, Selbstzweifel und bei Leistungsschwächen. Sie stärkt das Selbstwertgefühl und die Kraft, mit den vielfältigen Anforderungen des Alltags besser fertig zu werden.

Es gibt mehrere Möglichkeiten, wie Sie diese Übung durchführen können:

ÜBUNG

- *Sie lesen den Text der Übung genau durch und stellen sich den Ablauf des Geschehens im Zustand tiefer Entspannung vor Ihrem inneren Auge einfach vor.*
- *Sie sprechen den Text der Übung auf einen Tonträger, indem Sie ihn beispielsweise mit einem Kassettenrekorder aufnehmen. Wenn Sie die Übung durchführen wollen, spielen Sie einfach Ihre Aufnahme ab.*
- *Oder: Jemand, der Ihnen nahe steht und zu dem Sie Vertrauen haben, liest Ihnen den Text der Übung langsam und mit ruhiger Stimme vor, während Sie sich in den Zustand meditativer Entspannung begeben.*

Das Herz-Zeichen ❤ im Text der Übung soll Ihnen eine Pause anzeigen. Tritt dieses Zeichen mehrfach auf, so soll die Pause entsprechend länger ausfallen. Das Herz-Zeichen will ausdrücken, dass die Pause der emotionalen Vertiefung und Versenkung dient.

Teil eins der Übung dient dazu, den Entspannungszustand herbeizuführen. Wenn Sie gewohnt sind, sich nach einer anderen als der hier beschriebenen Methode meditativ zu versenken, können Sie den Teil eins einfach weglassen und sich stattdessen nach der Ihnen vertrauten Methode in den Zustand tiefer Entspannung versetzen. Sie beginnen die Bärenübung dann mit dem Teil zwei, sobald Sie sich im Zustand tiefer Entspannung befinden.

Die vertraulichere Du-Anredeform während der Übung hat sich in der Arbeit mit Gruppen am besten bewährt. Deshalb ist sie hier beibehalten.

Die Übung ist so formuliert, dass Sie sie ohne weiteres auch nutzen können, wenn Sie selbst mit Gruppen arbeiten. Sie eignet sich für Kinder ebenso wie für Erwachsene. Setzen oder legen Sie sich bitte ganz gemütlich hin, sodass Sie es etwa zwanzig bis dreißig Minuten lang bequem aushalten können. Rollen Sie die Finger Ihrer beiden Hände bitte so ein, dass Ihre Hände aussehen wie die Tatzen eines Bären! Legen Sie beide Hände auf den Bauch!

TEIL EINS: *Entspannung herstellen*

Du entspannst dich jetzt.
Mach es dir richtig gemütlich bequem
und schließe deine Augen.

Deine Arme sind jetzt schwer,
ganz angenehm schwer.

Und auch deine Beine sind schwer,
wohlig schwer.
Dein ganzer Körper
ist jetzt angenehm schwer.
Und du fühlst dich ganz ruhig.

Du gehst tiefer in deine Ruhe,
immer tiefer.
Alle deine Gedanken,
die dir noch durch den Kopf gehen,
lässt du jetzt los.
Sie fließen ab
durch die Hände

und durch die Füße
hinein in den Boden.
Und du spürst,
wie du dabei immer ruhiger wirst.
Alles in dir ist ganz ruhig.

Beide Arme sind warm,
angenehm warm.
Und beide Beine sind warm.
Dein ganzer Körper
ist jetzt kuschelig warm.
Du genießt diese wohlige Wärme.
Und während du dich über diese Wärme freust,
spürst du immer mehr Ruhe.
Alles in dir ist jetzt vollkommen ruhig
und warm
und ganz schwer.

Du bist tief entspannt.
Und du gehst noch tiefer
in deine Entspannung,
immer tiefer,
bis du schließlich
ganz tief entspannt bist
und ganz ganz ruhig
und ganz warm
und ganz schwer.

TEIL ZWEI: *Die Bärenübung*

Und nun
kann deine Reise
beginnen.

Stell dir bitte vor deinen Augen vor:
Du bist im Wald.
Ein schmaler Weg
führt tiefer hinein
in den Wald.
Und du gehst diesen Weg
immer weiter,
immer tiefer in den Wald hinein.
Und du fühlst dich ganz ruhig und entspannt dabei.

Und irgendwann
siehst du da einen Baum.
Es ist ein ganz besonderer Baum.
Er ist uralt.
Und er hat einen dicken Stamm
und knorrige Äste.

Schau ihn dir genau an!
Der Baumstamm ist hohl.
Da ist ein großes Loch
in dem Stamm,
eine Höhle.
Schau genau hin.
Du kannst mit den Händen hineinfassen
oder hineinschauen
in diese Höhle

oder den Kopf hineinstecken,
ganz wie du willst.
Probier es einfach aus.

Wenn du genauer hinschaust,
dann erkennst du jetzt schon viel deutlicher,
wie es in der Baumhöhle aussieht.
Es scheint darin ganz gemütlich zu sein,
weich und mit Moos ausgepolstert.
Und wenn du Lust hast,
dann klettere einfach ganz hinein
in diese Höhle im Baum.

Mach es dir bequem darin.
Der alte Baum schützt dich rundum.
Du kannst dich wohl fühlen
und geborgen
wie ein Tier
in seiner Höhle.

Ein dickes Fell wärmt dich.
Selbst wenn es draußen kalt wird
und regnet
und schneit:
Du bist ganz warm
und geborgen
und geschützt
in deiner Baumhöhle
mit deinem Bärenfell,
und du fühlst dich richtig wohl darin.

Du bist ein Bär,
der hier seinen Winterschlaf hält.
Du kuschelst dich bequem
in deine Höhle.
So kannst du es aushalten.
Ganz gleich,
ob es draußen Tag ist
oder Nacht,
ob es draußen stürmt
oder regnet
oder hagelt
oder schneit:
Dir kann nichts geschehen.
Du bist sicher
in deiner Höhle.
Du hältst hier deinen Winterschlaf.

Du spürst jetzt,
wie müde du bist.
Und vielleicht schläfst du jetzt ein.
Und du träumst
einen Traum,
einen Traum,
wie ihn nur Bären träumen können:
einen Bärentraum.
Vielleicht gehst du
in deinem Bärentraum
auf die Jagd.
Oder du streifst
durch die Wälder,
einfach so.
Du kennst den Wald sehr genau.
Es ist dein Wald.
Du bist hier zu Hause.

Vielleicht findest du Honig
in einem Baumstamm
in deinem Traum.
Oder du triffst andere Tiere,
die du gut kennst.
Wer weiß,
was da alles geschieht,
und was du alles erlebst.

Was auch immer geschieht,
es geschieht richtig so.
Schau einfach nur genau hin
auf die Bilder,
die du erlebst.

Ich lass dich jetzt
für eine Weile allein
mit deinen Bildern.
Und wenn dein Traum beendet ist,
dann gib mir bitte einfach
ein kleines Zeichen mit deiner Hand.
Dann werde ich wieder bei dir sein.

❤
❤
❤

Dein Winterschlaf
ist jetzt beendet.
Du blinzelst vielleicht
mit deinen Augen
aus deiner Bärenhöhle heraus.

Es ist hell geworden dort draußen.
Die Sonne scheint angenehm warm
durch die Zweige
auf dein Gesicht.

Und langsam kletterst du heraus
aus deiner Baumhöhle.
Und du reckst dich
und streckst dich
und brummst vielleicht noch ein wenig,
so wie Bären eben brummen.

Und dann ziehst du dein Bärenfell aus.
Und du bist wieder ein Mensch,
der Mensch,
der du warst,
eh du dich
in einen Bären verwandelt hast.

Dein Körper
wird jetzt wieder ganz leicht.

Und wenn ich gleich
bis drei zähle,
dann kommst du
bitte wieder zurück aus deiner Entspannung.

Und du fühlst dich frisch und frei
und gesund
und voll von dieser ganz besonderen Kraft,
wie sie außer dir
eben nur ein Bär hat.

Ich zähle jetzt bis drei:

Eins!

Zwei!

Und drei!

Und zurückkommen bitte!

Wir müssten im Christentum in der Tat eine Religiosität entwickeln, die uns wieder in die Natur einbezieht, statt uns als Herrscher über die Natur zu definieren.

Eugen Drewermann, Theologe und Psychoanalytiker

15
Ein Gespür für Orte der Kraft entwickeln

Letztlich entscheidend für unsere Einstellung zu einem Ort der Kraft werden all die eindeutigen und umstrittenen Forschungs- und Messungsergebnisse nicht sein. Ausschlaggebend ist im Grunde ganz allein das persönliche Empfinden jedes einzelnen Menschen für einen solchen Ort heiliger Kraft. Orte der Kraft gibt es überall. Sie müssen nicht unbedingt bedeutende alte Heiligtümer gewesen sein. Das kann ein einzeln stehender Baum, eine Buche, eine alte Eiche sein, die für uns zum heiligen Platz wird. Solche Orte finden sich überall in der Landschaft. Es sind Orte, an denen Menschen Ruhe und Geborgenheit suchen, Besinnung, Sicherheit, Erweiterung ihres Bewusstseins; Orte, an denen sie sich erden, aufladen und Kraft schöpfen, wo sie den Kontakt zur Erde, zur Natur und zu sich selbst wiederherstellen können. Die von starken Plätzen ausgehenden Energien kann jeder Mensch selbst spüren. Er braucht dazu weder Messgeräte noch ein Heer von Experten.

Das Gefühl für die Kraft eines Ortes stärken

Wir modernen Menschen haben uns oft weit von der Natur entfernt. Dennoch spüren auch wir noch immer die besondere Kraft, die von den heiligen Orten unserer Ahnen ausgeht. Wir nehmen dort offenbar die besondere Verdichtung von Erdenergie wahr; aber auch die Energie von Menschen, die hier ihre Feste gefeiert, gesungen, getanzt und ihre kultischen Feuer angezündet haben. Solche Energie bewahrt sich, selbst über Jahrhunderte. Und sie ist wie ein Akku durch die Lebenden immer wieder neu aufladbar. Sie kann unsere eigene Heilkraft anregen und verstärken.

Die Fähigkeit, die Energie an Orten der Kraft wahrzunehmen, lässt sich deutlich erhöhen, wenn wir sie trainieren. Es ist wie mit allen unseren Fähigkeiten und Begabungen: Je mehr Aufmerksamkeit und Übung wir ihnen widmen, umso stärker entfalten sie sich.

Deshalb folgen hier ein paar Hinweise, wie Sie lernen können, die Kraft heiliger Orte stärker als bisher zu empfinden.

ÜBUNG

● *Versuchen Sie, bei Ihren Spaziergängen oder Wanderungen in der Natur möglichst intensiv zu spüren, wie der Ort auf Sie wirkt, an dem Sie sich gerade aufhalten. Alle Sinneswahrnehmungen sind hier gefragt: Schauen Sie die Landschaft bewusst an – mit den Augen eines Malers! Schließen Sie dann Ihre Augen und horchen Sie! Sie werden erstaunt sein über die Vielzahl der Geräusche, die Sie jetzt plötzlich wahrnehmen. Vielleicht hören Sie von Ferne noch das Brummen vorbeifahrender Autos. Aber vielleicht hören Sie auch die Stimmen der Vögel oder das Rauschen des Windes in den Bäumen.*

● *Atmen Sie tief ein und aus! Nehmen Sie bei jedem Einatmen bewusst wahr, wie schön Ihre Umgebung ist und wie viel an Lebenskraft Sie Ihnen mit jedem Einatmen gibt. Danken Sie mit jedem Ausatmen Ihrem Schöpfer dafür, dass er Sie die Natur so lebendig und voll Kraft erleben lässt.*

● *Versuchen Sie, Unterschiede zu spüren, je nachdem, in welcher Landschaft Sie sich gerade befinden: Wie fühle ich mich, wenn ich durch einen Wald gehe? Wie fühlt es sich an, wenn ich mich auf offenem Feld befinde, wenn ich auf einem Berg, an einem See, einem Fluss oder am Meer stehe?*

- *Versuchen Sie auch, Zwischenbereiche zu spüren! Wie empfinde ich den Übergang vom Wald in eine offene Ebene, den Aufstieg auf einen Berg oder den Abstieg von einem Berg hinab ins Tal?*

- *Nutzen Sie Ruhepausen, um in der Natur zu meditieren! In der Meditation erleben wir die Natur sehr viel intensiver und anders. Unsere Wahrnehmung verfeinert sich. Die Kraft eines Ortes lässt sich auf diese Weise viel intensiver spüren. Über mögliche Inhalte und Techniken solcher Meditationen mit der Natur erfahren Sie im nächsten Kapitel mehr, vor allem an konkreten Beispielen.*

Schamanen leben sehr stark aus Träumen. Wir haben im 20. Jahrhundert die Psychoanalyse gebraucht, damit sie uns sagt: Wenn du nicht träumen kannst, wenn du die Poesie deiner Seele vergisst, wirst du krank.

Eugen Drewermann, Theologe und Psychoanalytiker

16
Feuer, Wasser, Erde, Luft: die Kraft der Elemente

Die Naturvölker in allen Gegenden der Erde wussten um die unterschiedliche Kraft-Qualität der vier Elemente Feuer, Wasser, Erde und Luft. Im Feuer wohnte für sie eine andere Kraft als in der Erde. Und die Kraft der Luft empfanden sie anders als die des Wassers. Deswegen unterschieden sich ihre Kult-Orte so stark voneinander.

In diesem Kapitel erfahren Sie Fakten über den Umgang unserer Ahnen mit diesen vier Elementen. Aber da bleibt immer mehr zu sagen, als sich mit der nüchternen Sprache der Wissenschaft mitteilen lässt. Deshalb wird die Sprache der Poesie hier stärker in den Vordergrund treten. Und Meditationsübungen zu jedem der vier Elemente werden es Ihnen ermöglichen, sich stärker auf der emotionalen Ebene in die Kraftqualität jedes der vier Grundelemente einzuleben.

Am wirkungsvollsten geschieht das, wenn Sie die Übungen selbst durchführen. Natürlich können Sie diese Texte auch so lesen, wie man Gedichte, Sagen, Mythen oder andere Literatur liest. Ihre emotionale Qualität teilt sich allein schon beim Lesen mit.

> *Erzähl uns von Brunnen, von –*
> *Zähl und erzähl.*
> *Wasser: welch*
> *ein Wort*
>
> Paul Celan

Wasser

Unsere Vorfahren empfanden vor den vier Elementen insgesamt eine heilige Scheu. Das Wasser mit seiner durststillenden, fruchtbarkeitsspendenden, reinigenden und heilenden Kraft aber verehrten sie am meisten. Am Wasser legten sie besonders häufig ihre Bitt- und Dankesgaben nieder. Verunreinigung des Wassers, heute meist ein Kavaliersdelikt, galt ihnen als besonders verwerflich und konnte die Todesstrafe nach sich ziehen

Schon bei den Griechen und Römern weissagten die Priesterinnen aus dem Murmeln heiliger Quellen. Die Flüsse ordnete man Göttern zu und benannte sie entsprechend. Man schmückte die Quellen und Brunnen zu Ehren der Quellgötter und -nymphen mit Blumen, Kränzen und Laubgebinden. Kultplätze entstanden in ihrer Nähe, Altäre, Quelleinfassungen und Tempel aus Stein, von Mauern umschlossene heilige Bezirke. Oft galten Seen mit ihrem dunklen, unermesslich tiefen Wasser als heilig. Und auch nördlich der Alpen gibt es zahlreiche archäologische Zeugnisse für Fluss- und Quellenkulte. Sie reichen von der jüngeren Steinzeit bis zu den Kelten und Germanen. Auch bei den in Deutschland weit verbreiteten spätkeltischen Heiligtümern, den so genannten Viereckschanzen, findet sich immer wieder ein naher Bezug zu Quellen.

Die kultische Verehrung ist ebenso wie der Glaube an die Heilkraft bestimmter Quellen in der Bevölkerung tief verwurzelt. Es gibt auch bei uns heute noch Quellen, deren Wasser die Menschen schöpfen und in Flaschen abgefüllt nach Hause mitnehmen, weil sie von seiner Heilkraft überzeugt sind. Hohe christliche Würdenträger witterten in solchen »heidnischen Gebräuchen« von früh an Gefahr. Schon um 350 n. Chr. verteufelte Bischof Kyrill von Jerusalem den Wasserkult: Götzendienst sei »das Anzünden von Lichtern und Weihrauch an Quellen und Flüssen« und das Herabsteigen »zu den Wassern in dem Wahn, ... dort Heilung von körperlichen Leiden (zu) finden«.

Die Konzile des 5. und 6. Jahrhunderts stellten jede religiöse Handlung bei Wassern, Bäumen und Felsen unter Strafe. In der Gegend um Trier fragt eine Sendpredigt noch im 9. Jahrhundert nach Leuten, die »Hilfe woanders suchen als beim allmächtigen Gott, etwa bei den Quellen«. Später noch, aus dem 11. Jahrhundert, ist die Beichtfrage überliefert, ob man an Quellen gebetet, Kerzen entzündet oder Brot geopfert habe.

Christliche Kirchen errichtete man vorzugsweise an der Stelle alter heidnischer Tempel, die man zerstörte oder auf diese Weise umwandelte. So blieb das Volk an seine alten Kraftorte gewöhnt. Der Dom in Paderborn soll auf 80 Quellen gebaut sein, die Kathedrale von Chartres auf 44. Und am Standort des Kölner Doms befand sich im Laufe der Jahrtausende eine ganze Sammlung heidnischer Kultorte. Einer von ihnen war den keltischen Muttergöttinnen geweiht. Ein anderer war mit einem Brunnen ausgestattet und römischen Gottheiten geweiht. Schließlich gab es dort noch ein altes Mithrasheiligtum, in dem römische Legionäre eine ursprünglich persische Sonnengottheit anbeteten. Und im allerersten Kölner Dom, wie er um das Jahr 870 bestand, gab es noch einen Innenhof. In seiner Mitte lag, wie könnte es anders sein: ein Brunnen.

In der Krypta der Kathedrale von Chartres befindet sich ein 33 Meter tiefer keltischer Schachtbrunnen. Er gehört zu den Resten eines Heiligtums der Druiden und war seit dem frühen Mittelalter ein berühmtes christliches Wallfahrtsziel. Das Wasser dieses Brunnens soll Heilkraft und wundertätige Eigenschaften gehabt haben. Es entstand an diesem alten heidnischen Ort eine der prachtvollsten christlichen Kirchen.

An vielen heiligen Quellorten übernahm Maria als Schutzherrin die Funktion alter heidnischer Muttergöttinnen. Die Frauenkirche in Nürnberg ist hier beispielhaft zu nennen, ebenso die Kapelle bei der Heilquelle in Aachen und die Frauenkapelle in Baden bei Wien. Direkt unter ihrem Altar entsprang die einstmals berühmte Heilquelle. Marienbrunn, Marienstern, Mariarast, Marienborn, Mariaspring – die Liste solcher Namen ließe sich fortsetzen, in denen Maria alte heidnische Göttinnenfunktionen an Quellorten weiterführt. Manchmal wechseln eben die Götter nur den Namen.

Die Quelle von Lourdes mit ihrer wundersamen Heilkraft öffnete sich den Hilfesuchenden aus aller Welt wenige Wochen, nachdem ein junges Mädchen dort Marienerscheinungen erlebte. Inzwischen ist Lourdes von der Kirche offiziell als »wundertätig« anerkannt.

Die alten Wasserkulte lassen sich offenbar nicht so leicht ausrotten. Sogar die Schulmedizin akzeptiert inzwischen, wenn auch achselzuckend, die Heilwirkung so genannter »balneologischer« Maßnahmen. Noch in den dreißiger Jahren dieses Jahrhunderts taten viele Ärzte die heilende Wirkung des Wassers als wüsten Unsinn ab. Andere Beispiele: Das Wasser des Gutenborns bei Kindsbach in Rheinland-Pfalz nutzte man noch nach dem Zweiten Weltkrieg, um Bindehautentzündungen zu heilen. Analysen ergaben inzwischen: Das Wasser des Gutenborns enthält Bor, ein altes Mittel gegen Entzündungen der Augen. Und irgendwo im Riesengebirge, gut versteckt, gibt es einen weiteren Guten Born. Er sprudelt unter dem Altar einer Kapelle hervor. Seit der Jungsteinzeit nutzten die Menschen ihn als heilige und heilende (beides liegt ja so weit nicht auseinander) Quelle. Analysen aus der Neuzeit ergeben: Die Quelle führt radiumhaltiges Wildwasser. Die »Heilige Quelle« im schleswig-holsteinischen Süderbrarup war bereits um Christi Geburt weithin bekanntes Wallfahrtsziel. Auch sie enthält erhöhte natürliche Radioaktivät, wie man sie heute oft zu Heilzwecken nutzt. Die Schwefelquelle von Heckenmünster benutzten nachweislich bereits die Kelten zu Badekuren. Beim »hylligen Born« in Pyrmont fanden sich am Fuß einer alten Linde in der Nähe der Quelle alte Opfergaben. Es handelt sich um Schmuck und Gebrauchsgegenstände, wie die typischerweise nur von Frauen stammen können. Pyrmont gilt bezeichnenderweise bis heute als Frauenbad.

Viel Erfahrung, genaue Beobachtungsgabe und großes Wissen in der Heilkunst mögen unsere Ahnen dazu gebracht haben, das Wasser bestimmter Quellen auch zur Heilung von Menschen zu nutzen. Sie werden beobachtet haben, wie an radiumhaltigen Quellen sonst kleinwüchsige Pflanzen ungewöhnliche Größe erreichten. Aus heißen Quellen sahen sie in ungewöhnlicher Weise Dampf aufsteigen und den Schnee in der Umgebung schmelzen. Salzhaltige Quellen zogen die Weide- und Jagdtiere an. Wahrscheinlich half den Heilern der Vorzeit auch ihre sehr viel sicherere Intuition im Umgang mit Naturerscheinungen. Uns modernen Menschen steht sie meist nur in Überresten zur Verfügung, seit wir uns immer einseitiger auf unser rationales Denken und auf die Analysen der Experten verlassen anstatt auf das, was wir selbst spüren können, wenn wir uns mit wachen Sinnen in der Natur bewegen.

Wasser ist wohl das Element, das uns emotional am

stärksten berührt. Nicht umsonst sagt eine volkstümliche Redensart »jemand hat nahe am Wasser gebaut«. Dem Wasser ordnete man seit alter Zeit die Geräusche zu. Und in der modernen Zeit spricht Rudolf Steiner vom »Klangäther«, der für ihn zum Wasser gehört. In der Romantik galt eine tonlose Natur als tote Natur. Quellen murmeln, Bäche glucksen, das Rauschen des Regens, das Toben des Meeres – das alles sind Geräusche, die für uns mit dem Erleben der Natur eng verbunden sind. Die meisten dieser Klangqualitäten wirken beruhigend auf uns. Sie verändern das Bewusstsein manchmal so stark, dass sie zu Erlebnissen kosmischen Verschmelzens führen können, wie sie in vielen Religionen eine Rolle spielen. Unsere Vorfahren wussten das. Wohl deshalb haben viele alte Kraftorte etwas mit dem Element Wasser zu tun.

ÜBUNG

Wasser des Lebens – Eine Meeresmeditation

Diese Übung eignet sich besonders dazu, Kontakt zu dem Element Wasser aufzunehmen und ihn zu verstärken. Das Wasser ist den Menschen seit uralter Zeit heilig. Denn sie wussten um seine lebenserhaltende und heilende Kraft. In der Sprache unserer Träume ist das Wasser noch immer der Ort der Seele. Es verkörpert psychische Energie. Nach fast allen mythischen Schöpfungserzählungen hat das Leben seinen Ursprung im Wasser. Die modernen Wissenschaften kommen zu keinem anderen Ergebnis.

Begegnungen mit dem Wasser in Träumen und Phantasiereisen stärken den Kontakt zum eigenen Unbewussten. Das »Wasser des Lebens« lässt die Lebensenergie
reichlich fließen – nicht nur im Märchen und in den alten
Mythen.

*Entspanne dich bitte zunächst wieder nach der dir vertrauten
Methode (Seite 68).*

*Du bist jetzt tief entspannt
und ganz warm
und ganz schwer
und ganz ruhig.*

*Alles geschieht
wie von selbst.
Und du lässt einfach geschehen,
was geschehen will.*

*Stell dir nun vor deinen Augen
das Bild des Meeres vor.*

*Du stehst am Strand.
Und du schaust
auf die Wellen vor dir,
wie sie kommen
und gehen
und kommen
und gehen
und kommen
und gehen*

immer wieder,
ganz gleichmäßig
und selbstverständlich.

Und während du auf die Wellen schaust,
die kommen und gehen,
spürst du,
wie nahe dir das Meer ist.
Du fühlst dich
dem Meer eng verbunden.
Du gehörst zum Meer.
Und das Meer gehört zu dir.

Das Wetter ist angenehm warm.
Und wenn du Lust dazu hast,
kannst du jetzt ein Bad im Meer nehmen.

Das Wasser erfrischt angenehm.
Und es trägt dich.
Du kannst ihm vertrauen.

Leg dich einfach auf das Wasser
und warte ab,
was geschieht.

Die Wellen schaukeln
deinen Körper ganz sanft
wie ein Boot,
das da im Wasser treibt
ohne Ziel
und ohne Plan.

Das Wasser streichelt deine Haut
sanft und zärtlich.
Du genießt diese Berührung,
ohne viel zu denken,
einfach so.

Und irgendwann
drehst du dich auf den Bauch,
steckst dein Gesicht in das Wasser
und schaust,
wie es dort unten im Wasser aussieht.

Du siehst Fische vorüberschwimmen:
kleine, blitzschnelle,
sie schwimmen in Schwärmen,
und größere,
mit ihren ruhigen Bewegungen.

Und wenn du willst,
tauchst du ein wenig
tiefer ins Wasser.
Probier es einfach.

Du siehst seltsame Pflanzen
dort unten auf dem Meeresgrund,
Felsenriffe,
den Eingang einer Höhle vielleicht
und noch viel viel mehr Geheimnisvolles,
was du
noch nie in deinem Leben
zuvor gesehen hast.

Du hast genug Luft.
Denn du atmest
wie ein Fisch.

Und du kannst dich bewegen
wie ein Fisch.
Ich lass dich jetzt eine Weile allein.

Wenn du genug erlebt hast,
dann gib mir bitte
ein kleines Zeichen mit der Hand.
Und ich werde dich zurückbegleiten
zum Strand.

Ruh dich noch einen Augenblick lang
an der Wasseroberfläche aus.

Langsam
schwimmst du jetzt
zurück zum Strand.

Du steigst aus dem Wasser.

Du spürst jetzt,
wie dein Körper
wieder ganz leicht wird.

Und wenn ich gleich bis drei zähle,
dann kommst du bitte
wieder zurück aus deiner Entspannung.
Und du fühlst dich wohl
und erfrischt von deinem Bad.

Ich zähl jetzt bis drei.

Und zurückkommen bitte!

Ich bin ein Felsen.
Ich habe Leben und Tod gesehen.
Ich habe Glück erfahren, Sorge und Schmerz.
Ich lebe ein Felsenleben.
Ich bin ein Teil unserer Mutter, der Erde.
Ich habe ihr Herz an meinem schlagen gefühlt.
Ich habe ihren Schmerz gefühlt und ihre Freude.
Ich lebe ein Felsenleben.
Ich bin Teil unseres Vaters, des großen Geheimnisses.
Ich habe seinen Kummer gefühlt
und seine Weisheit.
Ich habe seine Geschöpfe gesehen, meine Brüder,
die Tiere, die Vögel,
die redenden Flüsse und Winde, die Bäume,
alles, was auf der Erde,
und alles, was im Universum ist.
Ich bin mit den Sternen verwandt.
Ich kann sprechen, wenn du zu mir sprichst.
Ich werde zuhören, wenn du redest.
Ich kann dir helfen, wenn du Hilfe brauchst.
Aber verletze mich nicht,
denn ich kann fühlen, wie du.
Ich habe Kraft, zu heilen,
doch du wirst sie erst suchen müssen.
Vielleicht denkst du, ich bin bloß ein Felsen,
der in der Stille daliegt
auf feuchtem Grund.
Aber das bin ich nicht,
ich bin ein Teil des Lebens,
ich lebe,
ich helfe denen, die mich achten.

Cesspooch (Dancing Eagle Plume)

Erde

Für die Menschen alter Kulturen war Mutter Erde eine Gottheit. Sie entschied über Wachstum und Fruchtbarkeit, aber auch über Tod und Verderben der Menschen, Tiere und Früchte. Sie musste durch Opfer mild gestimmt werden, um Schaden von der Stammesgemeinschaft abzuwenden. Höhlen, die ins Erdinnere hineinführten, empfanden unsere Urahnen als Körperöffnungen der Erde. In den heiligen Hainen und auf Berggipfeln fühlten sie sich den Göttern nahe.

In der Landschaft drückt sich das Element Erde durch Formen und Maße aus. Sie teilen sich auch uns modernen Menschen noch immer mit und prägen uns entscheidend in unserem Lebensgefühl. So empfinden Bergbewohner das Flachland oft als schwermütig. Umgekehrt fühlen sich Bewohner des Flachlands in den Bergen oft erdrückt und eingeengt. Offensichtlich prägt die Landschaft, in der Menschen aufwachsen und leben, das kollektive Unbewusste. Oder anders ausgedrückt: Die Landschaft, in der wir aufwachsen, speichert Erinnerungsmuster in uns, die wir in anderen Landschaften wieder erkennen oder die uns dort fremd sein lassen. Je nach Beschaffenheit dieser in uns gespeicherten Erinnerungsmuster fühlen wir uns in einer bestimmten Landschaft wohl, unbehaglich oder sogar bedroht.

Steine

Der Sinn der Steinkulte, die sich mit dem Ende der Jungsteinzeit, um 2000 v. Chr., über Mitteleuropa ausbreiteten, ist bis
heute nicht ganz geklärt. Fest steht: Noch bis in unser Jahrhundert hinein wurden bei Menhiren in Frankreich Fruchtbarkeitsriten vollzogen. »Menhir« ist übrigens ein bretonisches
Wort mit keltischem Ursprung. »Men« bedeutet Stein, »hir«
lässt sich mit lang übersetzen. Menhire sind also lange Steine.
Über ihre Bedeutung rätseln die Forscher aus aller Welt noch
immer: Kalendersteine sollen sie gewesen sein, Orientierungs-
punkte von Priesterastronomen, Vorläufer der hölzernen Pfahl-
götter, Akupunkturpunkte der Erde, Symbole eines Phallus-
und Vegetationskults, Seelen- und Ahnensitz, Orakelstätte, Op-
ferpfahl und Weltsäule, oder eine westeuropäische Variante der
Steintempel von Malta, mit dem Totenkult und der Erdmutter
verbunden, ein Ort, an dem man den Göttern opferte.

Ursprünglich gab es selbst Menschenopfer an den Kultstätten der Erde. Anhand der Knochenfunde lässt sich das beweisen. Später traten Tieropfer an ihre Stelle, schließlich Feldfrüchte und Gebrauchsgegenstände, Schmuck, Spangen und
Gefäße vielerlei Art.

Die Erinnerung an vorgeschichtliche Fruchtbarkeitsriten
und Jahreszeitenfeste lebt bis in unsere Zeit hinein weiter in Sagen und im Brauchtum, in Sonnenwendfeiern, Osterfeuern
und Maitänzen. Der umkränzte Maibaum mag im Grunde
nichts anderes als eine moderne, weiterentwickelte Form des
Opferpfahls und der Menhire sein.

Noch in unserer Zeit gibt es beispielsweise Berichte von
einer bretonischen Bäuerin, die zum Menhir St. Cado gepilgert
ist und übers Jahr einen kräftigen Sohn zur Welt brachte. Auch

Das Steingrab bei den Externsteinen in der Nähe von Horn/Detmold gilt als Kraftort von ungewöhnlich starker Wirkung. Besucher, die sich in den Sargstein hineinlegen, berichten von Visionen, außerkörperlichen Erfahrungen, sphärischen Tönen oder einem im ganzen Körper spürbaren Kribbeln (Luczyn 1991, 142). Radiästhesisten haben zwei Wasseradern entdeckt, die sich auf der Mitte des Solarplexus eines in der Steinwanne Liegenden kreuzen. Zehn Minuten sollen genügen, um sich dort energetisch aufzuladen.

Auf der hier wiedergegebenen Fotografie ist über dem Sargstein in Höhe der Solarplexusgegend ein »Geistergesicht« zu sehen, das in der Realität für mich dort nicht erkennbar war – eine »Zufalls-Spiegelung«?

in der Eifel stehen Steine, auf die »kinderlose Frauen niederzu-
sitzen pflegten und dann fruchtbar wurden«[15]. In Wales und an
anderen Orten Westeuropas schob man Kranke durch einen
Stein, der ein Loch in der Mitte hat, wie durch eine Röhre, um
sie zu heilen. In der Bretagne gibt es eine Gruppe von mehr als
tausend Steinen, die sich aus unerfindlichen Gründen in elf
Reihen etwa 800 Meter weit hinzieht. Jahrhundertelang
brachten die Bauern ihre kranken Rinder hierher, um sie zu
heilen.

Damit die Kraft der Menhire besonders gut wirken kann,
kam es darauf an, die Steine möglichst intensiv und unmittelbar
zu berühren. Männer und Frauen rieben ihre Geschlechtsteile
an Fruchtbarkeitssteinen, um Kinder zu bekommen, Frauen
Leib und Brüste, um schwanger zu werden. Und junge Mädchen rutschten den »heißen« Stein hinunter, möglichst sieben-
mal und mit entblößtem Unterleib, um die Liebe eines Mannes
zu gewinnen.

Vielfach salbte man die Menhire mit Öl und stellte Kerzen
oder Fackeln auf. Umzüge und rituelle Tänze sollten die
Fruchtbarkeitswirkung erhöhen. Bei etlichen solcher Frucht-
barkeitsrituale hielten die jungen Männer beim Steintanz ihren
Penis in der Hand, um durch die Wirkung der phallischen Steine ihre Kraft und Potenz zu erhöhen.

Die christlichen Missionare muss angesichts solcher Bräu-
che manchmal eine heilige Wut gepackt haben. Willibrord, der
um 700 vor allem in Friesland Heiden bekehrte, soll höchstper-
sönlich den dreieinhalb Meter hohen Menhir Frauenbillen-
kreuz in Rheinland-Pfalz in ein christliches Kreuz umgeformt
haben. Nach der Sage hält sich in diesem Stein tagsüber die Fee
Sybille verborgen, eine »nachts Unheil bringende Jägerin«. An
Diana erinnert sie, an die Göttin des Lichts und der Jagd. Wer
sein Ohr an den Stein legt, soll das Geräusch einer Frau am

Spinnrad hören. Moderne Besucher aus unserer Zeit bestätigen, dass es dort drinnen rauscht und geheimnisvoll knistert.

In andere heidnische Kultsteine schlug man Heiligennischen oder christliche Grablegungsmotive, wie das möglicherweise bei den Externsteinen[16] geschehen ist. Zögernd entstanden über Jahrhunderte hinweg aus heidnischen Umzügen christliche Wallfahrten. Selbst die noch heute üblichen Fronleichnamsprozessionen und feierlichen Feldbegehungen, etwa der Schnadgang im Münsterland, lassen sich so in ihrem Ursprung erklären.

Bäume

Auch die Bäume gehören zu den Kraft-Orten der Mutter Erde. Das gilt zumindest für ihren unteren Teil. Mit ihren mächtigen Wurzeln greifen sie tief in das Reich der Erde ein. Ihre Wipfel und das weit verzweigte Geäst reichen dagegen in das Reich der Lüfte. Luftgeister wohnen nach alter Vorstellung in ihnen. Und so nehmen die Bäume im Grunde eine Mittlerstellung zwischen den beiden Grundelementen Erde und Luft ein. Vielleicht veranlasste gerade diese enge Verbindung zwischen Erde und Luft unsere Urahnen, besonders auffällige Bäume als Heiligtümer zu wählen. Aber noch entscheidendere Gründe kamen hinzu: In den Bäumen zeigt sich uns Menschen der jahreszeitliche Wechsel am augenfälligsten. Wenn im Frühjahr die scheinbar toten Winterzweige zu neuem Leben erwachen, geben sie ein machtvolles Beispiel für die unbesiegbare Lebenskraft der Natur, für diesen Kreislauf, in dem sich Leben wiederholt. Als künstlerische Darstellung fand ich diesen Gedanken am eindrucksvollsten in einem Mandala-Zeitkreis, einem Mosaik auf dem Fußboden der Schlosskapelle in Türnich dargestellt. Diese Kapelle gilt ja nicht erst seit Marko Pogacniks Parksanierung durch Steinsetzungen als bedeutender Kraft-Ort. Das Mosaik auf ihrem Fußboden zeigt kreisförmig angeordnet die Monate, die Tierkreiszeichen und die Jahreszeiten an. Die vier Jahreszeiten bezieht es wiederum auf die vier wichtigsten Stufen im Leben des Menschen: Kindheit, Jugend, Zeit der Reife und Alter. So gesehen ist der Tod kein Ende des Lebens, sondern immer wieder folgt ein Neuanfang, so wie in der Natur dem Winter ein neuer Frühling folgt: ein Argument für die Reinkarnationslehre.

Für viele Völker hing die Existenz der Welt von einem mächtigen, kosmischen Baum ab, der die Erde mit den himmlischen und unterirdischen Kräften verbindet. In Schöpfungsmythen und alten Volksmärchen spielt der Weltenbaum eine wichtige Rolle. Aus der ägyptischen Mythologie kennen wir die Muttergöttinnen Isis, Nut und Hathor auch als Baumgöttinnen. Sie spenden das Wasser der Unsterblichkeit, garantieren damit den Fortgang des Lebens. In der griechischen Mythologie spielen Baumnymphen eine Rolle, in der keltischen die Baumfeen. In ihnen brachten die Kelten die Erneuerungskräfte der Natur mit dem Eros in Verbindung. Den Germanen war die Weltesche heilig. Und von den römischen Geschichtsschreibern wissen wir: Die keltischen Druidenpriester achteten die Eichen als ihre allerwichtigsten Heiligtümer – und natürlich die Mistel, die auf ihnen wächst. Eichenhaine betrachteten sie als heilige Bezirke, in denen ihre Opferrituale stattfanden. Kein Opfer geschah bei ihnen ohne den Laubschmuck dieser Bäume. Selbst der Name der Druiden leitet sich sehr wahrscheinlich von dem griechischen Wort »drys« für Eiche ab. Dass die schon den Druiden heilige Mistel über große Heilkraft bei allerlei Krankheiten, wie Bluthochdruck, Arterienverkalkung, Asthma, und selbst bei Krebs verfügt, weiß die moderne Naturmedizin inzwischen zu schätzen. Und natürlich waren die Druiden, wie kaum anders zu erwarten, ganz entschiedene Anhänger der Lehre von der Seelenwanderung.

Jahrhundertealter »Kraftbaum« im Park der Insel Hombroich

Mittsommer-Opferritual eines Druidenpriesters – nach einem Bild des britischen Arztes und Altertumsforschers William Stukeley aus dem Jahre 1759

Offensichtlich wirkt das alte mythische Wissen unserer Ahnen in uns weiter, als morphisches Erinnerungsfeld oder als Bestandteil des kollektiven Unbewussten, wie auch immer. Der moderne Mensch kann dieses uralte Wissen nicht abschütteln. Nicht nur Begriffe wie »Lebensbaum« oder »Stammbaum« zeigen den fortdauernden Bestand dieses Kraftsymbols an. In der Sprache unserer Träume wie in der modernen Tiefenpsychologie deutet der Baum noch immer auf das persönliche Wachstum des oder der Träumenden hin.[17]

Höhlen

Rund fünfzig Höhlen gibt es in Deutschland, von denen bekannt ist, dass es sich um alte Opferstätten handelt. Aber erst ganz wenige von ihnen sind durch Grabungen wissenschaftlich erforscht.

Für unsere Vorfahren öffnete in den Höhlen Mutter Erde ihren Schoß. Hier brachten sie bevorzugt ihre Opfer dar. Dahinter stand der Wunsch, selbst Einfluss zu nehmen auf das Gedeihen, auf Wachstum und Ernte. Das konnte geschehen, indem man die Götter durch Opfergaben bei Laune hielt. Besonders häufig fanden sich bei Ausgrabungen in Höhlen außer allerlei Tongefäßen typisch weibliche Opfergaben: Spinngeräte, Nadeln, Ringe, Armreifen, Bernsteinperlen, Haar- und Ohrschmuck, magische Knoten, Schnüre aus Menschenhaar und Amulette – ähnlich wie sie auch in altgriechischen Heiligtümern vorkommen. In den Spalten der Höhlen lagen aber auch große Mengen Knochen von Tieren und – was selbst manche Experten nicht wahrhaben wollten – von Menschen. Es besteht kein Zweifel: Unsere Vorfahren waren rituelle Kannibalen. Denn sie opferten Menschen und aßen von deren Fleisch. Die Funde in etlichen Schachthöhlen Bayerns und Niedersachsens belegen das eindeutig. Man fand Röhrenknochen, aus denen das Mark entfernt war, Schnittstellen an Knochen und Schädeln, denen das Hirn entnommen war. Einer dieser makabren Fundorte ist die Jungfernhöhle von Tiefenellern bei Bamberg. In ihr sind fast ausnahmslos junge Frauen und Kinder geopfert und verzehrt worden. Nicht nur in dem Namen dieser Höhle, sondern auch in den Sagen, die sich um sie ranken, spiegelt sich dieses unheimliche Geschehen wider. Eine schwarze Kutsche, so heißt es, fährt dort manchmal nachts umher. In ihr sitzen drei Fräulein. Und alle, der Kutscher, die Pferde und die drei Damen, seien ohne Kopf. Überliefert ist auch, dass es in der Nähe der Höhle »nicht richtig sei«. Drei Jungfrauen sollen dort umgehen. Und unter den Einheimischen erzählt man sich, neun Hofjungfern seien dort umgebracht worden, weil sie einem Mann nicht zu Willen waren.

In der Zeit vor dem Zweiten Weltkrieg hatte der junge Prähistoriker Behm-Blancke aus Weimar einen Traum: Er würde, so sagten ihm seine nächtlichen Bilder, auf dem Kyffhäuserberg ein richtiges Heiligtum entdecken. Erst in den Jahren nach dem Krieg ging Behm-Blanckes Traum in Erfüllung. Grabungen begannen, die sieben Jahre dauerten. Am Ende stand einwandfrei fest, dass der Berg vor Jahrtausenden ein großer heiliger Bezirk war. Und wie bei der Jungfernhöhle in Bayern, so bestätigten auch hier die Funde eindeutig Spuren eines rituellen Kannibalismus. [18]

Manchmal mögen die alten heiligen Orte ihr Geheimnis so einfach nicht hergeben. Schon bei der Erforschung der ägyptischen Pyramiden kam es um 1922 zu merkwürdigen Widerständen. Nach 15-jährigen Grabungsarbeiten im Tal der Könige durchbrach der britische Ägyptologe Howard Carter zusammen mit seinem Geldgeber, dem Earl von Carnavon, den versiegelten Zugang zum Grab des Pharao Tutenchamun. Dort entdeckte er eine überwältigende Fülle von Vasen, Streitwagen, Thronsesseln und Schmuckstücken. Aber böse Vorahnungen begleiteten seinen Triumph. Es hieß, dass alte Hyroglyphentexte Eindringlinge vor der Rache des Pharaos warnen. Und dann kam es zum ersten seltsamen Zwischenfall: Eine Kobra hatte Carters Kanarienvogel verschlungen. Die Kobra aber gilt als Symbol der ägyptischen Könige. Viele der Expeditionsteilnehmer sahen in diesem Vorfall ein böses Omen. Doch Carter ließ sich nicht abschrecken. Als er schließlich die Grabkammer öffnen konnte, war Lord Carnavon bereits gestorben – an einer Blutvergiftung oder am Fluch des Pharao, wie manche meinen.

Eine ähnliche »Berührungssperre« soll auch den Kyffhäuser geschützt haben. Wie die Jungfernhöhle ist auch der Kyffhäuser ein Ort, um den sich die Sagen ranken. Der alte Kaiser Barbarossa sitze in dem Berg, so weiß die Sage. Er sei umgeben von seinem Hofstaat. Sein roter Bart ist längst durch die steinerne Tischplatte gewachsen. Alle hundert Jahre erwache der Kaiser und frage einen Zwerg, ob die Raben noch um den Berg fliegen. Dann seufze er, denn solange sie da sind, muss er weitere hundert Jahre schlafen.

In den Dörfern um den Berg heißt es, ein Musikant namens Sauerbier sei vor Jahren auf der Suche nach dem sagenhaften Schatz des Kaisers in einer Himmelfahrtsnacht auf den Kyffhäuser gestiegen. Nach acht Tagen kam er bleich, verstört und mit zerrissenen Kleidern zurück. Drei Tage später folgte, auf einem Karren liegend und todkrank, sein Kamerad. Beide rückten mit der Sprache nicht so recht heraus. Aber sie hätten schlimme Dinge erlebt. Dem Alten seien sie leibhaftig begegnet. Sauerbier blieb sein Leben lang krank, der andere behielt ein lahmes Bein.

1732 suchten drei Geisterbeschwörer nach Barbarossas Schatzhöhle. Doch Magie und Zaubersprüche halfen ihnen nicht. »Die herbeigerufenen Höllengeister entführten einen von ihnen in die Lüfte, worauf die anderen entsetzt flohen. Ihre Zaubersprüche und Arbeitsgeräte fanden sich am folgenden Tag zerrissen und zerstört.«[19]

Darüber, wie die Höhlenrituale unserer Ahnen aus der späten Steinzeit im Einzelnen ausgesehen haben mögen, gibt es nur Spekulationen. Denn die Riten blieben streng geheim. Inwieweit es in den Höhlen unseres Landes irgendwelche Myste-

rienkulte gegeben hat, ob man hier kultische »Heilige Hoch-
zeiten« beging, ob es bei den Riten »sexuelle Ausschweifun-
gen« gab und die Männer vor dem Höhlenheiligtum der Göttin
wilde Feste feierten, das alles lässt sich anhand der archäologischen Funde nicht mehr klären. Doch anderswo ging es nicht
humaner zu. Das rituelle Opfern von Menschen spielte auch in
der griechischen Antike eine wesentliche Rolle. Und noch im
Jahre 97 n. Chr. musste der römische Senat Menschenopfer
wiederholt ausdrücklich verbieten.

In der Bibel klingt im Alten Testament die Sitte des Men-
schenopfers in der Erzählung von Abraham an, der seinen
Sohn Isaak opfern soll. Im allerletzten Augenblick kommt dort
die Ablösung dieses Brauchs durch ein Tieropfer zustande.[20]

ÜBUNG

Wurzeln schlagen: Kraft aus der Erde aufnehmen

Seit uralter Zeit sehen die Naturvölker die Kraft der Erde
als weiblich-mütterliche Quelle der Lebensenergie an.
Im Gegensatz dazu gilt die kosmische Himmelsenergie
eher als väterlich-männliche. Beide Energiequalitäten
brauchen wir, Yin und Yang, wie die traditionelle chinesische Medizin seit etwa 4000 bis 6000 Jahren weiß. Sie
erreicht damit Heilerfolge, die sich neben der modernen
Schulmedizin keineswegs zu verstecken brauchen. Gesund sind wir, wenn beide Energieformen ungehindert,
ohne Blockaden durch unseren Körper fließen und wenn
Ausgeglichenheit zwischen ihnen beiden herrscht. Diese
Harmonie besteht, wenn keine der beiden Energieformen überwiegt.

Die Erd-Übung hilft, den Zugang zur mütterlichen
Energie der Erde neu zu gewinnen, wo er verschüttet ist.
Sie setzt Heilenergie und Lebenskraft frei und gibt Aus-
geglichenheit und innere Ruhe.

Entspanne dich nun bitte wieder nach der Methode, die du
schon kennst (Seite 68).

Du bist jetzt tief entspannt
und ganz ruhig
und ganz warm
und ganz schwer.

Und nun geh bitte
in deiner Vorstellung
wie ein Baum
nach unten

durch den Fußboden des Raumes,
in dem du gerade bist,
immer weiter hinunter.

Wenn unter dir
noch ein Raum ist,
dann gehst du auch
durch diesen Raum
und durch den Boden darunter
immer tiefer.

Wenn dort unten ein Keller ist,
gehst du in deiner Vorstellung
noch tiefer
durch den Boden des Kellers,

bis du
in der Erde ankommst.

Und wie ein Baum seine Wurzeln
in die Erde hineinwachsen lässt,
so gehst auch du jetzt
mit deinen Wurzeln immer tiefer
in die Erde hinein
nach unten,
und nach allen Seiten
breiten sich deine Wurzeln aus.

Immer tiefer
und tiefer
gehst du
in die Erde hinein.

Und du spürst dabei deutlich,
wie angenehm sich
diese Erde anfühlt.

Du bist
ein Baum,
der seine Kraft
aus der Erde bekommt.

Und du spürst,
wie diese Kraft
durch deine Wurzeln
langsam aufsteigt.

Stell dir vor deinen Augen
eine Farbe vor,
die diese Kraft hat,

die jetzt langsam
aus der Erde
aufsteigt.

Immer höher
und höher
steigt sie
in deinen Wurzeln auf.

Bis in deinen Körper hinein
steigt sie:

Durch die Füße
strömt diese Kraft
angenehm warm,
die Beine aufwärts,
n den Bauch,

durch den Brustraum,

die Arme,

in den Kopf

und von dort aus
in die Luft.

Du spürst diese Kraft
ganz deutlich,
wie sie in deinem Körper aufsteigt,
wunderbar warm
und wohlig.

*Und du genießt
diese mütterliche Kraft der Erde,
die sich jetzt
in deinem ganzen Körper
immer weiter ausbreitet.*

*Und du nimmst von dieser Kraft
so viel auf,
wie du brauchen kannst.
Wenn du das Gefühl hast,
dass du genug
von dieser Kraft der Erde
aufgenommen hast,
dann gib mir bitte
ein kleines Zeichen
mit deiner Hand.*

*Du fühlst dich jetzt
angenehm warm
und voll von dieser heilenden,
wohlig warmen
mütterlichen Kraft
der Erde.*

*Und langsam
spürst du jetzt,
wie dein Körper
wieder ganz leicht wird.*

*Und wenn ich gleich bis drei zähle,
dann kommst du bitte wieder zurück
aus deiner Entspannung.*

Und du fühlst dich wieder
frisch und frei
und gesund
und voll Ruhe
und voll Kraft.

Ich zähle jetzt bis drei:

eins,

zwei

und drei!

Und zurückkommen bitte!

Dämmerung

Wo die Sonne blieb,
fragst du.
Sie ging.
Ihr Auge war trüb geworden.
Zu viel
hat sie gesehn
Heute.

Günter Harnisch

Feuer

Ein anderes Beispiel aus der Bibel: die Erzählung von Kain und Abel.[21] Beide zündeten offenbar nach altem rituellen Brauch ein Feuer an, um Gott ein Opfer zu bringen. Kain, der Ackermann, opferte Feldfrüchte, sein Bruder Abel als Viehzüchter dagegen Tiere aus seiner Herde. Und dann muss sich der Rauch aus Kains Opferfeuer niedergeschlagen und am Boden gewälzt haben, während der Rauch aus Abels Feuer aufstieg. Aus solchen Zeichen erkannte man in alten Zeiten, ob Gott ein Opfer annimmt oder ablehnt. Darüber kam es zum Streit zwischen beiden Brüdern, an dessen Ende dann der berühmt-berüchtigte erste Brudermord in der Geschichte der Menschen stand.

Das Feuer hatte in alten Zeiten eine ungeheuere, eben lebenserhaltende Bedeutung. Erlosch ihnen das Feuer, dann war das Leben der Menschen bedroht. Deshalb galt den Germanen der Herd als heilig und als Ort des Friedens. Wer hier Schutz suchte, war selbst als Feind unantastbar.

In alten Mythen heißt es, das Feuer stamme von der Sonne. Göttersöhne hätten es auf die Erde geholt. Und in der Tat: Die Wärme der Sonne gleicht der des Feuers. Und das Licht der Sonne gleicht der Helligkeit, die das Feuer in der dunklen Nacht verbreitet. Was liegt näher, als angesichts solcher Erfahrungen die Sonne als Gott zu verehren und in der lebenserhaltenden Kraft des Feuers das Wirken dieses Sonnengottes zu erkennen?

Mehr als Tausend Jahre n. Chr. preist auch der heilige Franz von Assisi die Kraft der Sonne in seinem berühmten und wunderbar kraftvollen Sonnengesang. Auch er entwickelt noch immer diese für unsere Ahnen typische persönliche Beziehung zu dem Gestirn, das er als »Herrn Bruder Sonne« bezeichnet:

Sonnengesang

... Gelobt seist du, mein Herr, mit allen deinen Geschöpfen,
besonders dem Herrn Bruder Sonne,
der uns den Tag bringt und durch den du uns leuchtest.
Und er ist schön und strahlend in großem Glanz:
Von dir, Höchster, trägt er ein Sinnbild.
Gelobt seist du, mein Herr, für Schwester Mond und die Sterne:
Am Himmel hast du sie geformt, klar und kostbar und schön.

Gelobt seist du, mein Herr, für Bruder Wind,
und für Luft und Wolken und heiteres und jegliches Wetter,
durch das du deinen Geschöpfen den Unterhalt gibst.

Gelobt seist du, mein Herr, für Schwester Wasser,
sehr nützlich ist sie und demütig und kostbar und keusch.

Gelobt seist du, mein Herr, für Bruder Feuer,
durch den du erleuchtest die Nacht:
Und schön ist er, und fröhlich und kraftvoll und stark.

Gelobt seist du, mein Herr, für unsere Schwester Mutter Erde,
die uns erhält und lenkt
und hervorbringt mancherlei Früchte, mit bunten Blumen und
Kräutern ...

Franz von Assisi (1181 oder 1182-1226)

Diese direkte und unmittelbare personale Beziehung zu den Gestirnen und zur Schöpfung überhaupt tritt später in der Geschichte der Menschen immer mehr in den Hintergrund. Aber selbst in der Dichtung unseres Jahrhunderts, in Ingeborg Bachmanns großer »Hymne an die Sonne«, ist die angebetete Sonne noch immer ein Wesen von gewaltiger göttlicher Kraft:

An die Sonne

Schöner als der beachtliche Mond und sein geadeltes Licht,
Schöner als die Sterne, die berühmten Orden der Nacht,
Viel schöner als der feurige Auftritt eines Kometen
Und zu weit Schönrem berufen als jedes andre Gestirn,
Weil dein und mein Leben jeden Tag an ihr hängt, ist die Sonne.

Schöne Sonne, die aufgeht, ihr Werk nicht vergessen hat
Und beendet, am schönsten im Sommer, wenn ein Tag
An den Küsten verdampft und ohne Kraft gespiegelt die Segel
Über dein Aug ziehn, bis du müde wirst und das Letzte ver-
kürzt.

Ohne die Sonne nimmt auch die Kunst wieder den Schleier,
Du erscheinst mir nicht mehr, und die See und der Sand,
Von Schatten gepeitscht, fliehen unter mein Lid.

Schönes Licht, das uns warm hält, bewahrt und wunderbar
sorgt,
Daß ich wieder sehe und daß ich dich wiederseh!

Nichts Schönres unter der Sonne, als unter der Sonne zu sein…
Nichts Schönres, als den Stab im Wasser zu sehn und den Vogel
oben,
Der seinen Flug überlegt, und unten die Fische im Schwarm,

Gefärbt, geformt, in die Welt gekommen mit einer Sendung
von Licht,
Und den Umkreis zu sehn, das Geviert eines Felds, das Tau-
sendeck meines Lands,
Und das Kleid, das du angetan hast. Und dein Kleid, glockig
und blau!

Schönes Blau, in dem die Pfauen spazieren und sich verneigen,
Blau der Fernen, der Zonen des Glücks mit den Wettern für
mein Gefühl,

Blauer Zufall am Horizont! Und meine begeisterten Augen
Weiten sich wieder und blinken und brennen sich wund.

Schöne Sonne, der vom Staub noch die größte Bewunderung
gebührt,
Drum werde ich nicht wegen dem Mond und den Sternen nicht,
Weil die Nacht mit Kometen prahlt und in mir einen Narren
sucht,
Sondern deinetwegen und bald endlos und wie um nichts sonst
Klage führen über den unabwendbaren Verlust meiner Augen.

Ingeborg Bachmann (1926-1973)

Doch Lob und Preis stehen hier nicht mehr uneingeschränkt. Die Dichterin des 20. Jahrhunderts weiß auch um die vernichtende Kraft der Sonne und benennt sie. Aber noch immer bleibt die Sonne ein gottähnliches Wesen, Gegenstand der Faszination, der Anbetung und eben auch der Angst, die uns kleine Menschen angesichts des Göttlichen von Anbeginn unserer Geschichte befällt.

Wir wissen nicht, wie die Feuerrituale unserer Urahnen ausgesehen haben. Wissenschaftliche Ausgrabungen versagen hier. Mutmaßungen allein sind zu wenig. Vielleicht hilft unsere Intuition am ehesten weiter, wenn wir uns mit ihr an einen alten Ort der Kraft anschließen. Ingeborg Lüdeling schildert ihre Bilder einer Phantasiereise an einem solchen Ort. Aber ganz sicher gibt dieses Feuerritual keine Begebenheit wieder, wie sie sich irgendwann einmal in grauer Vorzeit abgespielt haben könnte. Hier kommt vielmehr eine mystische Qualität hinzu, ähnlich wie sie von den religiösen Tänzen der Chassiden berichtet wird, bei denen die Teilnehmer Flammen um den Körper der Tanzenden erblickten.

»Taja springt nun auch auf, wirft blitzschnell ihre Kleider von sich, und kleine Schweißperlen laufen zwischen ihren Brüsten herunter. Sie tanzt einen sehr wilden, ausgelassenen Tanz. Wie unser Regenholer hüpft und springt sie herum. Plötzlich sinkt Taja in sich zusammen und windet sich am Boden. Sofort springt sie wieder auf und sackt wieder zur Erde, es sieht aus, als wäre sie eine hüpfende Spirale. Dann tut sie etwas völlig Unerwartetes. Taja greift in die Fackel! Ich bekomme einen Schreck. Aber nichts geschieht. Sie hält ihre zarten kleinen Hände mitten in die helle, lodernde Flamme! Das Feuer kriecht über ihre Arme und dann über ihren ganzen Körper. In ihrem eingefetteten, glänzenden Gesicht findet das Feuer reichlich Nahrung, und Tajas lange, dichte Haare brennen lichterloh! Selbst wenn ich könnte, ich darf nicht eingreifen. Unruhig rutsche ich hin und her. Ein Blick in Tajas Augen beruhigt mich etwas, denn ihre Augen blicken in seligem Verzücken wie beim Liebeserlebnis. Das Feuer ist ein Wesen, das sie streichelt, und das Feuer liebkost Taja. Das geht sehr lange so, dann zieht sich das Feuer zurück, und sie geht zum Stein, nimmt ihren Feuerstein und fängt an zu zeichnen.« [22]

Das Element Feuer hat auch heute nach wie vor eine lebenserhaltende Wirkung, auch wenn sie uns modernen Menschen oft nicht mehr bewusst wird. In seiner Gestalt als Sonnenlicht erhält das Feuer alles Leben auf der Erde. Der Mensch braucht das Licht. Bekommt er zu wenig davon, wird er krank. In der modernen Medizin gibt es eine Reihe von Krankheiten, die man allein durch Anwendung von Sonnenlicht in seiner natürlichen und in künstlichen Formen heilt. Zu ihnen gehören bestimmte Formen von Depressionen, die so genannte Winterdepression vor allem.

Vom Licht in allen seinen Farben geht eine starke Wirkung auf die Psyche des Menschen aus. Im Sonnenlicht ist ja das volle Spektrum der Regenbogenfarben enthalten. Rot wirkt psychisch erregend, Blau eher beruhigend, Grau dagegen bedrückend. Wenn wir uns in einer Landschaft bewegen, so rufen die dort vorherrschenden Farben bestimmte Stimmungen hervor. Schwindende Hell-Dunkel-Kontraste, in der Dämmerung zum Beispiel, lösen schnell Unbehagen und Grauen aus. Die Psychologie weiß längst um diese Wirkung. Und die vielen Gespenstergeschichten bestätigen sie. Fast immer siedeln sie ihre Handlung in der kontrastlos verschwimmenden Dämmerung an oder in der Nacht. Denn diese löst die Formen vollends auf. Nichts mehr ist erkennbar. Das Bedrohliche nimmt überhand.

ÜBUNG

Die Kraft der Sonne spüren – Eine Lichtmeditation

Diese Übung bewirkt einen intensiven Kontakt zur kosmischen Energie der Sonne. Im Gegensatz zur weiblich-mütterlichen Energie der Erde handelt es sich bei ihr nach alter Vorstellung um eine eher männlich-väterliche Energie. Wer sie erlebt, gewinnt viel an Klarheit in seinem Denken und Bewusstsein überhaupt. Auch entsteht oftmals ein ganz neues Gefühl für die Ordnung des Kosmos, in der wir stehen, mit der wir fest verbunden sind, selbst wenn uns das bisher nicht voll bewusst war.

*Entspanne dich bitte zunächst wieder nach der Methode, die
du schon kennst (Seite 68).*

*Du bist jetzt tief entspannt
und ganz ruhig
und ganz warm
und ganz schwer.*

*Wenn jetzt noch irgendwelche Gedanken
oder Empfindungen aus deinem Alltag
zu dir kommen,
so nimmst du sie
einfach zur Kenntnis.
Du bemerkst,
dass sie da sind.
Aber dann
lässt du sie los.
Sie fließen ab
durch deine Hände
und Füße
hinein in den Boden.*

*Was bleibt,
ist Ruhe,
ganz tiefe Ruhe.*

*Und du gehst jetzt noch tiefer
in deine Ruhe,
bis du ganz tief entspannt bist
und ganz warm
und ganz schwer.*

Stell dir nun bitte
vor deinen Augen vor:
Du stehst auf einem Berg,
auf einem sehr hohen Berg.

Über dir ist nur der Himmel.
Alles andere liegt weit unter dir.
Vielleicht erkennst du
weit in der Ferne
Städte, Dörfer,
oder Wiesen,
Felder.

Vielleicht siehst du den Wald
unter dir
oder andere Berge
in deiner Umgebung.

Aber du stehst auf dem höchsten Gipfel.
Und rundherum hast du freie Sicht.

Die Luft ist sehr klar hier oben.
Und die Sonne scheint.

Und du stehst hier oben
und nimmst ihr goldweißes, klares Licht
in dich auf.

Du spürst jetzt,
wie dieses Licht
durch deinen ganzen Körper strömt:

durch den Kopf,
den Nacken,
die Arme,
den Brustraum.

Dieses Licht strömt weiter
durch deinen Bauch,
die Beine hinunter
und dann in den Boden.

Du bist ganz und gar erfüllt
von diesem wunderbaren weißen und goldenen Licht.

Dein ganzer Körper besteht jetzt
aus diesem Licht.
Du verschmilzt mit diesem Licht.

Du strahlst dieses Licht aus.
Du bist dieses Licht.
Und du erlebst dieses wunderschöne Gefühl dabei,
wie es ist,
ganz aus Licht zu sein.

Und du nimmst
von diesem Licht
so viel auf,
wie du magst.

Ich lasse dich jetzt
für eine Weile allein.

Und wenn du das Gefühl hast,
es ist jetzt genug,
dann gib mir bitte
ein kleines Zeichen mit deiner Hand.
Ich werde dann wieder bei dir sein.

❤
❤
❤

Schau dich noch einmal um
auf deinem Berggipfel.

Und nimm jetzt Abschied von alldem,
was du hier oben gesehen und erlebt hast.
Es wird in dir bleiben.

Steig nun herunter von dem Berg,
auf dem du so viel erlebt hast.

Und wenn du unten am Fuße des Berges
angekommen bist,
dann gib mir wieder ein kleines Zeichen
mit deiner Hand.

Langsam
spürst du jetzt,
wie dein Körper
wieder ganz leicht wird.

Und wenn ich gleich bis drei zähle,
dann kommst du bitte wieder zurück
aus deiner Entspannung.
Und du fühlst dich frisch und frei
und voll von Ruhe und neuer Kraft.

Ich zähl jetzt bis drei:

eins,

zwei

und drei!

Und zurückkommen bitte!

Luft

Zum Element Luft gehört nicht nur der obere Teil der Bäume mit seinen Zweigen, die sich wie Antennen in den Himmel strecken. Zum Reich der Luft zählen auch die Berggipfel, die Klippen am Meer, obwohl beide von ihrer materiellen Beschaffenheit ebenso zum Element Erde gehören. So ganz eindeutig lassen sich in der Natur kaum jemals Zuordnungen treffen. Orte der Kraft sind meist Grenzorte, an denen der Einfluss mehrerer Elemente aufeinander prallt und miteinander verschmilzt.

Zum Element Luft zählt natürlich der Wind in allen seinen unterschiedlichen Kraft-Qualitäten. Einige von ihnen beschreiben die folgenden Gedichte:

Windrichtungen

Nord-West

Dieser Wind
kommt frisch an.
Aus erster Hand.
Er hat den Lauf
durch die Wälder
noch vor sich
Der wird ihn zähmen,
die Gischt im Nacken
seinen Mut kühlen.

Stellen sich erst
die Schornsteine
in seinen Weg,
die ihr Gift bereithalten,
ihm den Leib aufreißen,
dann wird
gegen den Main hin
seine Kraft bald
gebrochen sein.

Süd-Süd-West

Dieser Wind
ist geducktes Heulen.
So winseln Hunde,
die oft
getreten werden.

Dieser Wind
peitscht den Zweifel
vor sich her.
Entfesselt die Gewalt.

Dieser Wind
drückt zu Boden,
was sich beugt.
Er zerstreut
alle Bedenken.

Günter Harnisch[23]

Aber auch die vielfältigen Düfte der Natur gehören dem Reich der Luft an. Der Frühling riecht anders als der Herbst. Schnee kann man über die Geruchssinne wahrnehmen, Regen ebenfalls. Der Morgen riecht anders als der Abend, das Meer anders als der Wald. Wenn es möglich wäre, uns mit geschlossenen Augen und Ohren blitzschnell von einem Ort an einen anderen und von einer Zeit in die andere zu versetzen, wir würden Zeiten und Orte an ihrem Duft erkennen und bestimmen können. Selbst die Städte haben ihren eigenen Duft – und er besteht keineswegs nur aus Benzingestank!

Zum Element Luft zählt auch der Rauch des Feuers. Er spielte bei den Orakeln in den unterschiedlichsten Kulturen von der Steinzeit bis fast zur Gegenwart eine entscheidende Rolle – nicht nur, weil er Aufschlüsse gab, ob die Götter ein Opfer annahmen oder ablehnten. Antworten über schicksalhafte Fragen persönlicher Art, über Zeitpunkt und Richtung geplanter Jagdzüge bis hin zu politischen Grundsatzentscheidungen leiteten sich aus dem Verhalten des Rauchs eines Orakelfeuers ab.

Luft ist schließlich auch Bewegung. Jede Bewegung hinterlässt offenbar im Raum eine Spur. Wünschelrutengänger behaupten, sie können diese Spur aufspüren, auch dort zum Beispiel, wo über lange Zeit hinweg Menschen gegangen sind. Menschen mit empfindsamen Antennen sind häufig sogar imstande, solche Spuren zu hören, ähnlich wie in dem bereits berichteten Beispiel, wo C. G. Jung nachts die Geräusche einer vorbeiziehenden Karawane hörte. Solche Spuren sind der Radiästesie als so genannte »Tracklines« gut vertraut. Offenbar handelt es sich um feinstoffliche Materie der Luft (des Äthers), in die sich die Spuren bestimmter Ereignisse, selbst der Gedanken und Gefühle fest eingraben. So lebt das Blutvergießen auf den Schlachtfeldern des Balkans ebenso weiter wie die Qual der Menschen, die in den Konzentrationslagern umgebracht wurden. Aber in gleicher Weise bleiben Vergebung und Liebe erhalten – an den alten heiligen Orten und überall dort, wo Menschen lieben und vergeben.

ÜBUNG

Der Wind sein – meditative Übung zum Element Luft

Diese Übung eignet sich besonders, um die Qualität des Elements Luft intensiv zu spüren, den Kontakt zu diesem Element neu zu beleben und daraus Kraft zu schöpfen. Wer mit dem Element Luft voll in Einklang lebt, ist nicht länger ein Opfer der Hektik und des Stresses der modernen Zivilisation, sondern empfindet sich selbst als Teil der kosmischen Ordnung. Aus der starken Verbindung mit den Kräften der Luft erwächst Gelassenheit, vor allem aber viel Freiheit und oftmals auch eine nie zuvor gekannte Ruhe.

Entspanne dich bitte jetzt wieder so,
wie du das schon kennst
und wie du das
bei allen deinen Reisen
in das Land der Phantasie tust (Übung auf Seite 68).

Du bist jetzt wieder tief entspannt
und ganz ruhig
und ganz warm.

Und dein Körper
ist angenehm schwer.

Und nun stell dir bitte vor deinen Augen vor:
Du bist draußen in der Natur
irgendwo
an einem Ort,
den du sehr gern magst.
Du fühlst dich sehr, sehr wohl
an diesem Ort.
Er ist dein Lieblingsort
in der Natur.
Es kann sein,
dass dein Lieblingsort
auf einer Wiese liegt,
unter einem Baum vielleicht,
oder im Wald,
an einem Bach
oder an einem See
oder sogar am Meer.

Such dir
deinen Ort!

Dieser Ort
ist dir sehr vertraut
und du fühlst dich dort
vollkommen sicher
und geborgen.

Du hast es dir an deinem Lieblingsplatz
bequem gemacht.

Und nun spürst du,
wie ein Windhauch
ganz sanft,
ganz leise,
ganz zärtlich
um dich weht,
so zart,
als ob dich
dieser Windhauch streichelt.

Du spürst diesen Wind
deutlich auf deiner Haut.
Das ist sehr angenehm.
Du magst dieses Streicheln.

Und dann ist es,
als ob dieser Windhauch
nicht nur deine Haut berührt,
sondern ganz
durch dich hindurchgeht.

Es ist ein wunderbares Gefühl
von Leichtigkeit,
von Offenheit
und von Freiheit,
das du spürst.

Du bist jetzt
selbst dieser Wind.
Und du gleitest frei dahin.
Du fährst durch die Blätter der Bäume.
Du bewegst die Getreidehalme
auf den Feldern

und die Grashalme
auf den Wiesen.
Du wehst über das Land
und über das Wasser.
Du streichst
über die Körper
der Tiere
und der Menschen hinweg,
ganz sanft
und ganz zärtlich.

Als heißer Wind
durchquerst du die Wüste.

Und als angenehm kühler Wind
flüsterst du dein Lied
den Menschen zu,
die auf einer Insel
am Strand träumen.

Und jetzt fühlst du dich
als ein mächtiger Wind.

Du fängst an zu wirbeln.
Du wirbelst immer mehr.

Du spürst die gewaltige Kraft,
die in dir ist.
Über ganze Länder,
Meere und Kontinente
fegst du hinweg.

Bis du dich
endlich ausgetobt hast.

Du wirst jetzt wieder langsam
und sanft
und zärtlich.
Und vielleicht bist du
ein wenig müde
von deiner langen Reise.

Lass dich nieder
an deinem Lieblingsort,
an dem du
deine Reise begonnen hast.

Ruh dich
ein wenig aus.

Du kehrst jetzt
wieder zurück
in deinen menschlichen Körper.
Du bist wieder du,
wie du sonst bist.

Dein Körper
wird jetzt wieder ganz leicht.
Und wenn ich gleich
bis drei zähle,
dann kommst du bitte
wieder zurück aus deiner Entspannung,
und du fühlst dich frisch und frei.

Ich zähle jetzt bis drei:

eins,

zwei

und drei.

Und zurückkommen bitte!

Worte sind es ja, die ich den Menschen geben kann ... Es ist eigentlich das Höchste, was wir besitzen. Der Schamane bei uns ist der Mensch, der mit den Worten arbeitet. Das ist der Dichter.

Galsan Tschinag, mongolischer Schamane,
Stammesoberhaupt der Tuwa, Dichter und Journalist

17
Sagen und Mythen, die sich um Kraftorte ranken

Immer wenn zu einem Berg, einer Quelle oder einem Stein alte Sagen oder Mythen existieren, dann handelt es sich mit hoher Wahrscheinlichkeit um einen Ort der Kraft. Die bereits erwähnten Sagen vom Kyffhäuser in Thüringen, von der Jungfernhöhle bei Tiefenellern in Bayern und von den Merry Maidens drüben auf den Britischen Inseln sind nur einige typische Beispiele. Ihre Reihe ließe sich lange fortsetzen.

Bestimmte Orte in der Natur haben ihre ganz spezielle Austrahlung, ihren persönlichen Geist. Die Kelten, Griechen, Germanen und viele Naturvölker bis in die Gegenwart wussten um diesen Geist eines Ortes, und sie versuchten, ihn zu benennen. Auf diese Weise erhielten Zwerge, Riesen, Feen, Kobolde, Faune, Trolle, Nixen, Sylphen, Salamander ihren festen Ort in der Landschaft. Bestimmte geografische Namen spiegeln bis in unsere Zeit wider, welche Wesen dort wohnten. »Nixen«, »Nöcker« oder »Necker« beispielsweise waren Wasserwesen. Der Name des Flusses Neckar benennt sie noch heute. Zwerge, Erdmännchen und Wichtel gehören zu den Naturwesen mit engem Bezug zur Erde und zu den Steinen. Sie wohnen in den Felshöhlen der Berge und Hügel. So erklären sich Namen in der Landschaft wie »Quergelslöcher«, »Twarglöcher« oder »Erdwibliloch«.

Nach alter Vorstellung leben die Naturgeister nicht gleichmäßig über die Landschaft verstreut, sondern sie haben ihre bevorzugten Aufenthaltsorte: Wasserfälle, Quellen, Bäche und Flüsse, alte Bäume, Höhlen und Grotten. Und in bestimmten Gegenden leben sie im Wald, in der Wüste, im Moor, im Gebirge und an der Meeresküste. Nach der klassischen Mythologie waren *Najaden* Wassergeister, *Dryaden* Baum- und Waldgeister, *Oreaden* Berggeister und Nereiden Meergeister. Hinzu kamen noch etliche Unter- oder Spezialgruppierungen.

Naturgeister heute
Unterschiedliche Erklärungsmodelle

Wie haben wir modernen Menschen uns diese Welt der Naturgeister vorzustellen? – Wer sie als Aberglauben abstempelt, macht es sich zu leicht.

Bis ins vorige Jahrhundert hinein, vor allem in der Zeit der Romantik, sahen die Menschen überhaupt kein Problem darin, die Naturgeister als real existierende Wesen zu akzeptieren. Im Werk des Dichters Novalis spielen sie eine entsprechend wichtige Rolle. Und in der Musik des Komponisten Carl Maria von Weber, vor allem in seinen Opern »Oberon« und »Euryante«, bestimmen sie entscheidend das musikalische Geschehen.

In unserer Zeit erleben die Naturgeister eine Art Wiedergeburt. Angesichts der weltweiten Bedrohung der Natur scheint das kein Zufall zu sein, sondern eher eine Notwendigkeit für die Menschheit, um zu überleben: Alte archetypische

Bilder melden sich wieder, als Gegengewicht gleichsam gegen die fortschreitende Zerstörung unseres Lebensraums.

Noch vor kaum mehr als zwanzig Jahren besuchte der amerikanische Autor Paul Hawken eine kleine Gemeinschaft namens Findhorn hoch oben im Norden Schottlands. Er hatte gehört, dass die Menschen dort mit erstaunlichem Erfolg mit den Pflanzen und mit engelhaften Wesen sprächen. Pans Flötenspiel könne man dort im Wind hören. Und die Pflanzen vollbrächten in Wachstum und Ertrag Unglaubliches: Vierzig-Pfund-Kohlköpfe, zweieinhalb Meter hoher Rittersporn, Rosen, die im Schnee blühen – und das alles im nördlichsten Schottland, zudem bestätigt von Wissenschaftlern und Landwirtschaftsexperten aus aller Welt, an deren Ernsthaftigkeit kaum Zweifel bestehen konnten. Er fand seine Erwartungen mehr als bestätigt. Aber Hawkens sah auch, wie viel an Sensibilität der Umgang mit Devas und all den anderen Naturgeistern erfordert und wie leicht da Missverständnisse geschehen können. Folgendes, für uns auf den ersten Blick eher harmloses Missgeschick hatte sich in Findhorn gerade ereignet:

»In der Nähe der ›Wildnis‹, die sie für die Naturgeister belassen hatten, hatte Peter[24] einen kleinen Obstgarten mit Apfel- und Birnbäumen angelegt. Innerhalb eines Jahres waren die Stechginsterbüsche über ihr Gebiet hinausgewuchert und nahmen nun den jungen Obstbäumen die Nahrung weg. Peter wollte sie im Winter zurückschneiden, hatte es dann aber vergessen. Im Frühling bat er einen jungen Mann, der ihm im Garten half, den Stechginster zurückzuschneiden, der damals gerade in voller Blüte stand. Der junge Mann, der viel von den Devas und Naturgeistern gehört hatte, äußerte seine Bedenken, doch Peter bestand darauf. Er meinte, dass alles in Ordnung wäre, wenn er den Naturgeistern klarmachte, dass ihr Stechginster das Wachstum der Obstbäume behindere. Der Ginster wurde zurückgeschnitten. Daraufhin verließ Dorothy fast die Gemeinschaft. Sie sagte, das sei eine Metzelei, die Büsche in voller Blüte zu schneiden. Peter verstand das nicht: Die Leute mähen doch auch den Rasen – ist das auch Metzelei? Ich bin ein Mensch. Ich kann mich nicht einfach faul zurücklehnen und zuschauen, wie die Natur ›überhand nimmt‹.

Roc war damals gerade in Edinburgh, spürte aber sofort, dass in Findhorn etwas schief gegangen war. Am nächsten Wochenende kam er herauf und fragte Peter, was schief gegangen wäre, was er getan hätte. Peter antwortete, er hätte überhaupt nichts getan, und brachte Rocs Besuch nicht einmal mit den Stechginsterbüschen in Verbindung.

Roc ging überall herum, um zu entdecken, was er da ›aufgefangen‹ hatte. Er verließ den Garten und ging Richtung Strand. Der Weg führte durch ein Feld von Stechginsterbüschen. Als er sich einmal umdrehte, sah er, dass ihm eine große Schar von kleinen Elfenwesen folgte. Sie tobten und schrien herum wie in wahnsinnigem Schmerz und konnten sich nicht beruhigen. Was macht dieser Mensch?, wollten sie wissen. Warum hat er unsere Wohnungen abgeschnitten? Haben wir nicht gesagt, es würde nicht funktionieren? Wir können nicht mit dem Menschen zusammenarbeiten, wenn er so dumme Sachen macht. Jene Blüten sind unsere Wohnungen. Sie zögen aus dem Garten aus und würden sich in ihre abgelegenen Gegenden zurückziehen, da könnte er tun, was er wolle.

Nun wusste Roc also, was geschehen war. Der blühende Stechginster war geschnitten worden. Da Peter es ihm nicht gesagt hatte, hatte er es nun von den Elfen erfahren müssen. Er setzte sich und begann ihnen ganz ruhig einiges über die Menschen zu erklären: Ja, war er nicht dumm? So viel Unwissenheit; aber der Mensch kann auch lernen. Roc entschuldigte sich für den Vorfall und erklärte ihnen immer wieder, dass der Mensch erst lernen müsste, mit ihnen zusammenzuarbeiten, und da gäbe es zwangsläufig auch Pannen. Ob sie das verstehen könnten?

Sie hatten Verständnis und kehrten zum Garten zurück.«[25]

Vielleicht entstehen in Findhorn ja die neuen Sagen und Naturmythen unseres Jahrhunderts – inmitten einer hoch technisierten und aufgeklärten Zeit. Und vielleicht bilden gerade sie ein Gegengewicht gegen diese rationale Bedrohung aus emotionaler Kälte, die sich in unserer modernen Zivilisation immer mehr ausbreitet und alles Lebendige zu ersticken droht. Bislang sind das Vermutungen, mehr nicht.

Eindrucksvoll bleibt diese Selbstverständlichkeit, mit der hier Menschen mitten im 20. Jahrhundert mit Naturwesen umgehen, mit ihnen sprechen, ihnen Schutz geben, ihren Rat ein-

holen, aber sie eben auch verletzen, wenngleich nur aus Unge-
schicklichkeit aufgrund mangelnder Erfahrung und nicht aus
Böswilligkeit.

Schauen wir uns hierzu noch ein weiteres Beispiel an.
Marko Pogacnik, inzwischen in vielen Ländern Europas ge-
fragter Landschaftsheiler aus Slowenien, berichtet von einem
ganz anders gearteten Heilungsprozess:

Ort des Geschehens war die alte klösterliche Anlage
Dürnhof im niederösterreichischen Zwettl. Pogacnik führte
dort vor ein paar Jahren ein Seminar durch. Er fand heraus,
dass christliche Mönche das Kloster an einem alten, vermutlich
keltischen Kultort errichteten, dessen Mittelpunkt eine heilige
Quelle bildete. Die Menschen alter Kulturen ehrten die kos-
misch-geistigen Kraftebenen noch in gleicher Weise wie die
erdhaften Kräfte. Sie bemühten sich, zwischen beiden Gegen-
polen ein Gleichgewicht zu schaffen und die Verbindung mit
beiden Energieformen aufrechtzuerhalten. Auch ihre christlichen Nachfolger müssen noch um diese unterschiedlichen
Energiequalitäten gewusst haben. So lassen sich die Darstellungen des Bösen, Teufelsfratzen, Gnome und Dämonen an
christlichen Kirchen wie zum Beispiel dem Straßburger Münster erklären. Doch die Mönche des Klosters Dürnhof strebten
ausschließlich oder zumindest überwiegend den Kontakt zu
den himmlisch-kosmischen Energien an. Offenbar kannten sie
geomantische Methoden, um die ihnen unerwünschten erdhaften Schwingungen am Ort zu bannen. Jedenfalls fand Marko
Pogacnik heraus, dass die überwiegend als irdisch bewerteten
Kraftlinien des Geländes einige Meter vor dem Tor des ge-
weihten Bereichs plötzlich wie abgeschnitten erschienen. »Sie
liefen einfach nicht weiter, sondern wurden absichtlich an einem Abhang außerhalb des Klostergeländes konzentriert, der
heute noch den Namen › Teufelshaus‹ trägt!«[26]

Darstellungen des Bösen, Teufelsfratzen und Dämonen, finden sich manchmal auch an christlichen Kirchen, zum Beispiel am Portal des Straßburger Münsters. Um das Böse zu bannen, muss man es benennen, es darstellen, sich mit ihm auseinander setzen. Dazu gehört auch, die eigenen Schattenseiten anzuschauen.

In der Nähe der Laurentiuskirche in der münsterländischen Stadt Warendorf findet sich eine Darstellung eines Teufels oder Gnoms in der ausgesparten dunklen Ecke eines Hauses in unmittelbarer Nachbarschaft zur Kirche. Der Teufel hat sich mit einem Schutzschild bedeckt. Er ist schwer vertreibbar. Man drängte ihn zwar von der Kirche ab, ließ ihn aber in ihrer räumlichen Nähe zu und gab ihm die nützliche Aufgabe eines Radabweisers. Er verhindert, dass Fahrzeuge beim Einbiegen in die enge Gasse gegen die Hausecke stoßen.

Die folgende Zeitungsnotiz zeigt, dass moderne Theologen das Böse offenbar nicht immer zur Kenntnis nehmen wollen. Oder nimmt es ihnen zu viel Raum ein?

Bürger entscheiden pro Luzifer

Berlin/Wriezen (rtr) – Das brandenburgische Wriezen wird auch in Zukunft mit dem Teufel leben. In einem Bürgerentscheid sprach sich jetzt eine deutliche Mehrheit der Gemeinde im Oderbruch gegen den Abriss eines Brunnens mit einer Luzifer-Figur aus. Gegen die 1,20 Meter hohe Teufelsfigur, die den Brunnen zusammen mit anderen Skulpturen ziert, hatte insbesondere Pfarrer Christian Moritz Front gemacht. Er sieht in der nur acht Meter von der Marienkirche entfernten Firgur eine Verharmlosung des Bösen. Befürworter sprechen dagegen von einem schelmischen Symbol, das mahne, dem Bösen stets zu trotzen.

Münstersche Zeitung vom 9.9.1997

Ähnlich muss es einer zweiten heiligen Quelle ergangen sein, die einstmals an dem alten Kultort sprudelte. Diese offenbar stark irdisch bewertete Quelle ist heute nicht mehr sichtbar. Sie lässt sich aber hinter der Kapelle des Klostern mit radiästhetischen Methoden spüren. Ihr heiliges Wasser fließt heute jenseits der Klostermauern aus einem Rohr, »so als würde es sich um Abwasser handeln«.

Pogacnik versuchte nun mit seiner Gruppe, auf unterschiedlichen, getrennten Wegen Aufschlüsse über das Verschwinden der Quelle zu gewinnen. Er selbst begab sich mitten in der Natur in einen meditativen Zustand. Nach nicht allzu langer Zeit, so berichtet er, versammelte sich um ihn eine Schar von Zwergen. Er bat sie um Hilfe und ließ sich von ihnen zu dem ursprünglichen Ort der heiligen Quelle führen:

»In einem Bogen wurde ich zu dem Ort geführt, an dem einst die Quelle gesprudelt hatte. Als wir nur noch fünf Schritte von dem Punkt entfernt waren, empfing ich ein heftiges Zucken in der Hand, ... sodass ich stehen blieb. Es dauerte eine Weile, bis ich verstanden hatte, dass mein Lotse befürchtete, die verdunkelten Schwingungen könnten ihm Schaden zufügen. Er wollte lieber in einem sicheren Abstand auf mich warten.

Also ging ich die letzten Schritte allein weiter. Am Quellpunkt selbst wurde ich vom Anblick eines riesigen, abgrundhässlichen krötenähnlichen Geschöpfes fast umgeworfen. Interessanterweise erlebten auch andere Teilnehmer an anderen Plätzen ähnlich erschreckende Wahrnehmungen, so als sei das Ungeheuer überall in den Gefühlsschichten des Ortes verteilt.

Um den Heilungsprozeß einzuleiten, schlug ich der Gruppe vor, sich auf dem ganzen Gelände an allen Punkten zu verteilen, an denen die Gegenwart der Furcht erregenden Schwingungen zu spüren war. Jede Person sollte am auserwählten Platz ein persönlich gestaltetes Reinigungsritual ausführen.

Ich ging zu meinem kleinen Freund, der beharrlich auf mich gewartet hatte, und setzte mich an seiner Seite nieder, um zu beobachten, was die vielfältigen Anstrengungen der Gruppe bewirkten. Schon bald wurde ich gewahr, dass die astrale Kraftwolke, die sich uns in der Form des krötenähnlichen Ungeheuers offenbart hatte, verschwand. In einem bestimmten Moment winkte mir › mein‹ Heinzelmännchen zu, wir könnten uns jetzt, ohne Schaden zu nehmen, dem Geschöpf nähern.

Als wir schließlich vor ihm standen, war nichts von der Riesenhaftigkeit seiner Gestalt übrig geblieben. Vor uns stand ein › nur‹ eine Spanne großes Kerlchen, das ein blutrotes, seinem muskulösen Körper angepasstes Gewand und eine schwarze Maske vor dem Gesicht trug – ganz einfach ein dämonisierter Zwerg, der, gefangen in seinem Unglück, den ganzen Ort gefühlsmäßig terrorisiert hatte, indem er sich zu dämonischen Gestalten aufgeblasen hatte.«[27]

Ist das nun Spinnerei mitten im 20. Jahrhundert? Geht da mit einem Künstler oder Scharlatan die Phantasie durch? Hat da einer in das Reich des Wahns abgehoben? Oder sind es vielleicht archetypische Bilder, die sich hier wie in den alten Volksmärchen, Sagen und Mythen zeigen? –

Wie auch immer: Mit wissenschaftlichen Beweisen ist solchem Geschehen nicht beizukommen. Das Merkmal der Messbarkeit und Wiederholbarkeit, Hauptmaßstab für alle wissenschaftlichen Versuche, fehlt – und es wird immer fehlen. Wir begeben uns hier in eine Welt, in der solche Maßstäbe nicht gelten. Andere müssen gefunden werden. Bislang kann allein die persönliche Erfahrung im unmittelbaren Erleben zählen. Sie ist letztlich unbestreitbar; es sei denn, man stellt die Aufrichtigkeit des Berichtenden in Frage.

An Erklärungsversuchen fehlt es nicht. Der Tiefenpsychologe C. G. Jung, für den die Welt dort am interessantesten war, wo sie sich nicht mehr mit dem »normalen« Wachbewusstsein wahrnehmen lässt, erklärte solche Erscheinungen mit ihrer Herkunft aus dem kollektiven Unbewussten. Der britische Archäologe T. C. Lethbridge vertritt die Auffassung, hier handele es sich nicht um bewusste Wesenheiten, sondern eher um Felder. Die besondere Ausstrahlung von Wasserfällen schreibt er zum Beispiel dem Einfluss von »Najaden-Feldern« zu,[28] Wassergeistern also. Der britische Biologe und Naturphilosoph Rupert Sheldrake erst bestimmt die Beschaffenheit solcher »morphischen Felder« genauer: »Sollten Orte wirklich eigene morphische Felder besitzen, dann müssen diese Felder eingebettet sein in Felder höherer Ordnung, also etwa in Felder von Flusssystemen und Gebirgszügen, diese wiederum in die Felder von Inseln oder Archipelen oder Kontinenten und diese schließlich in die morphischen Felder Gaias und des gesamten Sonnensystems.« Fasst man den Geist eines Ortes als morphisches Feld auf, so bedeutet das für Sheldrake, »dass bestimmte Orte in morphischer Resonanz mit ähnlichen früheren Orten stehen. Die Klasse, zu der ein Ort gehört und der die Tradition eine bestimmte Familie von Naturgeistern zuordnet, wird einen kollektiven Charakter, ein kollektives Gedächtnis besitzen. Jeder einzelne Ort hat aber auch durch morphische Eigenresonanz mit seiner eigenen Vergangenheit ein Einzelgedächtnis.«[29]

Natürlich stieß Sheldrake mit solchen Überlegungen zunächst auf schärfste Ablehnung. Wie das so vielen großen Denkern und Neuerern in der Geschichte der Menschheit geschah, versuchte man, auch ihn als Spinner abzutun und auf ein Abstellgleis zu schieben. Doch er meldete sich beharrlich immer neu mit Forderungen und Vorschlägen über eine exakte wissenschaftliche Untersuchung seiner Thesen anhand von Beobachtungen und Experimenten in der Natur.[30] Inzwischen beginnt seine Lehre, Eingang an den Universitäten zu finden, wenn auch noch ein wenig verschämt.

Was können wir selbst im Umgang mit »sagenhaften« Orten tun?

Viele alte Kraftorte mit ihren Sagen und all den Naturwesen, die dort gelebt haben mögen, sind unwiderruflich verloren. Autobahnen, Straßen und Häuser stehen an den Stellen alter heiliger Orte. Da blieb kein Raum für den Geist, für die Wesen, die es dort früher einmal gegeben haben mag. Und damit bleiben von den Sagen und Mythen dieser Orte allenfalls leere Hüllen, in den Museen und Bibliotheken zwischen zwei Buchdeckeln aufbewahrt, doch ohne Leben.

Dennoch können wir selbst heute noch eine Menge tun, um weiteren Verlust aufzuhalten, indem wir die alten Orte der Kraft, die es noch gibt, und ihre Sagen und Mythen bewusster wahrnehmen. Sie leben durch unser Bewusstsein. Ihre Kraft lädt sich immer neu auf, allein schon durch die Aufmerksamkeit, die wir ihnen geben, dann durch unsere Anwesenheit und erst recht natürlich durch Rituale.

Vielleicht weckt dieses Buch ja in Ihnen ein wenig Appetit, sich die Sagen Ihrer Gegend, in der Sie leben, einmal näher anzuschauen. Suchen Sie die Stellen in der Natur auf, die Ihnen Ihre örtlichen Sagen beschreiben! Versuchen Sie, meditativ zu erspüren: Wie fühlt sich so ein »Zwergen-Ort« an oder eine Höhle, in der einstmals ein Drache gehaust haben soll? – Schauen Sie sich die Landschaft dort genau an, die Bäume! Wachsen sie gerade nach oben, oder winden sie sich wie züngelnde Flammen oder wie tanzende Wesen? – Trinken Sie aus einer Quelle, die einst als heilig galt oder von Feen beschützt war! Wie schmeckt das Wasser? Spüren Sie, ob und was es in Ihnen bewirkt! – Vergleichen Sie mehrere »sagenhafte« Orte in Ihrer Umgebung miteinander! Oft stehen sie in einer bestimmten Beziehung zueinander. Oft werden Sie da Gemeinsamkeiten entdecken.

Die alten Sagen sprechen in Bildern zu uns, wie unsere Träume. Und sie wenden sich nicht direkt an unseren Verstand, sondern an unser Unbewusstes. Hören Sie ihnen zu, ohne zu werten. Sie schildern keine tatsächliche Begebenheit. Sie lügen nicht. Sie drücken eine Wahrheit aus, die viele Menschen seit alter Zeit ähnlich empfunden haben und die auch uns noch immer betrifft.

18
Die Lebensenergie alter Kultorte

Was ist Lebensenergie?

Schon Aristoteles ging vom Bestehen einer Energie aus, die alles Lebende lebendig erhält. Er nannte diese Energie »Hormon«. Henri Bergson, der französische Philosoph und Nobelpreisträger (1859-1941), erklärte sie mit seiner Vorstellung vom »élan vital«. In anderen Kulturen kennt man sie als Prana, Mana, Ruach, Pneuma, Chi, Od oder Odem, die Kraft Gottes, die der Schöpfer dem Menschen einhaucht. Sigmund Freud nannte sie – in engerem Sinne – »Libido«.

Der Psychoanalytiker Wilhelm Reich, ein Freud-Schüler, fand im Körper des Menschen eine besondere Energie, die er Bioenergie oder Orgon-(Organismus-)Energie nannte. Er legte eine Fülle experimenteller Beweise für ihren natürlichen Ursprung und für ihre Leben spendenden Eigenschaften vor.

Das war für die Fachleute damals zu viel. Wilhelm Reich wurde, wie viele große Entdecker und Pioniere vor ihm, zu einer der umstrittensten Gestalten seiner Zeit. Seit einigen Jahren erst setzt sich eine Ahnung davon durch, er könnte vielleicht doch so Unrecht nicht gehabt haben, auch wenn seine Ergebnisse nicht in das bisher gültige wissenschaftliche Weltbild passen wollen. [31]

Das Problem: Lebenskraft ist nicht direkt messbar, allenfalls in ihren Wirkungen erkennbar. Kein Wunder also, wenn sich bei uns die Gelehrten aller möglichen Fachrichtungen seit Jahrhunderten herumstreiten, ob es sie gibt und wie sie beschaffen sein könnte. Wenn Sie in unseren Breiten zu einem Arzt gehen und ihn auf Möglichkeiten zur Stärkung der Lebensenergie ansprechen, wird er Sie sehr wahrscheinlich fassungslos anschauen. Denn der Begriff »Lebensenergie« kam in seiner Ausbildung an den Universitäten nirgends vor.

Feng-Shui

Möglichkeiten zur Stärkung der Lebensenergie
nach alter chinesischer Lehre

In der chinesischen Heilkunst spielen Möglichkeiten, die Lebensenergie zu stärken und zu erhalten, seit rund vier- bis fünftausend Jahren eine wichtige Rolle. Die Akupunkturlehre beruht auf der Vorstellung, dass die Lebensenergie auf bestimmten Leitbahnen, den Meridianen, durch den Körper fließt. Gesund ist ein Mensch dann, wenn die unterschiedlichen Formen dieser Energie, Yin und Yang, das weibliche und das männliche Prinzip, in Harmonie miteinander strömen und keine Energieblockaden auftreten.

Lange hat die westliche Schulmedizin solche Lehren als Hirngespinste abgetan. Sie ging den Weg der Technologie und

Pharmazie konsequent und ausschließlich. Doch inzwischen setzt sich die Akupunkturlehre als erfolgreiche Heilmöglichkeit auch in den westlichen Krankenhäusern immer stärker durch, vor allem bei der Schmerzbekämpfung und in der Geburtshilfe.

Positive Möglichkeiten, das Fließen der Lebensenergie günstig zu beeinflussen, sehen die Chinesen seit alten Zeiten aber vor allem in der Lehre des Feng-Shui. Wörtlich übersetzt bedeutet dieser Begriff »Wind und Wasser«. Bis heute baut man in vielen Gegenden Chinas keine Straße, kein Hochhaus, nicht einmal einen Baum pflanzt man, ohne einen Feng-Shui-Fachmann hinzuzuziehen. Er berät, wie das Vorhaben am besten so auszuführen ist, dass die Lebensenergie Chi optimal fließen kann.

Das Chi ist nach chinesischer Vorstellung eine Art Mittler zwischen Geist und Materie. Am interessantesten ist, dass Chi in der Landschaft bestimmten Gesetzmäßigkeiten folgt: Das Wasser der Flüsse transportiert Chi über die Erde. Chi fließt aber auch von den Bergen herab oder steigt zu ihnen empor. In Ebenen und Wüsten herrscht deshalb ein Mangel an Chi. In den Bergen und Wäldern dagegen ist Chi reichlich vorhanden. Als günstig gelten in China alle Orte, an denen das Chi in seiner Yin- und Yangform ausgewogen vorkommt. An solchen Stellen errichten die Chinesen ihre Städte, Paläste, Häuser und die Gräber für ihre Ahnen. Selbst beim Bau und bei der Einrichtung ihrer Wohnungen beachten die Chinesen bestimmte Regeln, damit das Chi möglichst harmonisch durch die Räume strömen kann, nirgends ins Stocken gerät und sich nicht vorzeitig wieder aus dem Haus entfernt.

Inzwischen kommt diese Feng-Shui-Lehre von der Lebensenergie auch zu uns in den Westen. Landschaftsheiler wie Marko Pogacnik setzen sie offenbar mit Erfolg ein, um die Natur an wichtigen Akupunkturpunkten durch Steinsetzungen und durch allerlei Rituale zu heilen. In den alten Orten der Kraft überall auf der Welt erkennen sie in erster Linie zentrale Akupunkturpunkte der Erde. Von hier aus kann – wenn sie gelingt – die Heilung der Landschaft und der Erde ihren Anfang nehmen.

Künstlich geschaffene Hügel zur Stärkung der Lebensenergie?

Vieles spricht dafür, dass unsere Vorfahren bereits weit mehr über Lebensenergie wussten, als wir heute ahnen. Dazu das folgende Beispiel:

In der Nähe von Avebury Henge in England liegt Silbury Hill. Dieser Berg ist der größte künstlich geschaffene Hügel in Europa. Er hat einen Durchmesser von 156 Metern und ist 45 Meter hoch. Seine Grundfläche bedeckt 248 000 Quadratmeter. Mit modernen Messmethoden konnte man sein Alter bestimmen und eindeutig feststellen, dass Silbury Hill in der Jungsteinzeit um 2660 v. Chr. aufgeschüttet wurde.

Natürlich stellten sich die Archäologen die Frage, was die Steinzeitmenschen in jener Gegend veranlasst haben könnte, derart umfangreiche Erdarbeiten durchzuführen. Zunächst dachten sie an Parallelen zu den ägyptischen Pyramiden. Aber bis heute fanden sich keinerlei Grabkammern oder auch nur Reste von Gräbern. Dennoch besteht Einigkeit unter den Forschern, dass dieser Hügel kultischen Zwecken gedient hat, wie immer sie auch beschaffen gewesen sein mögen.

Eine Vielzahl von Sagen rankt sich um Silbury Hill. Aber ganz und gar ungewöhnlich ist sein Aufbau aus unterschiedlichen Bodenschichten. Er enthält einen pflanzlichen Kern aus einer Art Torf. Darüber lagern, wie nach einem geheimen System angeordnet, Kreide-, Kies-, Erd- und Tonschichten.

Dieser Aufbau erinnert an einen Reich'schen Orgonakkumulator.[32] Das ist ein Gerät, welches der Arzt und Psychoanalytiker Wilhelm Reich in den dreißiger Jahren dieses Jahrhunderts entwickelte. Es hat etwa die Form einer Duschkabine. Als Außenwand dient eine Holzfaserdämmplatte und als innere Wand verzinktes Eisenblech. Dazwischen liegen abwechselnd mehrere metallische Schichten aus Stahlwolle und nichtmetallische Schichten aus Glaswolle.

Reich stellte in zahlreichen Versuchsreihen fest, dass von diesem Gerät eine ungewöhnliche Heilwirkung ausging. Er führte sie auf ein Anreichern des Körpers mit Lebensenergie, die er Orgonenergie nannte, zurück. Durch den Aufenthalt im Orgonakkumulator erhöhte sich praktisch bei allen Versuchspersonen die Körpertemperatur um etwa 1/2 bis 1 Grad Celsius. Spätere, mehr als 20 Jahre nach dem Tode Wilhelm Reichs an der Universität Marburg durchgeführte Versuche bestätigten diese Ergebnisse übrigens voll.[33] Der Orgonakkumulator erzeugt offenbar eine Art mildes Fieber, das Heilungsprozesse stark fördert. Jedenfalls fand Reich immer wieder das gleiche Ergebnis: Beim Aufenthalt im Akkumulator besserten sich die Blutwerte seiner Patientinnen und Patienten rasch. Blutarmut (Anämie) ließ sich innerhalb weniger Wochen heilen. Die Neigung zu Schnupfen und Erkältungskrankheiten verringerte sich. Bluthochdruck ging deutlich zurück. Schwächezustände aller Art, Arthritis und selbst Krebs ließen sich in etlichen Fällen heilen.

Andere Ärzte arbeiteten später nach Reichs Verfahren und erzielten ähnlich positive Erfolge. Inzwischen gibt es kleine, handliche Orgonstrahler, die sich gut eignen, um die eigene

Lebensenergie und die körpereigene Abwehr gegen Krankheiten zu stärken. Sie eignen sich auch zur Selbstanwendung für Laien.[34] Am erstaunlichsten aber bleibt: Hochmoderne Entdeckungen zur Wirkung der Lebensenergie, die sich selbst in unserem Jahrhundert erst ganz allmählich durchzusetzen beginnen, waren unseren Vorfahren offenbar bereits vor mehr als 4000 Jahren bekannt. Allerdings kannten unsere Urahnen sie nicht als technisches Gerät, sondern als von Menschenhand in die Landschaft eingebettete Struktur.

Die Ergebnisse der Forschungen am Silbury Hill allein liefern noch keine hinreichend gesicherten Beweise. Und vielleicht wird sich das Rätsel der Lebensenergie niemals vollständig lösen lassen. Aber wünschenswert und dringend notwendig wären weitere Untersuchungen, um dieses Problem seiner Lösung wenigstens einen Schritt weit näher zu bringen.

Wie Sie die Lebensenergie in Ihrer Wohnung am besten zum Fließen bringen können

Lebensenergie fließt überall auf der Erde, in allen Ländern, nicht nur in China. Dennoch lässt sich vieles aus der chinesischen Lehre vom Wind und vom Wasser nicht einfach vom Ort seiner Entstehung loslösen und hierher zu uns verpflanzen. Eher geht es darum, dass wir auf dem Umweg über jahrtausendealte östliche Erfahrungen unsere eigenen Wurzeln neu entdecken. Wenn wir prüfen, welche dieser Überlieferungen aus dem Osten auf uns übertragbar und für uns anwendbar ist, kann unser Leben viel an Kraft und an Lebendigkeit gewinnen.

Konkret bedeutet Feng-Shui: Alles in unserem Lebensraum, was Bewegung trägt, verkörpert die Lebensenergie Chi. Straßen, Fußwege, Flüsse, Eisenbahnen, Türen, Auffahrten, Treppen, Flure, Wände, Ecken, Nischen, Kanten, Fenster, Tische, Dachschrägen, Statuen, Säulen, Giebel – sie alle haben ein für sie typisches Chi, das bestimmten Gesetzmäßigkeiten gehorcht. Wenn die Städteplaner bei uns im Westen ein wenig mehr Ahnung von diesen Gesetzmäßigkeiten hätten, wäre es nicht zu solch lebensfeindlicher Zusammenballung toter Betonmassen gekommen, die heute das Bild der meisten modernen Großstädte bestimmen.

Wir müssen damit leben. Aber in unseren Wohnungen können wir Veränderungen vornehmen, die zu mehr Lebendigkeit führen. Oft lässt sich hier schon mit geringem Aufwand ein vollkommen neues Lebensgefühl schaffen. Im Grunde sind es nur ein paar einfache Grundregeln, die beachtet werden wollen. Doch sie lösen ungeheuer viel an Kraftwirkung aus:

- *So sollte ein Bett niemals zwischen Tür und Fenster oder hinter der Tür stehen. Das Kopfende sollte an einer Wand stehen.*

- *Niemand sollte am Schreibtisch mit dem Rücken zur Tür arbeiten müssen.*

- *Auf den Arbeitsplatz oder einen häufigen Aufenthaltsort in der Wohnung soll keine Mauerecke und keine Achse einer Trennwand zeigen.*

- *Der erste Anblick, wenn man in eine Wohnung tritt, ist wichtig. Er sollte niemals banal oder unschön sein.*

● *Von der Eingangstür eines Hauses aus sollte man den Hinterausgang oder eine Treppe nicht sehen können.*

● *Ein Haus sollte möglichst nicht auf der äußeren Seite einer scharfen Straßen- oder Flussbiegung stehen.*

Sind diese Regeln nicht eingehalten, so werden leicht energetische Störungen als Folge auftreten. Die Lebensenergie kann nicht ungehindert und in ruhigen Bahnen in der ganzen Wohnung zirkulieren. Solche Störungen wirken beunruhigend statt lebensfördernd. Ähnliches gilt, wenn die Lebensenergie Chi zwar durch die Haustür in die Wohnung gelangt, aber beispielsweise durch einen gegenüberliegenden Hinterausgang sofort wieder aus der Wohnung abfließt.

Wie stark Störungen im Energiefluss sich auf das Leben der Betroffenen auswirken können, zeigt folgendes Beispiel:

Ein Mann hat den dringenden Wunsch, sich beruflich zu verändern. Es fehlt ihm aber an konkreten Ideen hierzu. Er befindet sich bei seiner Arbeit so stark unter Druck, dass er kaum Zeit findet, über sein Problem nachzudenken.

Sein Schreibtisch steht direkt vor einer Wand. Hinter ihm liegt die Eingangstür zum Büro.

Auf der Symbolebene drückt sich hier aus, dass dieser Mann keine Perspektive vor sich hat. Zugleich lebt er mit ständiger Ungewissheit im Rücken. Allein schon das Drehen seines Schreibtisches, sodass ein freies Blickfeld aus dem Fenster entsteht, kann nach der Feng-Shui-Lehre dazu beitragen, ihm neue geistige Perspektiven und mehr an innerer Sicherheit zu geben.

Ein anderes Beispiel:

Eine allein erziehende Frau lebt allein mit ihrer Tochter in einem Haus, das für die beiden im Grunde zu groß ist. Eigentlich hat die junge Frau den Wunsch, mit einem neuen Partner zusammenzuleben. Aber alle Räume in ihrem Haus waren irgendwie besetzt. Sie teilte daraufhin die Zimmer neu ein, sodass jeder das Zimmer bekam, in dem er sich ohnehin am liebsten aufhielt. Dabei ergab sich plötzlich, dass ein Zimmer leer stand. Diese Veränderung zeigte, dass auch Raum im Leben der Frau entstanden war. Einige Zeit später zog ein neuer Partner mit in ihre Wohnung ein.[35]

> *Wir Indianer leben in einer Welt von Symbolen und Bildern, in der das Geistige und das Alltägliche eins sind. Für euch sind Symbole nichts als Worte, gesprochene oder in einem Buch aufgeschriebene Worte. Für uns sind sie Teil der Natur, Teil von uns selber – die Erde, die Sonne, der Wind und der Regen, Steine, Bäume, Tiere, sogar kleine Insekten, wie Ameisen und Grashüpfer. Wir versuchen, sie zu verstehen, nicht mit dem Kopf, sondern mit dem Herzen, und ein winziger Hinweis genügt uns, ihre Botschaft zu erfassen.*
>
> Lame Deer (Medizinmann der Hopi)

19
Symbole als Orte der Kraft

Kraftorte sind nicht nur in der Natur zu finden. Außer den heiligen Quellen, Flüssen, Bergen, Bäumen und Steinen kann jeder beliebige Gegenstand zu einem Ort der Kraft werden. Selbst geometrische Muster oder Zeichen können Kraftsymbole enthalten. Voraussetzung ist einzig und allein, dass wir ihnen eine bestimmte Kraftbedeutung zuerkennen. Das kann durch einzelne Gruppen von Menschen oder auch durch religiöse oder andere Gemeinschaften mit gemeinsamer Überzeugung geschehen. Aber selbst ein einzelner Mensch ist in der Lage, ein Kraftsymbol für sich selbst zu schaffen. Allerdings wirkt die Kraft von Symbolen offenbar umso stärker, je mehr Menschen ihnen eine bestimmte Kraftwirkung durch entsprechende Rituale geben.

> *Wir Sioux denken oft und viel über alltägliche Dinge nach, für uns haben sie eine Seele. Die Welt um uns ist voller Symbole, die uns den Sinn des Lebens lehren. Ihr Weißen, so sagen wir, seid wohl auf einem Auge blind, weil ihr so wenig seht. Wir sehen vieles, das ihr schon lange nicht mehr bemerkt. Ihr könntet es auch sehen, wenn ihr nur wolltet, aber ihr habt keine Zeit mehr dafür – ihr seid zu beschäftigt.*
>
> Lame Deer (Medizinmann der Hopi)

Symbole sind mehr als nur Zeichen

Zeichen stellen weniger dar als den Begriff, für den sie stehen. Darin unterscheiden sie sich von den Symbolen. Zeichen sind zum Beispiel die Hinweisschilder auf Flughäfen oder im Straßenverkehr. In ihrer inhaltlichen Aussage sind sie eindeutig. Ein Symbol ist dagegen niemals eindeutig. Es enthält immer mehr an Bedeutung als der Begriff, für den es steht.

Ein Symbol kann in seiner Bedeutung niemals ganz vollständig geklärt werden. Da bleibt stets ein Überschuss an Bedeutung, ein nicht klärbarer Rest. Dieser Rest an Bedeutungsüberschuss gibt Anlass zu immer wieder neuen Phantasien und schöpferischen Impulsen. Genau diese Eigenschaft der Symbole erklärt wahrscheinlich das Geheimnis ihrer oft ungewöhnlichen Kraft ausstrahlenden Wirkung.

Dieser niemals voll ausschöpfbare Rest an Bedeutung eines Symbols lässt sich am besten mit den folgenden Zeilen aus dem jahrtausendealten chinesischen Tao Te King beschreiben. Natürlich kann man diese Zeilen immer auch ganz anders verstehen. Aber mit ihnen ist eben auch der nicht ausdeutbare Rest der Symbole fassbar:

Dreißig Speichen treffen die Nabe
Die Leere dazwischen macht das Rad.
Lehm formt der Töpfer zu Gefäßen
Die Leere darinnen macht das Gefäß.
Fenster und Türen bricht man in Mauern
Die Leere damitten macht die Behausung.
Das Sichtbare bildet die Form eines Werkes
Das Nicht-Sichtbare macht seinen Wert aus.

Laotse, Tao Te King, 11

Es gibt persönliche Symbole, die nur für einen bestimmten Menschen eine ganz individuelle Bedeutung haben. Aber mehr Gewicht in unserem Leben haben die so genannten archetypischen Symbole. Sie melden sich aus unserem Unbewussten. Ihre Bedeutung gilt für ganze Völker in den unterschiedlichsten Teilen der Erde und in den verschiedensten Epochen überall in gleicher Weise. C. G. Jung hat herausgefunden, dass diese Symbole sich aus dem kollektiven Unbewussten der Menschen melden. Das geschieht vor allem in unseren Träumen und Phantasien. Weil diese archetypischen Symbole für unseren persönlichen Wachstumsprozess von besonderer Bedeutung sind, kommt es darauf an, dass wir sie in ihrem emotionalen Gehalt erleben, gestalten und verstehen, sobald sie in unser Bewusstsein treten. Die alten Völker wussten um diese lebenswichtige Bedeutung der Symbole. Ihre Rituale waren voll von symbolischen Handlungen und Darstellungen. Und sie begleiteten ihr gesamtes Leben von der Geburt an über alle wichtigen Stationen und Ereignisse bis hin zum Tod.

Am besten lässt sich das Wachstum der Seele selbst mit einem Symbol erklären. Und welches Symbol könnte sich da

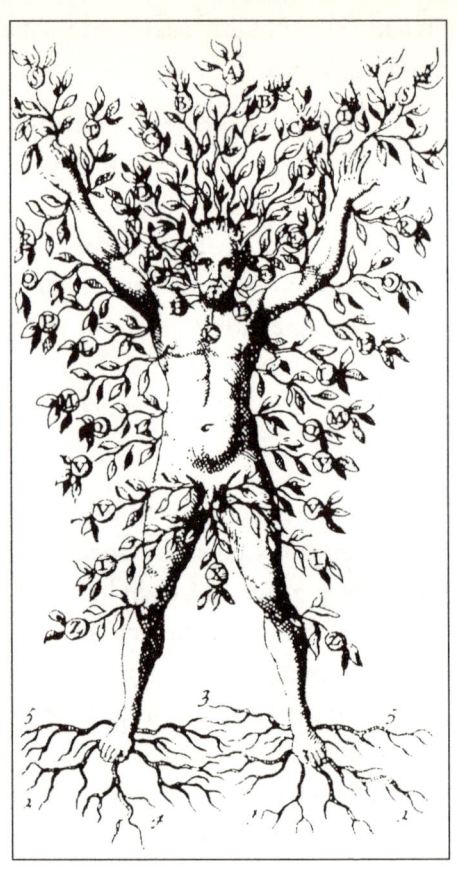

besser eignen als – ein Baum. So wie wir Menschen aufrecht in der Welt stehen, so steht auch der Baum in seinem Lebens-raum. Seine Wurzeln reichen meist tiefer als unsere, zugege-ben. Aber auch wir erinnern uns an unsere Wurzeln und ge-winnen Lebenskraft durch sie. Der Baum richtet sich auf in die Höhe und wächst bis zu seinem Tod. Er muss stehen, widerste-hen, standhalten – wie wir Menschen auch. In seiner Krone entfaltet er sich. Er trägt Früchte, ist fruchtbar, breitet sich in die Welt hinein aus. Seine Krone ist auch ein Dach. Sie gibt anderen Wesen Schutz. Der Baum verbindet sich mit der Erde, der Tiefe, dem Wasser, aber auch mit der Luft, mit dem Himmel. Ebenso wie wir Menschen zwischen den entgegengesetzten Energien des Himmels und der Erde leben, so steht auch der Baum zwischen Oben und Unten. Er verändert sich fortgesetzt mit den Jahreszeiten. Seine Lebensgeschichte ist an ihm ablesbar.

In ähnlichem und doch wieder anderem Sinn hat C. G. Jung das Bild einer Föhre benutzt. Er vergleicht den psychischen Wachstumsprozess des Menschen mit dem eines Föhrensamens, der irgendwann zu einer Föhre wird. In dem Föhrensamen sind alle Möglichkeiten der Bergföhre bereits angelegt. Der Samen fällt zu einer bestimmten Zeit an einem bestimmten Ort. Und dann wirken vielerlei besondere Umstände auf ihn ein, wie Erdbeschaffenheit, Steine, Neigung und Windlage des Hanges und die Zeit der Sonneneinstrahlung. Die Föhre reagiert auf alle diese Umstände möglicherweise durch krummes Wachstum, durch Ausweichen vor dem Stein, durch Hinneigen zur Sonne. Und so wächst allmählich eine Föhre heran, die einmalig und nicht wiederholbar ist – in all den Grundbedingungen, die für ihr Leben entscheidend sind.[36] Sie erleidet Verletzungen durch Schnee, Hagel, Sturm oder Gewitter. Vielleicht brechen ihr ein paar Äste weg. Aber das alles gehört mit zu ihrem persönlichen Wachstumsprozess. Und er gelingt am besten, wenn sie ihre Verletzungen voll akzeptiert. Denn gerade sie machen ihre Individualität aus.

Der Rauch aus unserer heiligen Pfeife ist der Atem des Großen Geistes. Wenn wir beisammensitzen und die Pfeife rauchen, bilden wir einen Kreis, der ohne Ende ist und alles umschließt, was auf der Erde lebt.

Lame Deer (Medizinmann der Hopi)

20

Mandalas: geometrische Kraftsymbole

In der Ile de France, südlich von Paris, gibt es rund 2000 Kulthöhlen. Sie zählen zu den von Menschen seit ältester Zeit genutzten. Darin fanden sich geometrische Muster, vor etwa 100 000 Jahren von Menschenhand in Stein geritzt. Diese Muster strahlen eine eigenartige energetisierende Wirkung auf den Betrachter aus. Experten sprechen von Lichtgeometrie.[37] In der Tat handelt es sich um ähnliche geometrische Muster, wie manche Menschen sie im Zustand tiefer Entspannung vor ihren Augen sehen. Die Archäologen konnten lange Zeit mit dieser Art von Wandmalerei nicht viel anfangen. Erst jetzt, gegen Ende dieses Jahrhunderts beginnt man sich für sie zu interessieren.

Auch die aus den östlichen Kulturen stammenden Mandalas sind geometrische Kraftsymbole. »Mandala« bedeutet im Sanskrit »Kreis«. Dieses Wort hat sich zu einem festen Begriff in der Religionswissenschaft, vor allem aber in der Psychologie entwickelt. Mandalas gelten als Symbole der Ganzheit. In den indischen Kulturen und in Tibet erkennt man Mandalas äußerlich daran, dass ein oder mehrere Kreise ein Quadrat umschließen. Sie dienen in ihren vielfältigen künstlerischen Varianten als Gegenstand der Meditation.

In der westlichen Welt finden sich Mandalas in den Fensterrosen der alten Kathedralen ebenso wie in den Heiligenscheinen, mit denen man Christus, seine Jünger und vielfach die Heiligen darstellte. Ein Mandala ist auch das berühmte Labyrinth auf dem Boden der Kathedrale von Chartres.

C. G. Jung erweitert den Begriff des Mandalas. Er versteht darunter alle »konzentrisch angeordneten Figuren, Kreisläufe um ein Zentrum, rund oder im Quadrat, und alle radiären oder kugelförmigen Anordnungen«[38]. Mandalas gelten als wichtige Ordnungssymbole, vor allem in den Krisenzeiten des Lebens. Dann nämlich treten sie verstärkt in den Träumen und Phantasien der Menschen auf: ein Versuch gewissermaßen, die unauflösbare Spannung zwischen dem Runden und dem Eckigen, zwischen dem weiblichen und dem männlichen Prinzip, zwischen Yin und Yang aufzulösen.

Von Mandalas geht eine heilende Wirkung aus. Deshalb lässt man in der modernen Therapie Menschen zur Lösung psychischer Probleme Mandalas malen. Innere Unruhe löst sich dabei in dem Erleben, dass es trotz allem Chaos doch eine Mitte gibt, an der man sich orientieren kann, dass wir in einer kosmischen Ordnung geborgen sind.

Diese Abbildung zeigt zwei Mandalas, die vollkommen unterschiedliche Kraftqualitäten ausstrahlen. Am besten lassen Sie beim Anschauen beide zunächst einmal in

Ruhe auf sich wirken. Sie werden sehr schnell spüren, in welche Richtung ihre Kraft jeweils zielt.

Das eine der beiden Sonnensymbole wirkt kraftvoll und mächtig. Es verkörpert ein in sich geschlossenes System, eine Einheit, und wirkt klar, überschaubar, geordnet, aber dadurch auch begrenzt und Grenzen setzend. Das andere Sonnensymbol dagegen verströmt seine Kraft offen, durchlässig, transparent. Vielleicht gibt dieses Mandala weniger Sicherheit, weniger Schutz. Dafür strahlt es weit mehr an Dynamik und Kreativität aus. Wenn Sie das Innere dieser Sonne länger anschauen, werden Sie spüren, wie es darin flackert, kocht und brodelt, wie alles sich von Augenblick zu Augenblick ständig verändert, wie unglaublich viel an Energie und an Lebendigkeit dieses Symbol ausstrahlt.

Welches Mandala spricht Sie stärker an?

In allem, was ein Indianer tut, findet ihr die Form des Kreises wieder, denn die Kraft der Welt wirkt immer in Kreisen, und alles strebt danach, rund zu sein. Einst, als wir ein starkes und glückliches Volk waren, kam unsere Kraft aus dem heiligen Ring unseres Volkes, und solange dieser Ring nicht zerbrochen war, ging es den Menschen gut. Der blühende Baum war der lebendige Mittelpunkt des Ringes, und der Kreis der vier Himmelsrichtungen nährte ihn. Der Osten gab Frieden und Licht, der Süden gab Wärme, der Westen gab Regen und der Norden mit seinen eisigen Stürmen verlieh Kraft und Ausdauer. Alles, was die Kraft der Welt bewirkt, vollzieht sich in einem Kreis. Der Himmel ist rund, und ich habe gehört, dass die Erde rund wie ein Ball ist, so wie alle Sterne auch. Der Wind in seiner größten Stärke bildet Wirbel. Vögel bauen ihre Nester rund, denn sie haben die gleiche Religion wie wir. Die Sonne steigt empor und neigt sich in einem Kreis. Das Gleiche tut der Mond, und beide sind rund.

Auch die Jahreszeiten in ihrem Wechsel bilden einen großen Kreis und kehren immer wieder. Das Leben des Menschen beschreibt einen Kreis von Kindheit zu Kindheit, und so ist es mit allem, was eine Kraft bewegt. Unsere Tipis waren rund wie Vogelnester und immer im Kreis aufgestellt, dem Ring unseres Volkes – ein Nest aus vielen Nestern, in dem wir nach dem Willen des Großen Geistes unsere Kinder hegten und großzogen.

Hehaka Sapa (Black Elk)

21
Krafttiere

Tieren erkennen wir bestimmte Eigenschaften zu: Der Fuchs gilt schon in den alten Fabeln als besonders schlau. Löwen finden sich wegen ihrer Kraft nicht zufällig immer wieder als Wappentiere. Ähnliches gilt für den Adler, der seinen Herrschaftsbereich hoch oben über allem Geschehen in den Lüften und in unzugänglichen Felsen hat. Aufgrund dieser Eigenschaften eignet er sich besonders als Inbegriff von Macht, auch von Freiheit und Unabhängigkeit und damit als Wappentier vieler Staaten. Rehe gelten als scheu, Kühe als Spender mütterlicher Wärme und Energie. Die Reihe der Symboltiere ließe sich lange fortsetzen.[39]

Bei vielen Naturvölkern verkörperten bestimmte Tiere einen speziellen Geist, eine besondere Energiequalität. Gemeint war dabei nicht ein konkretes Tier, also nicht ein bestimmter Bär, sondern der Bär an sich. Das schloss nicht aus, dass sie einem Bären in seiner konkreten Erscheinungsform nicht ebenfalls die typische Qualität der Bärenenergie zuerkannten. Aber sie verehrten den Bärengeist als solchen. Und mit ihm traten sie in Kontakt, wenn sie seinen Rat, seine Hilfe oder seine Kraft benötigten. Wer nicht in Beziehung zu einem Krafttier stand oder diese Verbindung durch Nachlässigkeit verloren hatte, befand sich nach ihrer Auffassung in einer sehr schwachen und verletzlichen Situation. Denn er hatte den Kontakt zu seiner eigenen Tiernatur eingebüßt. Das dürfte für die meisten in den Industrienationen lebenden Menschen zutreffen.

Doch selbst in hoch technisierten, der Natur in vieler Hinsicht entfremdeten Kulturen lebt die Kraft der Tiere noch in der Sprache weiter. Da gibt es Gasthöfe zum Hirschen oder zum Ochsen. Jemand ist schlau wie ein Fuchs, stark wie ein Löwe, scheu wie ein Reh oder hat einen Bärenhunger. Selbst die moderne Sprache der industriellen Werbung beschwört noch immer besondere Tierkräfte, indem sie bestimmte Tiersymbole als Embleme benutzt. Der Werbespruch »Pack den Tiger in den Tank« beispielsweise war lange Zeit ein gewaltiger Erfolg für den Esso-Konzern.

Wie findet man sein persönliches Krafttier? – Bei den Naturvölkern war es nicht so, dass sich jeder sein Krafttier suchte, sondern das Tier kam zu ihm. Das geschah entweder in realen Begegnungen in der Natur, meist aber in Visionen, Träumen oder spontanen Tänzen. Oft sind es wiederkehrende Träume, in denen ein bestimmtes Tier eine wichtige Rolle spielt. Manchmal begegnet man diesem Tier zunächst mit Angst, mit Ehrfurcht. Aber viele Menschen erleben es als hilfreich und beschützend.

Auch für uns in einer hoch technisierten Zivilisation lebende Menschen ist es möglich, die Beziehung zu einem Krafttier aufzubauen und zu pflegen. Kindern fällt es noch immer ausgesprochen leicht, solche Begegnungen herbeizuführen. Denn die Nähe zur Natur ist bei ihnen meist noch unmittelbarer erhalten als bei uns Erwachsenen. Sie kennen oftmals ihr Lieblingstier, begegnen ihm im Traum oder fühlen sich im Zoo auf seltsame Weise zu bestimmten Tieren hingezogen.

Unter meinen Freunden und Bekannten kenne ich aber

auch eine ganze Reihe Erwachsener, die den Kontakt zu ihrem persönlichen Krafttier aufgebaut haben. Wenn sie ein schwieriges Problem haben, sich krank fühlen oder sonst Hilfe brauchen, dann wenden sie sich in der Meditation mit ihrem Anliegen an ihr Krafttier.

Einer meiner Freunde zum Beispiel ist herzkrank. Immer wieder geschah es, dass er plötzlich für Sekunden ohnmächtig wurde. Da er aus beruflichen Gründen viel mit dem Auto unterwegs sein musste, war dieser Zustand für ihn Besorgnis erregend. Die Ärzte rieten zum Einbau eines Herzschrittmachers. Er selbst hatte eine starke Abneigung gegen diese Lösung, weil er sich dagegen sträubte, metallische Gegenstände dauerhaft in seinem Körper zu tragen. Auch hatte er von einer Patientin gehört, deren Schrittmacher wieder herausgeeitert war. Er probierte zunächst also alle möglichen anderen Naturheilverfahren aus, um den Einbau eines Herzschrittmachers zu vermeiden, doch ohne Erfolg. Schließlich fragte er in der Meditation sein Krafttier um Rat. Es erschien vor seinen Augen und trug einen Herzschrittmacher an einem Band wie einen Orden um den Hals.

Damit war die Lösung des Problems klar. Mein Freund, der eine Abneigung gegen Orden und Ehrenzeichen hat, begriff, dass er um das Tragen eines Schrittmachers nicht herumkommen würde. Zugleich hatte ihm sein Krafttier signalisiert, dass das Tragen des Schrittmachers eine Auszeichnung sei, auch wenn er sich gegen Auszeichnungen wehre. Immerhin hätten ihm die Ärzte noch vor wenigen Jahrzehnten nicht helfen können, weil es solche technischen Hilfen noch nicht gab.

Inzwischen sind mehrere Jahre vergangen, in denen dieser Mann mit dem Herzschrittmacher lebt, leistungsfähig und zufrieden ist und seinen Beruf ohne Schwierigkeiten ausüben kann.

Eine Frau aus meinem Bekanntenkreis pflegt Kontakt gleich zu einer ganzen Reihe von Kraftwesen. Unter ihnen sind nicht nur Krafttiere, sondern auch Elfen und Zwerge, die ihr in schwierigen Lebenssituationen Rat und Hilfe geben.

Der Psychotherapeut Jose Stevens aus New Mexico und seine Frau Lena, beide mit schamanischen Praktiken gut vertraut, berichten mehrere Beispiele, in denen Krafttiere Hilfe in schwierigen Situationen gaben:[40]

Pat und Louie hatten einen wunderschönen Urlaub im mexikanischen Strandparadies erlebt und befanden sich nun auf der Heimreise. Aber der Flughafen, von dem aus sie ihren Rückflug gebucht hatten, war geschlossen. Der Wachmann in der Abfertigungshalle erklärte ihnen, das ganze Wochenende über bis Montag gebe es keine Flüge. Ein Blick auf die Rückflugtickets zeigte: Der Angestellte des Reisebüros hatte den 21. April als Rückflugtag eingetragen anstelle des 21. März, an dem die Rückreise erfolgen sollte. Sie hatten ihren Rückflug also genau für einen Monat später gebucht. Von diesem Augenblick an schien ihnen ihr Urlaubsparadies eher als Hölle.

Am Abend am Strand dachte Pat plötzlich an die Pelikane, die sie hier während ihres Urlaubs so oft gesehen hatte. Der Pelikan war seit ihrer Kindheit immer wieder in ihren Träumen aufgetaucht und hatte ihr auch schon aus der einen oder anderen schwierigen Situation herausgeholfen. Deshalb hockte sie sich jetzt wie ein Pelikan auf den Sand und begann, mit den Armen zu flattern und krächzende Laute auszustoßen. Dann schloss sie ihre Augen und fragte den Geist des Pelikans um Rat. In einer Art Wachtraum sah Pat einen Pelikan senkrecht in den Himmel aufsteigen und aus ihrem Blickfeld entschwinden. Damit war für Pat klar, dass sich eine Lösung für ihr Problem finden würde. Früh am nächsten Morgen bestand sie darauf, zum Flughafen zu fahren. Ihr Partner protestierte: »Es ist

Samstag, und bis Montag gibt es keine Flüge!« Doch Pat ließ sich nicht beirren. Als sie am Flughafen ankamen, war dort, wie zu erwarten, nichts los. Doch dann plötzlich landete ein Hubschrauber. Der Pilot lud Postsäcke aus. Und er war bereit, sie aus ihrem unfreiwilligen mexikanischen Urlaubsasyl mit zurück in die Welt zu nehmen. Pat und Louie machten es sich auf Postsäcken bequem. »Danke, Pelikan,« sagte Pat in ihrem Herzen.

Ein anderes Beispiel erlebten Lena und Jose Stevens selbst: Sie hatten eine Reise per Auto durch die Wüstenpisten des Death Valley unternommen und waren nun im Begriff, diese unwirtliche Gegend über eine Gebirgspassstraße zu verlassen. Oben in den einsamen Bergregionen begann es heftig zu schneien. Es war an der Zeit, die im Gepäck mitgenommenen Schneeketten zu montieren. Doch aus Versehen hatte Jose zu Hause die falschen Schneeketten eingepackt. Sie passten nicht. Sie gehörten zu seinem anderen Wagen. Und ihr Benzinvorrat reichte auch nur noch bis zur nächsten Stadt außerhalb des Death Valley. An Umkehren war also nicht zu denken. Lena schlug wütend die Wagentür zu und stapfte frustriert die schneebedeckte Straße hinunter. Sie hatte die Nase voll. Die vergangene kalte Nacht im feuchten Zelt hatte schon ihre Spuren hinterlassen. Jetzt aber war sie restlos genervt.

Als Lena eine Zeit lang durch den Schnee geschlurft war, fielen ihr Tierspuren im Schnee auf, die sie erst einmal näher untersuchte. Sie schaute sich um und nahm jetzt zum ersten Mal die eindrucksvolle Landschaft wahr, die sie umgab. »Immerhin leben hier oben Tiere«, dachte sie. »Und wenn es alle Jubeljahre einmal schneit, bricht für sie die Welt auch nicht zusammen. Sie machen einfach das Beste daraus.« Ihre Gedanken begannen zu wandern. Lena dachte an ihr Krafttier und an die unberührte Kraft dieser Landschaft. Dabei traten ihre Gefühle des Ärgers und der Frustration immer mehr zurück. Aus der Ferne hörte sie den Schrei eines Vogels. Er erinnerte sie wieder an ihr Krafttier, die große Ohreule, die sie jederzeit um Rat und Hilfe bitten konnte. Sie schloss die Augen, rief ihr Krafttier und fragte: »Was würdest du an meiner Stelle tun?«

Die Eule schien auf einem dicken Ast zu sitzen. Und Lena empfing ihre Antwort: »Du hast Recht, wenn du in diesen Wüstenbergen Kraft spürst. Sie üben einen heilenden Einfluss auf dich aus. Warum die Hetze? Du hast dich nach seelischer Heilung gesehnt, und nun befindest du dich an einem Ort, der die besten Voraussetzungen dafür bietet. Schöpfe Kraft aus den Mineralien, die dich umgeben. Erlaube ihnen, dein inneres Gleichgewicht wiederherzustellen. Wenn du genug Kraft erhalten hast, wird sich schon ein Ausweg finden.« Lena dachte einen Augenblick lang nach und kam zu dem Ergebnis, es sei an der Zeit, loszulassen und einfach zu empfangen.

Zwei Stunden später sah Lena von den Bergen aus die Straße hinunter. Dort bewegte sich etwas. Ein alter Schneepflug arbeitete sich kriechend voran – kein gemeindeeigener Schneepflug, sondern der eines Bergarbeiters. Hinter ihm konnten sie herfahren. Die Fahrt ging langsam genug, dass sie noch Zeit fanden, diese Erfahrung zu genießen und dabei über ihre eigene Dummheit zu lachen.

Mein persönliches Krafttier ist seit vielen Jahren ein Elch. Ich war noch nie in Schweden und habe noch niemals einen Elch in seinem natürlichen Lebensraum erlebt. Warum also ausgerechnet ein Elch mein Berater ist, bleibt mir ein Rätsel. In schwierigen Situationen habe ich immer wieder Kontakt zu ihm aufgenommen, ihn um Rat gefragt und wichtige Hilfen von ihm erhalten. Als ich ihm zum ersten Mal in einem meditativen Wachtraum begegnete, ging es ihm nicht gut. Er trug ein Joch aus Holz um den Hals, das an beiden Seiten an Bäumen festgenagelt war. Der Elch saß darin fest. Ihm blieb in seiner Gefangenschaft kaum Bewegungsmöglichkeit. Ich musste ihn erst befreien, ohne damals zu wissen, dass er später einmal mein Krafttier würde.

Lange Zeit konnte ich dieses Bild nicht deuten. Ich wusste einfach nicht, was es mit dem Elch im Joch für eine Bewandtnis hatte. Inzwischen ist mir klar, dass dieses Bild mir zeigen wollte, wie weit ich mich schon von meiner Tiernatur entfernt hatte. Ich selbst war es, der sein Krafttier gefangen hielt, es in ein Joch zwängte, sodass es sich nicht frei bewegen konnte. Nachdem ich es befreit hatte, gewann auch mein Leben wieder stark an Kraft und an Lebendigkeit. Es gelang mir, berufliche Fesseln abzulegen, die mich damals einengten.

ÜBUNG

Wie Sie Ihr persönliches Krafttier finden und Kontakt zu ihm aufnehmen können

- *Bitten Sie mehrere Wochen lang jeden Abend vor dem Einschlafen Ihre Traumkraft, Ihnen eine Begegnung mit Ihrem persönlichen Krafttier im Traum zu ermöglichen.*

- *Bitten Sie auch tagsüber in der meditativen Entspannung um eine Begegnung mit Ihrem Krafttier. Lassen Sie sich nicht entmutigen, wenn nicht sofort der erste Versuch gelingt. Manchmal dauert es eine Weile, bis der Kontakt zu den inneren Helfern hergestellt ist.*

● Achten Sie bei Spaziergängen oder Wanderungen durch die Natur darauf, ob Ihnen irgendein Tier öfters begegnet. Wenn das geschieht, könnte das ein Hinweis sein, dass es sich um Ihr Krafttier handelt.

● Bitten Sie es, Ihnen Schutz und Hilfe zu geben. Danken Sie ihm jedes Mal, wenn es Ihnen Rat oder Hilfe gegeben hat.

● Stellen Sie von Zeit zu Zeit immer mal wieder den Kontakt zu Ihrem Krafttier her, auch wenn Sie kein konkretes Anliegen haben. Schauen Sie nach, wie es ihm geht. Freundschaften wollen gepflegt werden.

● Die folgende meditative Übung hat sich ebenfalls gut bewährt, den Kontakt zu einem persönlichen Krafttier herzustellen.

Begegnung mit Ihrem persönlichen Krafttier: Meditative Übung

Entspannen Sie sich bitte zuerst wieder nach der Methode, die Sie aus diesem Buch schon kennen (S. 68). Sie können aber ebenso gut jede andere, Ihnen gut vertrauten Entspannungstechnik anwenden.

❤

Du bist jetzt wieder
ganz ruhig
und ganz warm
und ganz schwer.

Stell dir nun bitte
vor deinen Augen
einen Waldrand vor.

Du siehst die vielen Bäume vor dir.
Und du siehst die Lücken dazwischen.
Dunkel ist dort.
Vielleicht fühlst du dich
dabei ein wenig unbehaglich.

Schau trotzdem genau hin
auf diese dunklen Stellen
zwischen den Bäumen,
und geh ruhig etwas näher heran
an den Wald,
den du vor dir siehst.

Vielleicht spürst du aber auch
ein Gefühl von Spannung,
von Abenteuer.
Du hast Lust,
in den Wald hineinzugehen,
zu erleben,
welches Geheimnis
dort auf dich wartet.
Der Wald lädt dich ein.

Und wenn sich deine Augen ein wenig
an die Dunkelheit gewöhnt haben,

kannst du vielleicht ein paar Schritte weit
in den Wald hineingehen.
Probier es einfach.

Und es kann sein,
dass dir
ein Tier begegnet
hier in dem Wald
zwischen den Bäumen.
Schau einfach hin!

Und wenn es möglich ist,
gib diesem Tier etwas zu fressen.
Es kann sein,
dass es Hunger hat.
Du kannst auch
zu ihm sprechen,
wenn du willst.
Manchmal verstehen Tiere
die Sprache der Menschen.
Manchmal können sie sogar selbst
die Sprache der Menschen sprechen.

Welches Tier dir auch immer begegnet,
es ist kein Zufall.
Dieses Tier will dir etwas sagen.
Es hat eine Botschaft für dich.

Vielleicht spricht es zu dir.
Oder es gibt dir irgendein Zeichen.
Vielleicht läuft es einfach vor dir her,
damit du ihm folgst,
weil es dir etwas zeigen will,
etwas, das wichtig für dich ist,
etwas Spannendes,

etwas Abenteuerliches,
ein Geheimnis vielleicht,
etwas, das du immer schon
erleben wolltest.

Du folgst dem Tier
tiefer in den Wald.
Der Wald hat dich eingeladen.
Du brauchst keine Angst zu haben.
Das Tier ist dein Helfer.
Es kennt sich hier aus.
Es schützt dich,
was auch immer geschieht.

Dein Abenteuer beginnt.
Ich lass dich jetzt eine Weile
mit deinen Bildern allein.

Wenn du das Gefühl hast,
du hast jetzt genug erlebt,
dann gib mir bitte
ein kleines Zeichen
mit der Hand.

Geh nun bitte
wieder aus dem Wald heraus,
so, wie du gekommen bist.

Nimm Abschied von deinem Helfertier,
von deinem Krafttier.
Du kannst es
jederzeit wieder sehen,
wenn du willst.

Bedanke dich bei ihm,
dass es dich geführt hat
und weiter
für dich da sein will.

Und langsam
spürst du jetzt,
wie dein Körper
wieder ganz leicht wird.

Und wenn ich gleich bis drei zähle,
dann kommst du bitte
wieder zurück aus deiner Entspannung.
Und du fühlst dich
wieder frisch und frei.

Ich zähle jetzt bis drei:

eins,

zwei

und drei!

Und zurückkommen bitte!

22
Die Kraft der Pflanzen

Dass Pflanzen über Kräfte verfügen, die für uns Menschen äußerst hilfreich sind, ist seit uralten Zeiten bekannt. In der Homöopathie wirkt der Geist der Pflanzen selbst in unvorstellbar stark verdünnten Lösungen heilend, obwohl darin kein einziges Atom der Originallösung mehr vorhanden ist. In einem Bild lässt sich diese Wirkung etwa so darstellen: Man gießt einen Tropfen einer Flüssigkeit in den Bodensee. Durch chemische Analysen wird sich diese Flüssigkeit nicht mehr nachweisen lassen. Und dennoch ist da eine Heilwirkung. Sie lässt sich nur erklären, wenn man davon ausgeht, dass die heilenden Schwingungen einer Pflanze oder eines Minerals eben nicht an die Materie gebunden sind.

Die Schamanen der Naturvölker verstanden es hervorragend, den Geist einer Pflanze kennen zu lernen. Dazu brauchten sie vor allem Geduld. Denn Pflanzen gleichen eher statischen Wesen, die das Leben in sehr langsamem Tempo erfahren. Die Schamanen setzten sich stundenlang zu einer bestimmten Pflanze, um ihren Geist kennen zu lernen. Sie sprachen mit ihr, fühlten sich in sie hinein, hörten ihr zu und waren ganz einfach bei ihr. Irgendwann sagte sie ihnen dann, welches ihre besonderen und vielleicht auch ihre heilenden Eigenschaften sind.

Nicht viel anders dürfte es übrigens dem englischen Arzt Edward Bach gelungen sein, die Heilwirkung der nach ihm benannten Bach-Blüten herauszufinden. In der modernen Naturmedizin spielen diese Blütenessenzen vor allem bei der Behandlung psychischer Disharmonien eine wichtige Rolle. Dass Dr. Bach die heilende Wirkung von Pflanzen erspüren konnte, obwohl er ursprünglich ein Arzt mit üblicher schulmedizinischer Ausbildung war, mag mit seinen keltischen Vorfahren zusammenhängen. Ihre schamanische Tradition setzte sich offenbar in ihm fort.

Natürlich erklären die Kritiker solcher Heilmethoden deren Wirkung allenfalls als Placeboeffekt, wenn sie ihnen überhaupt eine Wirkung zugestehen. Aber so einfach lässt sich dieses Thema inzwischen nicht mehr vom Tisch fegen. Die Patientinnen und Patienten sind es, die die Schulmedizin zum Umdenken zwingen, weil sie nicht länger bereit sind, ihrem Körper das Gift der Pharmaindustrie zuzumuten, von dem man heute weiß, dass es viele Menschen erst krank macht, statt sie zu heilen.[41] Immerhin gibt es inzwischen an mehreren Universitäten Deutschlands Projekte zur Erforschung homöopathischer Heilwirkungen. Und viele Ärzte eignen sich zusätzlich die Anwendung von Naturheilverfahren an, manche von ihnen allerdings nur in ein paar Wochenendkursen. Aber auch in der klassischen Schulmedizin gibt es ja eine Reihe pflanzlicher Wirkstoffe, beispielsweise das wichtige Herzmittel Digitalis, die seit langem anerkannt sind und erfolgreich angewendet werden.

Auf wissenschaftliche aussagekräftige Ergebnisse über die Wirkung der Homöopathie und anderer Naturheilverfahren werden wir wahrscheinlich noch lange warten müssen. Einstweilen bleibt uns nur die Möglichkeit, uns mit persönlicher Erfahrung zu begnügen – ein zugegeben mühsamer und manchmal langwieriger Weg.

Persönliche Erfahrungen sind im Grunde die einzigen tragenden Aussagen, wenn es um die besondere Kraft der Pflanzen geht. Zwar hat der Begründer der Homöopathie, der Arzt Samuel Hahnemann, mit seinen Anhängern die Wirkung vieler Pflanzen in Versuchen an sich selbst erprobt. Aber auch das sind letztlich nur persönliche Erfahrungen, wenngleich mehrere Arzneimittelprüfer sie bestätigt haben.

Offenbar gibt es auch in unserer modernen westlichen Zivilisation noch immer viele Menschen, die imstande sind, Kontakt zum Geist der Pflanzen herzustellen. Ganz sicher gilt das für jene Pioniere der bereits erwähnten Findhorn-Gemeinschaft hoch oben im Norden Schottlands. Ihnen gelang es, durch den persönlichen Kontakt mit dem Geist der Pflanzen ungewöhnliche Wachstumsergebnisse zu erzielen.[42] – Ebenso bekannt sind die vielen Beispiele von Menschen, die mit ihren Pflanzen sprechen. Meine Mutter erzählte ganz offen davon, dass sie mit ihren Pflanzen regelmäßig sprach – selbst auf die Gefahr hin, für verschroben gehalten zu werden. Sie war nicht verschroben, sondern eine sehr lebenskluge und -praktische Frau. Die Pflanzen gediehen bei ihr so gut, dass ihre Blütenpracht meiner Mutter mehrfach zu Preisgewinnen für die schönste Gartengestaltung an ihrem Wohnort verhalf, obwohl sie sich nie um solche Preise bemüht hatte. Eine meiner Schwestern verfügt über die gleiche hohe Einfühlungs- und Kommunikationsgabe mit Pflanzen. Auch sie spricht mit ihren Pflanzen. Und sie gedeihen auf geradezu unglaubliche Weise.

Alles in der Welt braucht die Gewissheit, anerkannt zu werden. Es ist wahr, dass Pflanzenwesen vom Boden und von der Luft genährt werden, doch man weiß auch, dass ihre Gesundheit und ihr Wohlergehen von unseren Worten abhängen. Aus diesem Grund gingen unsere Großeltern auch durch das Korn und redeten mit ihm, ermutigten es zu wachsen. Auf diese Weise ermutigt unser Geist die Geister anderer Wesen dieser Welt ...

Die Menschen, die im Einklang mit der Natur lebten, zeigten einander Anerkennung und gute Laune. Sie schenkten den Dingen, die ihnen zum Leben halfen, Grüße und Danksagungen, und aus den gleichen Gründen grüßten sie sich.

Die Menschen, die auf diese Art lebten, feierten das Leben, denn sie waren glücklich.

Sotsisowah (Seneca-Indianer): Akwesasne

23
Gegenstände mit besonderer Kraft

Der Mensch lebt nur dann in einem harmonischen Gleichgewicht mit seiner Umwelt, wenn er erkennt, dass er alle seine Kräfte aus der Natur bekommt. Alles, was in der Natur um uns herum existiert, kann für uns ein Lebenskraftspender sein. Nicht nur alte Bäume, bestimmte Felsen oder Steingruppierungen, Quellen, Bäche, Flüsse und Höhlen sind Orte der Kraft, sondern *jeder* Gegenstand aus der Natur kann ein Kraftträger sein. Selbst ein ganz gewöhnlicher Kieselstein, den ein Kind am Wegrand gefunden und mit nach Hause genommen hat, besitzt für dieses Kind Kraft. Deshalb hängt es mit seinem ganzen Herzen an diesem Stein. Und die Eltern können nichts Schlimmeres tun, als diesen Stein gegen den Willen des Kindes wegzuwerfen. Das Kind weiß, warum es ausgerechnet diesen Stein mitgenommen hat, auch wenn es nicht imstande ist, uns Erwachsenen eine logisch überzeugende Erklärung dafür zu geben. Kinder haben diese enge Beziehung zur Natur noch, die uns Erwachsenen in der westlichen Zivilisation weitgehend abhanden gekommen ist. Von den Kindern könnten wir eine lebendige Beziehung zur Natur neu lernen. Auch so lässt sich das

oft zitierte Jesus-Wort sinnvoll begreifen: »Wenn ihr nicht um-
kehrt und werdet wie die Kinder, so werdet ihr nicht in das
Reich der Himmel kommen.«[43]

Künstlern ist diese Naivität der Kinder oft bis ins hohe
Alter erhalten geblieben. Diese unmittelbar-frische Erlebnisfä-
higkeit, das Staunenkönnen, gilt als eine Grundvoraussetzung
für kreatives Schaffen. Deshalb ist es sicher kein Zufall, dass
ausgerechnet ein Künstler und gelernter Bildhauer wie Marko
Pogacnik in unserer Zeit zu den Menschen gehört, die sich am
stärksten in die Natur einfühlen können. Er scheint dabei
manchmal selbst uraltes, in Steinen gespeichertes Wissen der
Menschheit zutage zu fördern:

Die Vorgeschichte einer solchen Begegnung mit der Botschaft eines Steines reicht bis in die Jahre 1991 und 1992 zurück. Pogacnik führte damals das inzwischen recht bekannte
Steinsetzungsprojekt zu beiden Seiten der Grenze zwischen
der Republik Irland und Nordirland durch. Dabei schenkte er
der Stadtlandschaft von Derry besondere Aufmerksamkeit.
Denn diese Stadt ist auf einer ehemaligen Insel im Fluss Foyle
erbaut. Diese Insel galt bei den Kelten als einer der wichtigsten
Heiligen Haine Irlands. In Zusammenarbeit mit dem Stadtrat
von Derry entwickelte Pogacnik ein Akupunktursystem: Er
ließ aus Bronze gegossene und mit Kosmogramm-Zeichen ver-
sehene Akupunkturplatten an wichtigen Kraftpunkten der
ehemals heiligen Insel in das Straßenpflaster ein.

Während dieser Arbeiten stieß Marko Pogacnik auf einen
ganz besonderen Stein, den so genannten Ballaun-Stein. Dieser
Stein hatte bis zum Jahre 1898 an den drei heiligen Quellen gelegen, die damals noch am Fuße des Stadthügels sprudelten. Inzwischen sind diese Quellen nicht mehr zu sehen. Sie werden
direkt in die Rohre der Kanalisation geleitet. Den Ballaun-
Stein aber trug man schon vorher fort und mauerte ihn außer-

halb der Long-Tower-Kirche in eine Kreuzigungsdarstellung ein. Nach der Legende soll nämlich der heilige Columba, der 546 ein Kloster auf der ehemaligen Insel gründete, diesen Stein mit besonderer Hochachtung behandelt und ihn zu einem Symbol der Heiligen Dreifaltigkeit erklärt haben. Der heilige Columba war ursprünglich ein keltischer Druidenpriester, ehe er die Ausbreitung des Christentums in Irland förderte. So erklärt sich sein Verständnis für die verborgene Bedeutung des Ballaun-Steines.

Der Ballaun-Stein hat drei runde, von Menschenhand geschaffene, unterschiedlich stark ausgeprägte Vertiefungen. An seinem ursprünglichen Ort, den drei heiligen Quellen, gehörte er offenbar zu einer Gruppe von drei weiteren Steinen, die zur Zeit der Kelten Einweihungsritualen dienten. Dazu stellte sich der Einzuweihende in die Fußabdrücke auf dem flachen Stein zwischen den drei Göttinnensäulen und berührte mit seinen drei mittleren Fingerspitzen die Vertiefungen im Ballaun-Stein. Dabei waren die Kraftströmungen innerhalb der Steinkomposition offenbar so ausgerichtet, dass sich der Einzuweihende im Augenblick der Berührung blitzartig als Teil der allumfassenden kosmischen Ganzheit erfahren konnte. Die Bevölkerung jener Gegend muss sich dem Stein ungewöhnlich stark verbunden gefühlt haben. Pogacnik konnte nämlich beobachten, dass noch heute viele Menschen ihn mit drei Fingerspitzen berühren, ehe sie die Kirche betreten. Wahrscheinlich werden sie die ursprüngliche Bedeutung ihres Rituals nicht einmal mehr kennen.

Marko Pogacnik selbst berichtet von einem ungewöhnlichen Bild während seiner Begegnung mit dem Ballaun-Stein, das sich in dem Stein selbst zu befinden schien. Er leitete hieraus die Notwendigkeit bestimmter landschaftsheilender Maßnahmen für den ehemals heiligen Ort her: »Ich stand eine Weile vor dem Stein mit den drei eindrucksvollen Vertiefungen, als ich eine Gestalt mitten im Stein wahrnahm. Meine Verblüffung war vollkommen, als mir bewusst wurde, dass die kaum mehr als eine Elle hohe Gestalt eine weiße Mönchskutte trug und auch nach den Gesichtszügen zu schließen dem Bild des hl. Columba genau entsprach. Ich mochte nicht glauben, dass ein Seelenabdruck des Heiligen in der Steinstruktur zurückgeblieben war ...«[44]

Nicht alle Steine, die uns irgendwann in unserem Leben begegnen, tragen eine kultische Vergangenheit in sich. Und dennoch können auch sie für unser persönliches Leben von entscheidender Bedeutung sein.

Mir selbst kündigte der folgende Traum den Fund eines ungewöhnlich großen Bernsteins etwa zwei Jahre im Voraus an, ehe ich diesen Stein tatsächlich fand:

Ich stand auf einem Feld. Um mich zog ein riesiger dunkler Vogel dichte Kreise. Ich fragte ihn: »Wer bist du?« Der Vogel antwortete: »Ich bin deine Angst!« In diesem Augenblick verwandelte er sich in einen Pfau, der auf dem Boden vor mir umherlief.

Ich fragte den Pfau: »Wer bist du?« »Ich bin deine Eitelkeit«, antwortete er – und verwandelte sich in ein Huhn.

Ich fragte das Huhn: »Wer bist du?« Es sagte mir: »Ich bin deine Dummheit« und verwandelte sich in ein flauschig-gelbes Küken.

Ich fragte das Küken: »Wer bist du?« – »Ich bin deine Kindlichkeit«, antwortete es und verwandelte sich in einen leuchtendgelben Bernstein. Der lag da, so groß wie ein Hühnerei.

Damit war mein Traum zu Ende. Ich schrieb ihn in mein Traumtagebuch, dachte auch über seine Aussage nach, ahnte aber nicht, dass er sich in der Realität weiter fortsetzen würde.

Ungefähr zwei Jahre später ging ich während meines Urlaubs an einem sonnigen Sommermorgen am Strand der Nordseeinsel Wangerooge entlang. Plötzlich sah ich im Sand einen Bernstein liegen, so groß wie ein Hühnerei. Es war der Bernstein aus meinem Traum, ohne jeden Zweifel. Frische Fußspuren im Sand zeigten mir, dass andere Menschen vorübergegangen waren, ohne den Bernstein zu sehen. Dabei war er wegen seiner bemerkenswerten Größe unübersehbar. Er hatte für mich dort im Sand gelegen. Er war mein Bernstein. Inzwischen hat er einen besonderen Platz in meinem Arbeitszimmer erhalten. Ich schaue ihn oft an oder nehme ihn in die Hand. Und jedes Mal erinnert er mich an meine Wandlungs- und Wachstumsaufgabe, die mir der Traum gestellt hat. Sie ist noch längst nicht erfüllt: ein Langzeitprogramm.

Nicht jeder Stein, den wir finden, gibt Auskunft über eine unserer wichtigen Lebensaufgaben. Und dennoch kann er für uns von Bedeutung sein. Manchmal erkennen wir seine Bedeutung erst viel später.

Ein untrügliches Zeichen, dass ein Stein oder ein Stück Baumwurzel oder was immer uns in der Natur begegnen mag, ein Gegenstand der Kraft für uns ist, liegt immer in der besonderen Form. Wenn eine Wurzel wie ein Kranich geformt ist oder wenn ein Stein wie ein Frosch aussieht, so können wir sicher sein, dass er für uns ein Gegenstand der Kraft ist. Wir können ihn in meditativer Entspannung fragen, ob wir ihn aus seiner ursprünglichen Umgebung entfernen und mit nach Hause nehmen dürfen. Meist wird er einverstanden sein.

In meinem Haus und im Garten haben sich im Laufe der Jahre viele Gegenstände der Kraft versammelt. Die meisten von ihnen fand ich im Urlaub oder auf Wanderungen durch die Umgebung meines Wohnortes. Da ist zum Beispiel ein Stein, er stammt aus der Rhön. Er hat die Gestalt eines Mönchs, der

Hermes, der Gott der Reisenden, Händler, Schriftsteller und Diebe – aus einem in einer »wilden« Ecke des Grundstücks gefundenen Straßenbegrenzungsstein selbst hergestellt. Er beschützt jetzt den Eingang zum Haus des Autors.

seine Kaputze über den Kopf gestülpt trägt und seine Hände in der Kutte verschränkt hält. Einen anderen Stein schenkte mir das Meer. Er besteht aus grünlichem Sandstein. Seine Farbe gleicht dem Meerwasser, aus dem der Stein stammt. Eigenartigerweise sind auf seiner Oberfläche Wellenlinien eingegraben, die an die Wellen des Meeres erinnern. Sind das alles Zufälle? Einen Granitbrocken in meinem Garten fand ich in der Nähe eines Steinbruchs in der Oberlausitz. Er erinnert an die wie riesige Masken aussehenden Götterstatuen aus früher Vorzeit, die man auf den Osterinseln fand. Nur ist er sehr viel kleiner. Wieder ein anderer Stein in meinem Garten hat die Form eines Fisches. Ein anderer gleicht einem Miniaturelefanten oder -büffel. Zwar bin ich kein Bildhauer. Aber ich habe ihm ein Auge eingemeißelt, das seine Tierform noch stärker zum Ausdruck bringt. Einen länglichen Stein fand ich vor Jahren in einer verwilderten Ecke meines Grundstücks. Ich gab ihm ein Gesicht. Jetzt steht er neben dem Hauseingang. Er verkörpert Hermes, den Gott der Reisenden, Händler, Schriftsteller und Diebe. So weit liegen die unterschiedlichen Zuständigkeiten dieses umtriebigen Gottes nicht voneinander entfernt, denke ich manchmal. Vielleicht sind Schriftsteller ja auch Diebe, weil sie dem Herrgott die Zeit mit Bücherschreiben stehlen, anstatt die Probleme der Welt durch Zupacken zu lösen.

24
Kraftträume

> *Mein Volk braucht nicht mehr Arbeiter,*
> *mein Volk braucht mehr Träumer.*
>
> Ein Algonquin-Häuptling

In unserer modernen Zivilisation ist kein Fluss mehr ein Gott. In keiner Höhle haust mehr ein Drachen. Die Bäume sind nicht mehr eng mit dem Leben der Menschen verknüpft. Zu uns sprechen keine Urahnen mehr aus Steinen oder Pflanzen. Und doch ist all dieser Reichtum aus früherer Zeit nicht verloren. In unseren Träumen sprechen die alten Symbole nach wie vor zu uns. Und sie halten nach wie vor ein unglaubliches Maß an Kraft für uns bereit. Um diese Kraft zu gewinnen, lohnt es sich, die Sprache der Träume zu erlernen. Mit einigem guten Willen und ein wenig Übung gelingt das meist recht schnell.

Euere Religion wurde auf steinene Tafeln geschrieben
mit dem eisernen Finger eines zornigen Gottes, damit ihr
sie nicht vergesst. Das kann der Rote Mann nicht verste-
hen und nicht im Gedächtnis bewahren. Unsere Religi-
on, das sind die Lebensformen unserer Väter, die Träume
unserer alten Männer, die ihnen der Große Geist schickt,
die Visionen unserer Häuptlinge. Und das ist in das Herz
meines Volkes geschrieben.

Häuptling Seattle

Unsere Träume sprechen in Bildern und Symbolen

Wie sie sich entschlüsseln lassen

Unsere Träume haben eine besondere Eigenart: Sie sprechen in
Bildern. Und die Bilder, die sie uns zeigen, drücken in ver-
schlüsselter Form unsere Gefühle aus. Die Welt unserer Emotionen aber ist uns modernen Menschen meist nicht sehr vertraut. Deshalb fällt uns der Umgang mit unseren Träumen oft
schwer.

Der Mensch unserer Zeit hat viel von der Sprache seiner
Gefühle vergessen, solange er wach ist. Im Schlaf, in seinen
Träumen aber spricht er diese Sprache noch. Es ist die gleiche
Sprache, die die Völker seit Jahrtausenden in ihren Mythen und
Märchen sprechen. Nur haben wir in unserer abendländischen
Kultur verlernt, sie zu verstehen, seit wir uns voll und ganz und

einseitig dem rationalen technisch-naturwissenschaftlichen Denken verschrieben haben. Darin hat die Sprache unserer Gefühle wenig Platz.

Doch wir zahlen einen hohen Preis für all unseren technischen Fortschritt – so hoch, dass er uns selbst unheimlich zu werden beginnt. Wir zahlen durch eine Verkümmerung und Verarmung unserer Gefühlswerte. Sie führen dazu, dass immer mehr Menschen in den westlichen Industrienationen an ihrer nur scheinbar selbst gewählten Lebensform scheitern, in der nur ihr Funktionieren gefragt ist und sonst nichts.

Für die Menschen früherer Zeiten in den großen Kulturen des Ostens wie des Westens gab es solche Probleme nicht. Sie lebten trotz aller Bedrohung durch Hunger, Not, Kriege und Krankheiten weit stärker in Einklang mit sich selbst. Für sie gehörten ihre Mythen und Träume zu den wichtigsten menschlichen Ausdrucksformen. Mit ihrer Botschaft setzten sie sich entsprechend intensiv auseinander.

»Die Mythen und Märchen sind die Träume der Völker«, hat C. G. Jung gesagt. Wenn wir beginnen würden, uns mit ihnen wieder lebendiger auseinander zu setzen, wäre viel gegen die mörderische Kälte unserer Zeit getan. Versuchen wir, die Sprache unserer Träume wieder zu verstehen, so erhalten wir Zugang zu all den Schichten unserer Persönlichkeit, die im Begriff sind, kollektiv verschüttet zu werden. Die Symbolsprache unserer Träume ist die wichtigste Fremdsprache, die jeder von uns lernen sollte. Wenn wir sie nicht verstehen, verlieren wir den Kontakt zu einem großen Teil von dem, was wir in all den Stunden wissen und sagen, in denen wir nicht unentwegt damit beschäftigt sind, die Außenwelt zu beherrschen – so der Psychoanalytiker und Philosoph Erich Fromm.

Unsere Träume sprechen in Symbolen, das heißt: Die Bilder, die wir in unseren Träumen sehen, stehen stellvertretend für etwas anderes, das sie uns mitteilen wollen. Viele Traumsymbole haben archaischen Charakter. Ihre Bedeutung in der Traumsprache ist bei fast allen Menschen gleich, selbst wenn sie unterschiedlichen Kulturkreisen angehören. Der Grund: Die Wurzeln dieser Traumsymbole reichen tief in das Kollektive Unbewusste der Menschen hinein. Und ihren Sinn übernehmen die Menschen in ihren Träumen – über alle Grenzen der Völker, der Zeiten und Kulturen hinweg. Doch es gibt auch persönliche Traumsymbole. Sie unterscheiden sich in ihrer Bedeutung je nachdem, welche konkreten Vorstellungen der oder die Träumende mit ihnen verbindet. Ihren Sinn in der Traumsprache können Sie am besten erfahren, wenn Sie sich fragen: Was bedeutet dieses Symbol in meinem Leben für mich ganz konkret? Und meist gibt der Handlungszusammenhang, in dem dieses Symbol im Traum vorkommt, zusätzlich Aufschluss über seine Bedeutung.

Schauen wir uns einfach ein paar der typischen archaischen Traumsymbole näher an. So lässt sich bald schon mehr Sicherheit im Umgang mit der Sprache unserer Träume gewinnen.

Ich greife hier bewusst noch einmal auf die tief in unserem Unbewussten verwurzelten Symbole »Baum« und »Wasser« zurück. Denn gerade an solchen archetypischen Symbolen lässt sich eine ungewöhnliche Fülle immer wieder neuer Aspekte der Symboldeutung gewinnen.[45] Diesmal erfolgt die Deutung unter dem Blickwinkel der Sprache unserer Träume.

Der Baum als Traumsymbol

Der Baum hatte seit jeher im Leben der Völker eine tief mit ihrem Schicksal verbundene Bedeutung. Den Weltenbaum brachten sie in engen Bezug zu ihren Göttern. Über Jahrtausende verstanden die Menschen bestimmte Bäume als besonders wichtig für ihr Leben und Schicksal. Sie sahen in ihnen symbolhaft die Gesetzmäßigkeit von Werden und Vergehen.

»Ein Baum ist ein Abbild des Lebens«, sagten die nordamerikanischen Indianer, um auf diese Weise die enge Verbundenheit des Menschen mit der Welt der Bäume auszudrücken. Der Baum wächst, er kann krank werden, aber auch sich selbst heilen. Wenn er erschöpft ist, stirbt er.

Der Baum spiegelt in verblüffender Weise das menschliche Leben wider. Er setzt sich mit ungünstigen Bedingungen auseinander, trotzt ihnen, paßt sich ihnen an. Er verändert sich und bleibt doch der Gleiche. Bäume geben den Menschen Trost, Schatten, Schutz. Wir spüren gewaltige Ruhe und Kraft in ihnen, wenn wir uns ihnen öffnen.

Der Baum ist ein archetypisches Symbol für unser Leben. Begriffe wie »Lebensbaum« oder »Stammbaum« bringen diesen persönlichen Bezug deutlich zum Ausdruck. In der Traumsprache deutet der Baum meist auf die persönliche Entwicklung und das persönliche Wachstum des oder der Träumenden hin. Er gibt aber auch Hinweise auf persönliche Charaktereigenschaften. Entscheidend für die Traumaussage ist oft, was für einem Baum wir im Traum begegnen. Eine biegsame Birke verkörpert eher die schlanke Biegsamkeit junger Mädchen oder Frauen. Dagegen steht eine Eiche im Allgemeinen als Bild für Kraft, Verlässlichkeit, Alter, Weisheit, manchmal aber auch für Starre.

Der Baum als Traumsymbol kann auch auf die Familiensituation hinweisen, auf die Rolle, welche die Träumenden innerhalb der Generationenfolge ihrer Familie spielen. Meist lässt sich der Sinn aus dem Handlungszusammenhang näher bestimmen, in dem der Baum im Traum vorkommt.

Immer lohnt es sich, auf Einzelheiten zu achten, etwa: Trägt der Baum Früchte? Blüht er? Wie ist der Zustand von Wurzel, Stamm und Krone? Sind die Äste verdorrt oder abgebrochen? Solche Merkmale geben im Allgemeinen wichtige zusätzliche Informationen für die Deutung des Traums und für die Art der Kraft, die er uns vermitteln will.

Wasser als Traumsymbol

Jedes archaische Traumsymbol ist ein Gefäß für psychische Kraft. Es gibt Symbole darunter, die den energetischen Charakter selbst betonen. Zu den bedeutendsten unter ihnen gehört das Wasser als Traumbild.

Tatsächlich ist Wasser ja in der Realität als lebenserhaltendes Element von größter Bedeutung für uns Menschen wie für die Schöpfung überhaupt. Alles Leben stammt aus dem Wasser. In der Zeit vor unserer Geburt wiederholen wir diesen Entstehungsprozess aus dem Wasser im Mutterleib. Der Mensch kann zwar etliche Wochen ohne Nahrung leben. Doch ohne Wasser zu trinken, würden wir innerhalb weniger Tage sterben. Wasser, der Brunnen, ist Quelle und Ursprung allen Lebens. Er regt selbst große Dichter der Moderne wie Paul Celan zu staunendem Fast-Verstummen an:[46]

> *Erzähl uns von Brunnen, von –*
> *Zähl und erzähl.*
> *Wasser: welch*
> *ein Wort*

Für die Menschen früherer Zeiten waren Brunnen von existentieller Bedeutung. Sie rechtzeitig auf der Reise aufzufinden konnte über Leben und Tod entscheiden. Ansiedlungen, Reisewege, die Bewirtschaftung der Ländereien, das alles hing vom Vorhandensein eines Brunnens ab.

Wasser als lebenserhaltendes Element hat eine so überragende Bedeutung, dass sich allein schon daraus seine kultische Funktion bei fast allen Völkern erklären lässt. Die Sitte, Menschen aus rituellen Gründen im Wasser unterzutauchen, findet sich seit Jahrtausenden in vielen großen Religionen. Dabei ging es in der christlichen Taufe der uns vertrauten Form vor allem darum, die Menschen von ihrer Schuld zu reinigen. Ursprünglich aber stand die Begegnung mit dem Leben selbst, mit dem Göttlichen im Vordergrund.

Bei den Kelten galten Quellen als heilige Orte, jedenfalls wenn sie von der Sonne, dieser machtvollen Lebensspenderin, beschienen waren.

Brunnen sind in den alten Volksmärchen Orte, durch die man den Zugang zum Unbewussten und zu tiefer Erkenntnis erlangen kann. Der Weg zu Frau Holle führt zum Beispiel durch einen Brunnen.

Wasser ist Lebenswasser, ist psychische Energie in ihrer Urform. Das Gipfelerlebnis der Erleuchtung, Satori oder Samadhi, das Verschmelzen mit der kosmischen Kraft, wird in vielen östlichen Kulturen, ebenso aber bei den christlichen Mystikern von Theresa von Avila bis hin zu Meister Eckehart, immer wieder in Zusammenhang mit dem Wasser erlebt und berichtet – selbst in der Lyrik unserer Zeit:[47]

Veränderung

Ich sitze
am Meer
und schau
auf die Welle
die kommt
und geht
und auf die nächste
die kommt
und geht

und auf die nächste
die kommt
und geht

Und irgendwann
bin ich es nicht mehr,
der am Ufer sitzt
und auf die Welle schaut,
die kommt und geht
und kommt und geht

Ich bin
die Welle
das Wasser
der Ozean
und alles
und nichts

Dieses Verschmelzen mit der kosmischen Energie setzt zugleich viel irdische Lebenskraft und Bewusstheit frei. Dieses Geschenk widerfährt uns manchmal mitten im Leben, uns gewöhnlichen Menschen, beim Erleben der Natur zum Beispiel, oder bei intensiver Begegnung mit Musik, der Kunst, der Liebe. Mit Religion muss das nicht unbedingt viel zu tun haben; aber doch vielleicht mit Religion in weiterem Sinne.

Wen wundert es, dass das Wasser als Traumsymbol überwiegend eine sehr positive Bedeutung hat, weil es Verbindung schafft zu unserer psychischen Energie. In den Wassersymbolen unserer Träume kommt seine Bedeutung als Lebensspender und Lebenserhalter am stärksten zum Ausdruck.

Doch das Wasser als Symbol des Unbewussten ist mitunter, wie das wirkliche Wasser, auch ein ausgesprochen gefährliches Element, wenn es seine Grenzen überschreitet, wenn das Gleichgewicht der Elemente gestört ist. Der oder die Träumende steht dann in Gefahr, vom Unbewussten überschwemmt zu werden. Solch eine Überschwemmung kann sich weit ausbreiten. Sie kann unsere ganze Seelenlandschaft überfluten. Wo immer unsere Emotionen zu mächtig sind, zeigt das Traumbild der Überschwemmung ihre Maßlosigkeit und ihre Gefährlichkeit. Überschwemmungsträume sind Gefahrenträume. Sie wollen uns warnen.[48]

Traumerinnerung lässt sich lernen

In unsren Träumen entdecken wir einen ungeahnten Reichtum unseres Wesens. Nur vergessen wir diesen Reichtum wieder, wenn wir zurückkehren in den Tag; im Allgemeinen kehren wir zurück in unsere eng begrenzte Persönlichkeit. Doch wenn wir uns im täglichen Bewusstsein daran erinnern, was wir eigentlich sind, dann sind wir es. Und das ist das Geheimnis der Meditation.

Pir Vilayat Inayat Khan, westöstlicher Weisheitslehrer

Die wenigsten Menschen erinnern sich am Morgen noch klar und vollständig an die Träume der vergangenen Nacht. Die meisten behalten einen Teil ihrer nächtlichen Bilder im Gedächtnis. Und manche haben nach dem Erwachen alles vergessen.

Zu welcher Gruppe Sie auch gehören, fest steht nur eines: Jeder Mensch träumt in jeder Nacht vier oder fünf Träume. Wir träumen jede Nacht etwa eineinhalb Stunden lang. Umgerechnet auf unsere ganze Lebenszeit ergibt das durchschnittlich vier Jahre, die wir im Traumzustand erleben. Es lohnt sich, dieser Zeit ein wenig mehr Aufmerksamkeit zu widmen.

Das Traumerinnerungsvermögen ist in erster Linie eine Sache der Gewohnheit. Jede/r kann es mit verhältnismäßig geringer Mühe lernen. Wichtig ist vor allem unsere persönliche Einstellung zu unseren Träumen. Jeder Traum ist ein wertvolles Geschenk. Schieben wir also keinen einzigen unserer Träume achtlos beiseite, selbst wenn wir zunächst keine verständliche Botschaft in ihm erkennen können oder der Meinung sind, wir hätten ihn ohnehin nur bruchstückhaft im Gedächtnis behalten. Akzeptieren wir unsere Träume einfach so, wie sie sind, ganz gleich, ob sie uns fremd, albern, bruchstückhaft oder konfus erscheinen. Immer sind sie Teile von uns selbst, auch wenn sie ihre Botschaft am Anfang manchmal nur zögernd hergeben mögen.

Am besten nehmen Sie sich abends vor dem Einschlafen ganz fest vor, dass Sie sich an Ihre Träume erinnern wollen. Wiederholen Sie für sich diesen Vorsatz immer wieder: Ich will mich an die Träume der Nacht erinnern! Denken Sie am Morgen sofort nach dem Erwachen wieder an diese Suggestion, die Sie sich selbst gegeben haben. Jedes Mal, wenn Sie spontan erwachen, wachen Sie aus einem Traum auf.

Günstig ist es, wenn Sie nicht durch einen Wecker geweckt werden, sondern Ihre Schlafenszeit so einrichten, dass Sie von selber erwachen. Denn so wird der natürliche Ablauf einer Traumphase nicht abgebrochen. Jeder Mensch trägt seinen eigenen Wecker in sich selbst. Wenn Sie sich über einen längeren Zeitraum hinweg fest vornehmen, dass Sie zu einer bestimmten Zeit erwachen wollen, so gelingt Ihnen das.

Am besten bleiben Sie nach dem Erwachen zunächst mit geschlossenen Augen liegen. Lassen Sie die Traumbilder noch einmal an sich vorübergleiten. Oft genügt schon das kleinste Bruchstück Ihres letzten Traums, um die ganze Traumserie der ganzen Nacht oder doch wesentliche Teile von ihr ins Gedächtnis zurückzuholen. Bleiben Sie still liegen, und denken Sie jetzt noch nicht an all die Probleme und Vorhaben, die der neue Tag für Sie bereithält.

Schon fünf Minuten nach dem Erwachen erlöschen die meisten Traumeindrücke, wenn wir sie nicht sofort in unserem Gedächtnis festhalten. Nach zehn Minuten sind die Bruchstücke unserer Träume fast oder ganz vollständig verloren gegangen. Die Schlafforscher konnten das schon vor mehreren Jahrzehnten in ihren Schlaflabors überzeugend nachweisen, indem sie Schlafende zu vier verschiedenen Zeiten aufweckten:[49]

1. Mitten in einer Traumphase: Die geweckten Schläfer berichteten von einer sich gerade abspielenden Traumhandlung.

2. Bei einer starken Körperbewegung unmittelbar nach einer Traumphase: Die Versuchspersonen erzählten vollständige, lebhafte und fest umrissene Träume.

3. Erst fünf Minuten nach Beendigung einer Traumphase: Die Schläfer erzählten jetzt nur unklare Bruchstücke von Traumerlebnissen.

4. Zehn Minuten nach einer Traumphase: Die meisten konnten sich überhaupt nicht mehr an ihre Träume erinnern oder hatten nur noch einen ganz schwachen Eindruck von dem Traumgeschehen.

Zwar fallen uns manchmal noch mitten am Tage Bruchstücke aus der Traumserie der vergangenen Nacht ein, ganz plötzlich, oft wie aus heiterem Himmel, weil uns irgendjemand oder irgendetwas an unseren Traum erinnert hat. So kann es zum Beispiel geschehen, dass wir im Schaufenster eines Reisebüros das Bild eines Sonnenstrandes sehen. Bei dieser Gelegenheit erinnern wir uns plötzlich wieder an einen Traum der vergangenen Nacht, in dem wir wunderschön im Meer gebadet und uns dabei sehr wohl gefühlt haben.

Aber das meiste an Traummaterial ist am nächsten Tag unwiederbringlich verloren. Wir können es nicht mehr zurückholen, sosehr wir versuchen, uns zu erinnern. Selbst wenn Sie mitten in der Nacht aus einem Traum erwachen, vielleicht haben Sie das schon einmal erlebt: Sie erkennen, dass dieser

Traum wichtig für Sie war; Sie nehmen sich fest vor, ihn im Gedächtnis zu behalten, am nächsten Tag über ihn nachzudenken, ihn ihrem Partner oder Ihrer Partnerin zu erzählen, ihn aufzuschreiben. Sie lassen den Traum deshalb noch einmal in ihrem Gedächtnis vorüberziehen, ehe Sie wieder einschlafen. Und doch geschieht es: Am nächsten Morgen haben Sie ihn vergessen. Trotz größten Bemühens will es Ihnen nicht mehr gelingen, den Traum in Ihr Gedächtnis zurückzurufen.

Weil Träume so ungeheuer flüchtig sind, ist es günstig, sie möglichst sofort nach dem Erwachen aufzuschreiben, sie jemandem zu erzählen, sie auf diese Weise, spätestens am Frühstückstisch »dingfest« zu machen, damit sie nicht spurlos aus dem Bewusstsein verschwinden, federleicht wie sie sind.

Viele Menschen erinnern sich besser an ihre Träume, wenn sie sie irgendjemandem, ihrem Partner oder ihrer Partnerin, einem Freund oder einer Freundin oder anderen Mitgliedern ihrer Familie erzählen konnten. Allein schon das Aussprechen eines Traumes reicht oft aus, um die Erinnerung an ihn festzuhalten und so zu verhindern, dass er unwiderruflich verloren geht.

Sehr günstig ist es, einen Schreibblock und einen Bleistift stets in erreichbarer Nähe des Bettes aufzubewahren. So können Sie jederzeit, selbst bei Dunkelheit mitten in der Nacht und ohne erst das Licht einzuschalten, ein paar Stichwörter zu Ihren Träumen notieren. Sie genügen, um den Traum am nächsten Morgen wieder vollständig ins Gedächtnis zurückzurufen.

Viele Traumerfahrene benutzen ein kleines Diktiergerät, in das sie ihre Träume – vollständig oder stichwortartig – mitten in der Nacht hineinsprechen.

Eine weitere sehr gut geeignete Methode, die Träume festzuhalten, ist das Führen eines Traumtagebuchs. Mit seiner Hilfe gelingt es, Träume über längere Zeiträume zu verfolgen, zu vergleichen, wie sie sich entwickeln, verändern, wegbleiben, je nachdem, wie wir uns entwickeln und verändern.

Calvin Hall, ein berühmter amerikanischer Traumforscher, hat einmal gesagt: »Jeder, der sich an einfache Regeln zu halten vermag, kann Träume deuten.« Und: »Jeder, der ein Bild ansehen und sagen kann, was es bedeutet, müsste auch in der Lage sein, die eigenen Traumbilder anzusehen und zu sagen, was sie bedeuten. Die Bedeutung eines Traumes ist nicht in irgendeiner Traumtheorie zu finden; sie liegt im Traum selbst.«[50]

Jedes Traumbild, so ungewöhnlich, absurd oder fremdartig es uns erscheinen mag, stellt einen neu in Erscheinung tretenden Teil von uns selbst dar, aus dem sich ein neues Selbstverständnis entwickeln lässt. Wir können mit anderen über unsere Träume sprechen, mit unserer Partnerin oder unserem Partner, mit Freundinnen und Freunden, mit allen Menschen, zu denen wir Vertrauen haben, selbst mit Experten. Vielleicht werden sie uns hier und da Hinweise und Denkanstöße geben können. Aber am besten verstehen letztlich nur wir selbst unsere Träume, denn sie sind unsere ureigensten Aussagen, so fremd sie uns im ersten Augenblick manchmal auch vorkommen mögen.

Ein Traumlexikon als Deutungshilfe

Im Grunde ist jeder Mensch seinen eigenen Träumen selbst am nächsten. Dennoch sind Hilfen beim Deuten unserer Träume sinnvoll. Auf dem Büchermarkt gibt es geeignete Traumlexika, in denen die wichtigsten, in unserem Kulturkreis immer wieder in den Träumen vorkommenden Bilder aus allen Lebensbereichen psychologisch gedeutet werden. Im Literaturverzeichnis dieses Buchs finden Sie entsprechende Hinweise hierzu.

Wenn sie ein an der Tiefenpsychologie orientiertes Traumlexikon als Hilfe beim Entschlüsseln ihrer Träume benutzen, so lässt sich dadurch nicht das eigene Bemühen um die Deutung Ihrer Träume ersetzen. Unsere Traumsprache verwendet nämlich nur zum Teil solche Symbole, denen wir alle gemeinsam die gleiche Bedeutung geben. Manche Traumbilder haben aber eine ganz persönliche Bedeutung. Sie kann bei jedem Menschen anders sein. Abhängig ist sie von dem besonderen Erfahrungs- und Erlebnishintergrund des oder der Träumenden, auch von der Umgebung und von dem Kulturraum, in dem er oder sie aufgewachsen ist. Die Art und Weise, die Welt zu sehen, unterscheidet sich letztlich bei jedem Menschen. Und diese Unterschiede drücken sich eben auch in der Wahl seiner Traumbilder aus.

Ein Beispiel hierzu: Wenn jemand von Regen träumt, so gilt dieses Bild in der Traumsprache allgemein als Ausdruck für Fruchtbarkeit und Wachstum. Entsprechende Deutungshinweise hatte ich auch in meinem Traumlexikon gegeben. Doch dann stieß ich immer wieder auf Menschen, in deren Träumen Regen offensichtlich als Ausdruck tief depressiver Stimmung und Traurigkeit vorkam. Also ergänzte ich meine Deutungshilfen im Rahmen einer Neuauflage entsprechend. Beide Deutungen können zutreffen. Um die richtige herauszufinden, ist es wichtig, den gesamten Handlungszusammenhang zu beachten, in dem das Bild »Regen« im Traum steht.

Träume deuten mit oder ohne Hilfe eines psychologischen Traumlexikons ist wie das Zusammensetzen eines Puzzles: Erst in der richtigen Ordnung zusammengefügt geben die einzelnen Teilstücke ihren vollen Sinn preis – und damit zugleich die Botschaft, welche der Traum für uns bereithält.

Kraft aus Träumen: Beispiele

Die Lehrerin

Die Lehrerin hatte in ihrer Klasse das Schreiben von Aufsätzen nach einer neuen Methode eingeübt. Sie hatte ihren Schülerinnen und Schülern dazu Textstreifen gegeben, aus denen die Kinder ihre Texte entwickeln sollten. Nun befürchtete sie, diese moderne und noch nicht erprobte Methode könnte zu einem Misserfolg führen. Aber dann stellte sich heraus, dass alle Kinder wunderschöne Texte geschrieben hatten.
Im zweiten Teil des Traums ging es darum, dass die schon zuvor benutzten Textstreifen zusammengefügt und zu einem Text integriert werden sollten.

Diesen Traum erlebte ich mitten in einer Schreibkrise. Ich kam mit einem Buchprojekt nicht recht voran. Zweifel plagten mich. Ich fühlte mich erschöpft, kraftlos und müde.

Nach dem Erleben dieses Traums waren alle Zweifel wie ausgelöscht. Ich ging voll neuer Ideen und voll Kraft wieder an die Arbeit und konnte das Buch innerhalb weniger Monate problemlos zum Abschluss bringen. Es wurde ein Erfolg.

Warum erlebte ich mich in diesem Traum als Lehrerin und nicht als Lehrer? Dass ich selbst und meine eigene Textproduktion mit diesem Traum gemeint waren, stand außer Zweifel. Ich träume mich offenbar hier als Frau, weil es bei diesem Buch vom Thema her um die weibliche Seite in mir geht, um Sensibilität, um Einfühlungsvermögen in Dinge, die nicht zum alltäglichen Erleben gehören. Der Traum spiegelte alle meine Zweifel wider. Aber er sagte auch klar, dass sich der Einsatz lohnt, dass er zum Erfolg führen würde. Genau diese Aussage war es, die mir wieder Kraft und Mut gab weiterzuarbeiten. Mit einem Schlag lösten sich alle Zweifel und Hemmnisse auf.

Der blühende Garten

Ich gehe durch ein Tor. Dahinter befindet sich ein Abgrund. Ich steige hinab in diesen Abgrund. Der Abstieg ist sehr mühsam, denn es ist dunkel, und ich kann kaum etwas sehen. Unten treffe ich einen alten Mann mit weißen Haaren. Er gibt mir den Auftrag, Licht in den Abgrund zu bringen und einen Garten dort anzulegen. Ich finde diesen Auftrag absurd. Ich kann keinen vernünftigen Sinn darin sehen, führe ihn aber dennoch aus. Es gelingt mir tatsächlich wider Erwarten, Licht in das Dunkel zu bringen und einen wunderschönen Garten anzulegen. Ich bin glücklich darüber und sehr zufrieden.

Ein Abgrund ist in der Sprache der Träume fast immer ein Hinweis auf bestehende Lebensschwierigkeiten.[51] In der Tat befindet sich die Träumende, eine etwa 35-jährige Frau, in einer Partnerschaftskrise. Indem sie sich in den Abgrund hineinbegibt, erkennt sie die Ursachen ihrer Krise genauer. Sie trifft dort unten den alten Weisen, eine in den Träumen oftmals wichtige Helfergestalt. Der alte Weise weiß mehr, als wir mit unserem normalen Tagesbewusstsein wissen. Und er ist bereit, uns zu helfen, wenn wir Kontakt zu ihm aufnehmen. Er gibt der Träumenden den auf den ersten Blick seltsam erscheinenden Auftrag, in dem Abgrund einen Garten anzulegen. Doch dieser Auftrag enthält einen vernünftigen Sinn, wenn man bedenkt, dass der Garten in der Traumsprache fast immer ein Symbol für die partnerschaftliche Beziehung ist.[52] Er zeigt Wachstum, Fruchtbarkeit und Lebensfreude an und hat daher eine sehr positive Bedeutung. Die Schwierigkeit der Träumenden in der Partnerschaft entstand daraus, dass die junge Frau in ihrer Kindheit sexuell missbraucht worden war. Das Aufarbeiten dieser aus der Missbrauchssituation heraus entstandenen Schwierigkeiten lässt sich durchaus mit dem Anlegen eines Gartens vergleichen.

Die Stadt

In der Ferne sehe ich einen Berg. Ich gehe auf den Berg zu. Am Fuße des Berges angekommen, erkenne ich einen Weg, der auf den Berg hinaufführt. Diesen Weg gehe ich, komme durch einen Wald und erreiche schließlich die Spitze des Berges.
Als ich dort oben angekommen bin, wird es dunkel. Der Mond geht auf und umhüllt mich mit seinem silbernen Licht. Ich bin ganz von seinem Licht durchdrungen und fühle mich leicht und hell. Und obwohl es dunkel ist, sehen meine Augen alles ringsum. Ich sehe den Weg durch den Wald, auf dem ich hierher gekommen bin. Ich sehe einen Bach, der am Berg entspringt, verfolge seinen Lauf den Berg hinunter bis in die weite Ebene hinein, sehe, wie er sich zum Fluss entwickelt und zum Meer fließt. Ein Schiff hat irgendwo am Ufer angelegt. Ich sehe mich weiter um und erkenne eine Stadt in der Ferne, über der gerade die Sonne aufgeht. Ich sehe, wie diese Stadt erwacht. Immer mehr Menschen sind auf den Straßen. Sie wirken auf mich fröhlich und gelassen. Ich verspüre den starken Wunsch, in diese Stadt zu gehen.
Von dem Berg aus führt ein Weg zur Stadt. Ihn gehe ich. Am Stadttor stellt sich mir ein Wächter entgegen und verwehrt mir den Zutritt. Er fragt mich, was ich in der Stadt will. Ich antworte: »Ich habe die Stadt vom Berg her gesehen. Sie hat mir gefal-

len. Deshalb habe ich mich aufgemacht, um sie kennen zu lernen.«

Der Mann tritt daraufhin zur Seite und lässt mich in die Stadt hinein. Ich gehe durch die Straßen und komme schließlich auf den Marktplatz. Dort herrscht reges Treiben. Viele Menschen sind unterwegs. Ich fühle mich ein wenig verloren, weiß nicht so recht, was ich will. Ich habe das Gefühl, etwas zu suchen, weiß aber nicht was. Ich gehe an den Marktständen entlang, sehe mir die angebotenen Waren an und beobachte die Menschen. Schließlich komme ich zu einem ungenutzten Stand. Ich denke, dass da mein Platz ist. Ich spüre Abwehr, mich dorthin zu setzen und etwas zu verkaufen. Ich will aber wenigstens hinter den Verkaufstisch gehen. Dort setze ich mich auf den Stuhl und beobachte die Menschen, die vorbeigehen. Ich überlege, was ich anzubieten habe. Das fällt mir schwer. Ich mag nicht darüber nachdenken. Ich habe Angst, etwas anzubieten, etwas von mir preiszugeben, Angst auch, ausgelacht zu werden. Aber ich spüre auch, dass ich mich noch lächerlicher mache, wenn ich an einem leeren Tisch sitze und überhaupt nichts tue. Also überwinde ich mich schließlich und fange an zu stricken. Bald füllt sich mein Stand mit Wollknäueln in vielen verschiedenen Farben und Qualitäten.

Diesen Traum träumt ein junge Frau, die sich mitten in einer Lebenskrise befindet. Nach der Geburt ihrer Kinder war sie aus ihrem bisherigen Beruf ausgeschieden. Inzwischen sind ihre Kinder größer geworden und gehen zur Schule. Nur zu Hause zu sein ist für diese Frau keine akzeptable Lösung. Sie fühlt sich unglücklich, unzufrieden und oft depressiv. Sie sucht nach einer neuen Aufgabe, ohne so recht zu wissen, was sie tun könnte. Sie traut sich wenig zu und glaubt, sie habe keine Begabungen, die im Berufsleben gebraucht werden.

In ihrem Traum steigt sie auf einen Berg. Sie geht also an einen Ort in der Einsamkeit, von dem aus man Abstand von den alltäglichen Dingen, aber auch einen Überblick über die bestehende Situation gewinnt.

Dort oben überrascht sie die Dunkelheit. Diese Situation scheint nicht gerade für neue Erkenntnismöglichkeiten geschaffen zu sein. Aber die Träumende spürt keine Angst. Der Mond scheint ja. Der Mond gilt seit alter Zeit als weiblich, nicht nur in der Sprache der Träume. Mit seinem silbernen Licht hüllt er die junge Frau ein und erfüllt sie. Sie besinnt sich also auf ihre weiblichen Energien und schöpft Kraft aus ihnen, während früher in der Zeit ihrer Berufstätigkeit ja eher ihre männliche Energie, ihre Durchsetzungskraft, gefragt war. Jetzt gelingt es ihr, sich durch das Besinnen auf ihre weiblichen Energien neue Erkenntnismöglichkeiten zu schaffen. Sie sieht die Landschaft ihres Lebens plötzlich ganz neu. In der Ferne erkennt sie eine Stadt, über der die Sonne aufgeht. Die Stadt gilt in der Traumsprache meist als ein Ort der Lebendigkeit, der Aktivität. Hier ist der Ort, an dem sich für die Träumende eine neue, erfüllende Lebensaufgabe finden kann.

Aber zunächst sind ihr da noch eigene Hemmungen im Wege. Sie mag sich nicht anbieten. Wer im Berufsleben erfolgreich sein will, muss seine eigenen Fähigkeiten ins rechte Licht setzen können. Sie aber hat Angst, von sich selbst etwas preiszugeben. Auch zweifelt sie an ihren eigenen Begabungen. Sie fürchtet, sich zu blamieren. Doch irgendwann besetzt sie ihren Platz, der für sie bereitzustehen scheint. Sie überwindet ihre Selbstzweifel und gewinnt dabei an Durchsetzungskraft.

Einige Zeit nach diesem Traum gelingt es der Frau in der Realität, wieder im Berufsleben Fuß zu fassen. Nach anfänglichen Eingewöhnungsschwierigkeiten fühlt sie sich inzwischen an ihrer neuen Arbeitsstelle ausgefüllt und zufrieden.

Die goldene Lokomotive

Einer meiner frühesten Träume, an die ich mich aus meiner Kindheit erinnere, gibt mir heute noch immer viel Kraft – allein schon, wenn ich an ihn denke:
Ich sah eine Lokomotive, ganz aus Gold, mit roten Rädern, die sich schnell drehten.

Dieser Traum besteht nur aus einem einzigen Bild. Es gibt kein Handlungsgeschehen. Er erzählt keine Geschichte. Und dennoch strahlt dieses eine Bild für mich eine so ungeheuere Kraft und Faszination aus, dass mich dieser winzige Traum durch mein ganzes Leben hindurch begleitet. Früher konnte ich mir diese Faszination nicht erklären. Heute weiß ich, dass er mir zeigen wollte, wie viel an Energie und an Lebenskraft in mir steckt, obwohl mein Leben immer wieder auch von Krankheit und Leiden begleitet war.

Die Lokomotive gilt in der Traumsprache als Symbol für kollektive psychische Energie.[53] Die Reise mit einer Lokomotive ist als Hinweis auf die Lebensreise des Träumenden zu verstehen. Dass die Farbe der Lokomotive aus meinem Kindheitstraum Gold war, weist auf höchste Kostbarkeit, auf Ganzheit und Vollständigkeit hin. Das Rot der sich kraftvoll drehenden Räder drückt Leidenschaftlichkeit und Vitalität aus. Oft, wenn ich mich nicht gut fühle, stelle ich mir nur dieses Traumbild voll sprühender Kraft aus meiner Kindheit vor. Es hilft mir dann, meine eigene Heilkraft zu aktivieren und Hoffnung in trostlosen Situationen zu schöpfen.

25
Kraftorte im Wachtraum entstehen lassen und nutzen

In eine Höhle gehen

Bei den alten Naturvölkern galten Höhlen als Öffnungen der Mutter Erde, durch die man Kontakt mit ihr aufnehmen konnte. Kein Zufall, dass sich bei Ausgrabungen besonders häufig Überreste alter religiöser Kulte in Höhlen finden.

Um die Kraft der Höhlen für sich selbst zu erfahren, muss man nicht unbedingt Höhlen in der Natur aufsuchen. In der meditativen Entspannung kann ihre Kraft jederzeit und ohne Ortsveränderung erfahren werden.

In der Symbolsprache der Träume – und ebenso der Phantasiereisen – drückt sich in dem Gang durch eine Höhle oftmals der Vorgang der eigenen Geburt aus. Wer ihn symbolisch noch einmal erlebt, fühlt sich danach befreiter und kann sein Leben kraftvoller annehmen.

Aber der Gang durch eine Phantasie-Höhle muss keineswegs immer als ein Wiederholen des Geburtsvorgangs zu deuten sein. Manchmal ist die Höhle einfach ein Ort der Kraft, des Kräftesammelns, auch des Rückzugs, der Geborgenheit und des Schutzes, in dem Wachstum und persönliche Entwicklung ungestört geschehen können.

Noch viele andere Deutungen der Phantasiereise in eine Höhle sind denkbar. Besser als jeder Versuch, den Sinn der Bilder mit dem Verstand zu ergründen, ist es in jedem Falle, einfach hinzuschauen und die eigenen Bilder – ohne zu werten – als ein Geschenk unseres Unbewussten anzunehmen. Denn das sind sie in der Tat.

Die hier wiedergegebene Anleitung zur Wachtraumreise in eine Höhle ist nur eine von vielen Möglichkeiten, einen »inneren« Kraftort aufzusuchen und seine heilende Wirkung zu spüren. Viele andere Reisen in der Phantasie zu Orten der Kraft sind denkbar. Je mehr Erfahrung Sie mit solchen Phantasiereisen gewinnen, umso klarer werden Sie erkennen, an welchen Orten Sie die stärkste und für Sie persönlich wichtigste Wirkung erfahren.

ÜBUNG

Phantasiereise in eine Höhle als Ort der Kraft:
Eine meditative Übung

Entspanne dich bitte zuerst wieder so,
wie du es schon kennst (Seite 68).

Du bist jetzt wieder
ganz ruhig
und ganz warm
und ganz schwer.

Und nun stell dir bitte
vor deinen Augen
den Eingang einer Höhle vor.

Es kann sein,
dass dieser Eingang ein wenig verdeckt ist
durch Zweige oder Geäst.

Vielleicht liegt die Höhle
an einem Berghang
oder irgendwo im Wald.
Du wirst sie finden.

Und wenn du
deine Höhle gefunden hast
und du vor dem Höhleneingang stehst,
dann schau dich dort
erst einmal genau um.

Vielleicht müssen sich deine Augen
ein wenig an das Dunkel gewöhnen.

Irgendwo
gleich in der Nähe des Eingangs
stecken Fackeln
in einer Halterung an der Wand.

Nimm dir ein paar davon.
Und zünde eine Fackel an.
Die anderen nimmst du
als Reserve mit hinein in die Höhle.

Jetzt erkennst du das Innere der Höhle
schon viel besser.
Geh tiefer hinein
in diese Höhle.

Die Wände sind aus Stein,
dunkel und feucht
scheinen sie zu sein.

Vielleicht hörst du auch,
wie Wasser von der Decke herabtropft.

Es kann sein,
dass du irgendwo dort hinten,
weiter von dir entfernt,
im Halbdunkel
ein merkwürdig huschendes Geräusch hörst.
Oder du siehst
im Halbdunkel
sogar ein paar Fledermäuse flattern.

Aber das stört dich nicht weiter.

Du gehst tiefer in die Höhle hinein,
immer tiefer.

Du hörst das Geräusch deiner eigenen Schritte.
Es hallt von den Felswänden zurück.

Du bist hier ganz allein.
Und du gehst immer tiefer.

Der Gang wird allmählich immer enger.
Vielleicht musst du dich bücken,
um weiter voranzukommen.

Auch kommt es dir so vor,
als ob es immer wärmer wird,
je tiefer du in die Höhle hineingehst.

Der Boden ist glitschig.
Der Gang wird noch enger.

Es kann sein, dass du ein Stück weit
auf den Knien rutschen musst.
Probier es aus,
wie du am besten vorankommst.

An einigen Stellen zweigen
von dem Hauptgang andere Gänge
nach den Seiten hin ab.
Schau hinein,
wenn du magst.

Aber am besten folgst du
weiter dem Hauptgang.

Ganz allmählich wird der Gang
wieder breiter.

Und dann plötzlich
öffnet sich vor dir eine riesig große Höhle.

Irgendwo scheint Licht
in diese Höhle.
Aber du kannst nicht erkennen,
woher es kommt.

Das Licht taucht die ganze Höhle
in ein geheimnisvolles Halbdunkel.

An den Wänden glitzern und funkeln
wunderschöne Steine.

Und in der Mitte der Höhle
siehst du einen See.

Das Wasser ist ganz klar
und vollkommen ruhig.

Du kannst dich
über das Wasser beugen,
wenn du willst.
Vielleicht siehst du darin
dein eigenes Spiegelbild.
Schau genau hin.

Tauch deine Hand hinein,
wenn du magst.

Vielleicht kannst du auch
von dem Wasser trinken.
Probier es.

Und dann gehst du noch tiefer
in diese gewaltige Höhle hinein.

Im Hintergrund erkennst du
den Eingang zu einem Gewölbe.
Es steht dir offen.

Rötlichgelbes Licht
scheint durch die Toröffnung.

Du gehst durch dieses Tor
und stehst in einem viel kleineren Raum.

Die Wände
sind mit seltsamen Zeichen bemalt,
wie du sie noch niemals
in deinem Leben gesehen hast.
Du verstehst ihren Sinn nicht.

Mitten im Raum siehst du
einen schweren, uralten Holztisch.
Gewaltige Sessel aus Holz
stehen um den Tisch herum.

Am Ende der Tafel
erkennst du
in dem warmen Halbdunkel
einen Sessel mit besonders hoher Lehne.
Wie ein Königsthron sieht er aus.

Er ist mit Edelsteinen besetzt.

Setz dich hinein in diesen Sessel,
wenn du magst.

Und wenn du dir
eine Weile Zeit lässt,
kannst du vielleicht spüren,
wer vor langer, langer Zeit
auf diesem Stuhl gesessen hat.

Und vielleicht kannst du auch spüren,
wer damals
vor vielen, vielen Jahren
auf den anderen Stühlen gesessen hat.

Und falls du
ein wenig Geduld hast,
kann es sein,
dass du sogar hörst,
was damals hier unten
in dieser Höhle
gesprochen wurde.

Wenn du
hier unten
genug gesehen
und gehört
und gespürt hast,
dann gib mir bitte wieder
ein kleines Zeichen
mit der Hand.

Langsam
verlässt du jetzt
diesen Raum.

Und du gehst den gleichen Weg
wieder zurück,
den du gekommen bist,
vorbei
an der großen Höhle mit dem See.

Du gehst zurück
durch den engen Gang,
durch den du
hierher gekommen bist,
bis du

den Höhleneingang
wieder vor dir siehst.

Und wenn du am Eingang
wieder angekommen bist,
dann genießt du,
wenn du willst,
noch einen Augenblick lang
das Tageslicht.

Und du atmest
die wundervoll klare Luft
hier draußen
tief ein.

Und langsam
spürst du jetzt,
wie dein Körper
wieder ganz leicht wird.

Wenn ich gleich bis drei zähle,
dann kommst du bitte wieder zurück
aus deiner Entspannung.
Und du fühlst dich frisch
und frei.

Ich zähl jetzt
bis drei:

eins,

zwei

und drei!

Und zurückkommen bitte!

26
Märchen als Orte der Kraft

Früher, noch bis ins vorige Jahrhundert, saßen die Familien an den langen Winterabenden um das Herdfeuer und erzählten sich Märchen. Heute sitzt vielfach jedes Familienmitglied vor dem eigenen Fernsehgerät in einem Zimmer für sich, weil eine Einigung auf ein gemeinsames Programm nur noch schwer zustande kommt.

Der allabendliche Krimi hat heute eben die Funktion des Märchenerzählens übernommen, könnte man sagen. Und: Blut fließt in den Märchen wie auch im Krimi. Was nutzt es also, alten Zeiten, Sitten und Gebräuchen nachzutrauern?

In der Tat haben die Märchengegner mit der Blutrünstigkeit der Märchen argumentiert. Das sei nichts für Kinder. Dem hielt der Psychoanalytiker Bruno Bettelheim seine inzwischen berühmt gewordene Forderung entgegen: Kinder brauchen Märchen.[54] Märchen bieten eine Art von Lernmodell für typische Fragen der Lebensbewältigung, wie sie sich jedem Menschen im Verlauf seinem Wachstumsprozess stellen. Heute orientieren sich in bestimmten Therapieformen erwachsene Menschen an Märchen. Sie finden darin Konfliktmodelle für

Situationen in ihrem Leben dargestellt, für die sie bislang keine tragfähige Lösung sahen. Diese Aufgabe können die alten Volksmärchen nur deshalb erfüllen, weil sie Symbole enthalten, die uns bei der Lösung bestimmter typischer Konflikte in unserem Leben helfen. Diese Symbole sind tief in unserem Unbewussten verwurzelt, ganz gleich, ob wir in einer modernen westlichen Industrienation aufgewachsen sind oder bei einem Naturvolk auf den Südseeinseln. Genau deshalb fanden sich lange vor Beginn des elektronischen Zeitalters der Massenmedien bei allen Völkern auf der ganzen Welt immer wieder die gleichen Märchenmotive, auch wenn diese Völker eindeutig niemals in Kontakt miteinander gestanden hatten.

Für jeden Menschen gibt es in bestimmten Lebenssituationen ein für ihn speziell geeignetes Märchen. Findet er es heraus, so hilft ihm die Kraft der Symbole, die dieses Märchen enthält, sich wie an einem Modell zu orientieren. Bestimmte Märchen begleiten uns oft über viele Jahre unseres Lebens. Ihre Bedeutung verändert sich für uns meist mehrfach in dieser Zeit. Und irgendwann verliert dieses Märchen dann seine Bedeutung für uns ganz. Sein Thema ist erledigt. Ein neues tritt an seine Stelle.

Mich begleitete durch viele Jahre hindurch das Grimm-Märchen vom Hans im Glück. Als Kind schien mir der Hans im Glück ein Tölpel zu sein, der sich übers Ohr hauen ließ und nachträglich jede Niederlage als Erfolg verbrämte. Später begriff ich, dass es um etwas anderes ging: um das Loslassen des materiellen Erfolgs, vielleicht des Erfolgs überhaupt. Er kann nicht das Ziel unseres Lebens sein. In Wahrheit kommt es auf andere Qualitäten an. Aber um das zu erkennen, brauchte ich einige Jahrzehnte. Inzwischen hat dieses Märchen seine Bedeutung für mich verloren. Andere sind an seine Stelle getreten.

In den Volksmärchen gibt es einen typischen Handlungsablauf, der auf überraschende Weise unserem Verhalten bei der Lösung von Problemen ähnelt: Die Helden oder Heldinnen im Märchen tun zunächst einmal alles, was in ihrer Kraft steht. Meist sind mit ihrem Bemühen etliche Fehlschläge verbunden. Sie setzen dabei alles daran, als selbständige Persönlichkeiten zu handeln und mit ihrem Ichbewusstsein alle Schwierigkeiten zu bewältigen, die sich ihnen in den Weg stellen. Aber dann kommt ein Augenblick, an dem ihnen klar wird, dass sie nicht mehr weiterwissen, dass sie mit ihren Fähigkeiten am Ende sind. In dieser Situation schlafen sie dann oft ein. Manchmal haben sie einen Traum, der ihnen die Lösung ihrer Schwierigkeiten zeigt. Manchmal finden sich am nächsten Tag Helfer ein, die sie ein Stück weit auf ihrem Weg weiterführen. Immer wieder zeigen sich dabei Parallelen zu der Art und Weise, wie wir Probleme kreativ lösen.

C. G. Jung beschreibt diesen Vorgang sehr genau. Er sagt: Es gibt Probleme, die wir mit eigenen Mitteln nicht lösen können. Erst wenn wir uns das eingestehen, können wir aus der Kraft des Kollektiven Unbewussten schöpfen.[55] Dieser Weg lässt sich konkreter so beschreiben: Bei der Lösung anstehender Probleme kommt es zuerst einmal darauf an, dass wir unsere eigenen Ich-Aktivitäten ausschöpfen. Das kann zum Beispiel bedeuten, dass wir alle uns zur Verfügung stehenden Informationsmöglichkeiten zur Lösung des Problems nutzen, jedenfalls alles versuchen, was in unseren eigenen Kräften liegt. Dann aber kommt der Zeitpunkt, an dem Loslassen des Problems angesagt ist. Jetzt gilt es, Abstand zu gewinnen und mit Geduld auf eine gute Idee zu warten oder auf einen Menschen, der uns weiterhelfen kann, oder auf eine Emotion, die uns wieder Hoffnung gibt.

Menschen, die in ihrer Kindheit viel allein ausprobieren

durften, aber auch immer wieder erlebt haben, dass jemand da ist, der ihnen hilft, wenn es nötig ist, können dieses Urvertrauen in das Gelingen ihrer Vorhaben leichter entwickeln. Für Menschen, die immer schon alle schwierigen Dinge in ihrem Leben allein lösen mussten, wird es umso wichtiger, sich der Kraft der Symbole zu öffnen, wie sie uns in den Märchen, in den Träumen und manchmal sogar im normalen Alltag begegnet. Wenn wir uns der Kraft der Symbole öffnen, gelingen uns die Dinge einfach leichter. Wir gewinnen mehr Kraft. Diese Erfahrung allein lohnt sich.

27
Die Kraft der Zahlen

Zahlen sind im Grunde Symbole. Sie bezeichnen nicht nur bestimmte Mengen, sondern nach den Erkenntnissen der Numerologie hat jede Zahl auch ihre ganz spezielle Kraft.

Die Kunst der Numerologie lässt sich Tausende von Jahren zurückverfolgen. Die Mayas wandten sie ebenso an wie die Mesopotamier und versuchten, durch Zahlen die Struktur des Universums zu erklären. Die jüdisch-mystische Kabbala-Lehre geht davon aus, dass Gott das Universum mit Hilfe von Buchstaben und Zahlen schuf. Bei der Erforschung der Pyramiden in Ägypten und Mexiko stieß man immer wieder auf bestimmte numerologische Zahlenstrukturen, die den Gesetzen des Pythagoras entsprechen.

Pythagoras lebte im 6. Jahrhundert v. Chr. als Philosoph und Mathematiker in Griechenland. Einige seiner Lehrsätze gehören heute noch zum Lernstoff an unseren Schulen. Weniger bekannt ist: Pythagoras sah in den Zahlen nicht nur ihre mathematischen Qualitäten, sondern er war der Überzeugung, dass jede Zahl auch eine mystische Bedeutung hat. Ohne die Natur der Zahl lässt sich nichts erfassen und erkennen. Die Macht der Zahl ist nach seiner Lehre in allem menschlichen Denken und Handeln erkennbar.

In den meisten Kulturen mit alter esoterischer Tradition achtete man die Lehre von der Symbolik der Zahlen hoch. Viele berühmte Leute nutzten sie. Von Napoleon Bonaparte zum Beispiel ist bekannt, dass er mit Hilfe der Numerologie die Führungsqualität seiner höheren Offiziere einschätzte.

In unserer Zeit gewinnen Zahlen eine immer größere Bedeutung, um den Menschen perfekt zu registrieren, zu kontrollieren und so Macht über ihn zu gewinnen. Das Computer-Zeitalter erfasst den Menschen in möglichst vielen seiner Eigenschaften und Lebensäußerungen durch Zahlenzusammenballungen, die weder Inhalt noch symbolische Bedeutung ergeben. So besteht der Mensch denn im Wesentlichen aus seiner Konto-, Versicherungs-, Personalausweis-, Pass-, Führerschein-, Blutgruppen- oder Organspenderausweis-Nummer. Alles wird registriert. Aber im Grunde ist das nicht mehr ein Mensch, der hier in seinem Wesen »erfasst« wird. Man teilt ihm nur noch bestimmte Ordnungsfaktoren zu. – In der Bibel heißt es noch: »Ich habe dich bei deinem Namen gerufen; du bist mein.«[56] Unser Name ist das, was unsere Identität und unsere Einmaligkeit ausmacht. Jedoch können Zahlen auch helfen, diese Einmaligkeit zu begreifen, wenn wir ihrem Symbolgehalt nachspüren. Aber das ist nicht Sache der Computer und nicht der Versicherungen oder Verwaltungsbehörden.

Die Qualität eines Hauses mit Hilfe von Zahlen erkennen

Vielleicht betrachten Sie das Folgende als Spiel. Aber möglicherweise stellen Sie sehr bald fest, dass viel mehr hinter der

Numerologie steckt. Mit dem Verstand allein lässt sich nicht begründen, dass Häuser aufgrund der Schwingungsqualität ihrer Hausnummer bestimmte Eigenschaften bei ihren Bewohnern entfalten und andere vielleicht eher in den Hintergrund treten lassen können. Wir bleiben also auch hier auf die Berichte anderer angewiesen, vor allem aber auf unsere eigenen Erfahrungen. Sie sind durch Expertenmeinungen nicht ersetzbar.

Die schamanische Heilerin Denise Linn trägt aufgrund ihrer Abstammung das Blut der Cherokee-Indianer in sich. So gewann sie Zugang zu deren Kultur und wertvollem überlieferten Wissen. Denise Linn spezialisierte sich auf das Klären von Energien in Wohnräumen und Gebäuden. Bei der Beratung ihrer Klientinnen und Klienten greift sie immer wieder auch auf ihre jahrzehntelangen Erfahrungen mit der Numerologie zurück:

»Wenn mich meine Klientinnen wegen eines beabsichtigten Kaufs oder Anmietens einer Wohnung um Rat fragen, rechne ich zuerst den numerologischen Wert des Hauses aus, um festzustellen, ob die Schwingung der Zahl mit der Energie der Klientin oder des Klienten harmoniert. Zum Beispiel konsultierte mich eine junge berufstätige Frau, die ständig unter Streß stand und sich beklagte, daß sie immer unterwegs sei, und die mal ein bißchen Frieden haben wollte. Ich fragte sie, wann denn der Streß angefangen habe, und sie erwiderte, er hätte begonnen, als sie in ihre derzeitige Wohnung einzog. Ich rechnete deren numerologischen Wert aus und kam auf eine Fünf; die Fünf besitzt die Energie von Aktivität und Bewegung. Das kann eine schwierige Energie werden, wenn Sie ein absolut friedliches Zuhause brauchen. (Für Aufregung und Abenteuer eignet sich eine Fünfer-Schwingung hingegen hervorragend, niemand stagniert in einem Fünfer-Haus.)

Natürlich beeinflussen viele Faktoren die Energie eines Zuhauses, aber die Numerologie spielt dabei eine wichtige Rolle. Ich hätte eine ganze Reihe von Dingen unternehmen können, um die Energie in der Wohnung dieser Frau zu verändern, aber da sie, wie sie mir sagte, ohnehin zu einem Umzug bereit war, konzentrierten wir uns auf die Numerologie der Häuser, die für sie in Frage kamen. Das erste Haus, an das sie dachte, hatte ebenfalls eine Fünfer-Schwingung, die ganz falsche Zahl für eine ein gehetztes Leben führende Person, die in ihrer Wohnung Ruhe und Frieden finden wollte. Das zweite Haus, nach dem sie mich befragte, hatte eine Sechser-Schwingung, und das war für sie genau das Richtige. Die Sechs besitzt eine Schwingung, die gut für Harmonie und Familie ist. Sie befolgte meinen Rat, zog in dieses Haus und berichtete mir, daß sie sich schon seit Jahren nicht mehr so entspannt und locker gefühlt habe.«[57]

Aber auch bei ihrer eigenen Wohnungwahl, so berichtet Denise Linn, hat sie sich immer wieder der Numerologie bedient, um die richtige Wahl zu treffen. Wenn sie zum Beispiel finanzielle Schwierigkeiten hatte, zog sie in ein Haus mit dem Zahlenwert Acht. Wollte sie mehr Zeit für sich haben, um an ihrem spirituellen Weg arbeiten zu können, suchte sie nach einem Haus mit einer Siebener-Schwingung.

Ich selbst habe meinen Wohnsitz innerhalb der vergangenen 20 Jahre dreimal verändert. Jedes Mal kam es mir in erster Linie darauf an, ein Zuhause in ruhiger Lage und mit gutem Kontakt zur Natur zu finden. Zwei dieser Häuser hatten die Neuner-Schwingung, eines die Siebener. In dem Siebener-Haus wohnte ich sehr lange und konnte mich dort sehr stark auf meine spirituelle Entwicklung konzentrieren. Beide Neuner-Häuser gaben mir die Ruhe, immer wieder Kraft aus der Natur zu schöpfen, und die Zurückgezogenheit, die ich brauchte, um Bücher zu schreiben. Selbst das Haus auf einer Nordseeinsel, in dem ich im Sommer oft lebe, hat die gleiche Neuner- und Siebener-Schwingung: Die Hausnummer enthält die Quersumme Neun, die Nummer der Wohnung selbst ist Sieben.

ÜBUNG

Wie Sie die spezielle Kraft Ihres Zuhauses nach den Gesetzen der Numerologie herausfinden können

● *Die Schwingungsqualität Ihrer Wohnung oder Ihres Hauses können Sie ganz einfach herausfinden, indem Sie die einzelnen Zahlen, aus denen die Hausnummer besteht, zusammenzählen:*

● *Wohnen Sie beispielsweise in der Bahnhofstraße 27, so ist die Schwingungszahl Ihrer Wohnung: 2 + 7 = 9.*
Sie wohnen also in einem Neuner-Haus. Lesen Sie im Folgenden unter Neun nach, wenn Sie die Eigenschaften Ihres Neuner-Zuhauses genauer kennen lernen möchten.

● *Wenn Sie in einem Apartmenthaus wohnen und nicht nur eine Hausnummer, sondern zuätzlich auch noch eine Apartment-Nummer haben, dann sind die Schwingungsqualitäten beider Zahlen von Bedeutung. Der stärkere Einfluss geht nach Ansicht der Numerologen allerdings von Ihrer Apartment-Nummer aus.*
Nehmen wir an, Sie wohnen in der Birkenallee Nr. 58, Appartment Nr. 37.
Die Schwingungsqualität des Wohnhauses ist:
5 + 8 = 13 = 1 + 3 = 4.
Die Schwingungszahl Ihres Apartments ist:
3 + 7 = 10 = 1 + 0 = 1.
Sie wohnen also in einem Vierer-Haus mit einer starken Einser-Schwingung Ihrer Apartment-Wohnung.

Wenn Ihre Hausnummer mit einem Buchstaben verbunden ist, z.B. 124 c, so können Sie den Buchstaben anhand der folgenden Tabelle einfach in eine Zahl umwandeln:

Tabelle zur Umwandlung von Buchstaben in Zahlen:

1	2	3	4	5	6	7	8	9
A	B	C	D	E	F	G	H	I
J	K	L	M	N	O	P	Q	R
S	T	U	V	W	X	Y	Z	

$124c = 1 + 2 + 4 + 3 = 10 = 1 + 0 = 1$.

Sie wohnen also in einem Haus mit einer Einser-Schwingung.

Wie die einzelnen Grundschwingungen beschaffen sind, können Sie in den hier folgenden Ausführungen zur Schwingungsqualität der Zahlen Eins bis Neun nachlesen.

Die Bedeutung der Grundzahlen Eins bis Neun

Eins

Die typische Schwingung der Zahl Eins in Stichworten: Unabhängigkeit, ein neuer Anfang, Einssein mit dem Leben, Selbstentfaltung, Individualität, Fortschritt, Kreativität.

Ein Zuhause mit einer Einser-Schwingung eignet sich besonders für Menschen, die sich auf individuelle und kreative Unternehmungen einlassen wollen. Wer in einem Haus mit der energetischen Schwingung Eins lebt, wird im Allgemeinen eher aus eigenen Erfahrungen als aus Anweisungen und Ratschlägen anderer lernen. Ein Einser-Wohnsitz ist für alle günstig, die ihrer eigenen Intuition folgen wollen und Wert darauf legen, ihren persönlichen Weg zu finden und ihn auf kreative und eigenwillige Weise zu gehen. Manchmal können hier starke Emotionen auftreten, besonders wenn mehrere eigenwillige Persönlichkeiten an dem Einser-Ort zusammenleben. Aber dabei handelt es sich um heilsame Emotionen, die oftmals Inspiration und Kreativität anregen. Auf Ordnung legen die Bewohner eines solchen Zuhauses meist nicht allzu großen Wert. Eher wird man in einer Einser-Wohnung auf kreatives Chaos treffen. Wenn Sie sich bisher stark um andere Menschen gekümmert haben und nun Ihre eigenen Interessen stärker in den Vordergrund stellen möchten, dann ist es günstig, in ein Einser-Haus zu ziehen. Sie werden sich dort mit großer Wahrscheinlichkeit selbstbewusster, unabhängiger und risikobereiter fühlen als bisher.

Zuweilen kann es geschehen, dass Sie sich in einem Einser-Haus isoliert und allein fühlen, selbst wenn sie mit anderen

Menschen dort zusammenleben. Vielleicht halten Ihre Mitbewohner Sie für egoistisch. Aber Sie isolieren sich zu Recht, damit Sie die für Ihren Lebensweg richtigen Entscheidungen ungestört treffen können.

Zwei

Die typische Schwingung der Zahl Zwei in Stichworten: Ausgleich zwischen Yin und Yang, zwischen weiblicher und männlicher Energie; Neigung zur Selbstaufgabe, die eigenen Interessen zurückzustellen; wechselseitige Anziehung; Erkenntnismöglichkeiten entstehen aus dem Ausgleich und dem Verschmelzen von Gegensätzen.

Ein Zuhause mit einer Zweier-Schwingung eignet sich besonders gut für zwei Menschen, die sich als enge Gemeinschaft verstehen. Es kann sich um Liebende, Ehepaare oder auch Interessengemeinschaften handeln. In einer Zweier-Schwingung zu leben ist, als ob zwei Kerzen mit einer Flamme brennen. Zwei Wesen leben einzeln, aber sie teilen dasselbe Licht. Menschen, die in einem Zweier-Haus leben, können gefühlsmäßig ungewöhnlich eng miteinander verbunden leben. Sie stimmen sich stark auf die Emotionen und Schwingungen ihrer Mitbewohner ein. Oft haben sie ein tiefes Verlangen nach Frieden und Harmonie. Streit ist nicht ihr Element. Meinungsverschiedenheiten regeln sie auf diplomatische Weise. Sie nehmen sich selbst eher zurück in ihrem eigenen Standpunkt und fühlen sich in die Situation ein. Die Perspektive anderer Menschen verstehen sie auf liebevolle Weise, ohne Probleme erst mit dem Verstand analysieren zu müssen. In einem Zweier-Haus kann sich eine erhöhte Empfindsamkeit für die Natur, die Musik, Kunst und Magie, aber auch für andere Menschen entwickeln.

Sanftheit und der Wunsch nach Harmonie stehen in einem Zweier-Haus im Vordergrund. Intuitive, manchmal sogar mediale Fähigkeiten lassen sich hier besonders gut entfalten. Die Zweier-Schwingung eignet sich hervorragend für das Zusammenwachsen in einer Partnerschaft.

Manchmal kann als Kehrseite hier eine Neigung zu Überempfindlichkeit auftreten, vor allem, wenn sich jemand zu stark um die Gefühle der anderen kümmert und dabei seine eigenen vernachlässigt. Dann ist es gut, auf die eigene innere Stimme zu hören, sie mit den Möglichkeiten der Meditation zu spüren. Manchmal fühlen andere Menschen sich ausgeschlossen, weil die Bewohner eines Zweier-Hauses den Eindruck erwecken können, als seien sie sich selbst genug.

Drei

Die typische Schwingung der Zahl Drei in Stichworten: Die Dreiheit von Körper, Geist und Seele; die dreifaltige Natur der Göttlichkeit im Christentum; Erweiterung; Expansion; Ausdehnung in die Welt hinein; Kommunikationsbereitschaft und -fähigkeit; Freude; Selbstausdruck; sich nach außen wenden und nach außen abgeben; Offenheit; Optimismus.

In einem Zuhause mit einer Dreier-Schwingung haben Sie die Möglichkeit, Ihr Leben positiv zu empfinden und zu gestalten. Hier können Sie Ihren Lebensplan entfalten. Ein Dreier-Haus eignet sich für das Gelingen der Kommunikation. Positives Denken führt zu entsprechend positiven Ergebnissen. Sie können hier Warmherzigkeit entfalten, Begeisterung entwickeln und sie auch leben. Die Dreier-Schwingung eignet sich für das Gelingen von Partys und gesellschaftlichen Ereignissen überhaupt. Sie fördert die Entfaltung der Lebensenergie auf körperlicher und geistig-psychischer Ebene. In einem Drei-er-Zuhause können sich Menschen aus unterschiedlichen Kulturkreisen begegnen und aufeinander zugehen. Hier lässt sich die machtvolle Energiequalität des Dreiecks und der Pyramide spüren.

Manchmal kann sich die Expansion in einem Zuhause mit Dreier-Schwingung zu schnell vollziehen. Dann besteht die Neigung, sich zu übernehmen, die eigenen Energien zu stark zu streuen, statt sie auf ein wesentliches Ziel auszurichten. Das kann sich mitunter nachteilig auf die finanzielle Situation auswirken und zu einem übergroßen Optimismus führen, der eine realistische Beurteilung der Lage erschwert. Aber für Spaß ist in einem Dreier-Haus meist reichlich gesorgt.

Vier

Die typische Schwingung der Zahl Vier in Stichworten: Sicherheit und Ganzheit; die vier Elemente der Natur, die vier Himmelsrichtungen und Jahreszeiten; Selbstdisziplin; Arbeit und Dienen; Produktivität; Organisation.

Ein Zuhause mit der Vierer-Schwingung kann viel Sicherheit geben. Die Vier symbolisiert die vier Wände. Sie bieten Schutz und Sicherheit und setzen zugleich klare Grenzen. Wenn Sie in Ihrem Leben viel an Unsicherheit erlebt haben, dann könnte ein Vierer-Haus das Richtige für Sie sein. Es fördert die Entfaltung des praktischen, zuverlässigen und erdhaften Teils Ihres Wesens. Er kann in einem Zuhause mit Vierer-Schwingung in den Vordergrund treten. Denn Vierer-Häuser schaffen eine starke und tragfähige Beziehung zu Mutter Erde. In einem solchen Zuhause öffnet sich der Zugang zu den eigenen Wurzeln. Wenn aber eine gute Erdung besteht, dann erhalten unsere Träume, Wünsche und Visionen das sichere Fundament, das sie brauchen, um sich verwirklichen zu können. So finden Sie Zugang zu den Quellen Ihrer Kraft. Sie fühlen sich standfest und sicher in den Stürmen, die um Sie herum toben. Mit großer Wahrscheinlichkeit werden Sie hier auch die Früchte Ihrer Arbeit genießen können. Ihre Arbeit schafft Ihnen Befriedigung und gibt Ihnen Sicherheit. Ein Vierer-Haus fördert Beständigkeit und Ausdauer in der Arbeit. Hier lassen sich Grundlagen für die Zukunft schaffen. Von einem Haus mit Vierer-Schwingung fühlen sich oft Menschen angezogen, die in sozialen Berufen, im Dienst für andere Menschen arbeiten, beispielsweise in der Krankenpflege, in Kindergärten, Schulen oder Kirchen. Ein solches Haus eignet sich besonders für Gruppen von Menschen, die an einem gemeinsamen Ziel arbeiten. Die Schwingung eines Vierer-Hauses lässt sich verstärken, wenn Sie Kontakt zu den vier Naturelementen aufnehmen, indem Sie den Geist der Luft, des Wassers, des Feuers und der Erde bitten, die Schwingung Ihres Hauses zu stärken. Wenn Sie Gartenarbeit lieben, wird ein Vierer-Haus wahrscheinlich für Sie das Richtige sein. Denn bei diesem Hobby können Sie den Kontakt zur Erde besonders intensiv pflegen.

Manchmal kann das Leben in einem Vierer-Haus zu einer Überbetonung der Arbeit führen. Wichtig ist, die spielerisch leichte Seite des Lebens im Auge zu behalten und für ein gesundes Gleichgewicht zwischen Arbeit und Erholung zu sorgen. Auch kann die Neigung zu materiellem Festhalten und zu Eigensinn in einem Haus mit Viererschwingung bestehen. Versuchen Sie, die Dinge locker zu sehen! Das Leben ist ein Spiel, wenn wir ihm erlauben, ein Spiel zu sein.

Fünf

Die Schwingung des Fünfer-Hauses in Stichworten: Freiheit, Emanzipation, Aktivität; impulsives, energisches Handeln; Abenteuerlust, Erfindungsreichtum, Neugier, Aufregung, Veränderungen.

Ein Zuhause mit einer Fünfer-Schwingung vibriert vor Lebendigkeit und fortgesetzten Veränderungen. Wenn Sie das Gefühl haben, dass sich in Ihrem Leben nichts bewegt, dass Sie auf der Stelle treten, dann ist ein solches Zuhause für Sie genau das Richtige. Die Fünf bürgt für Veränderung, Bewegung und viel Aktivität. Mit ihr lebt man wie auf einem Karussell. Das Leben ist hier voll Aufregung und Abenteuer. Das Fünfer-Zuhause bietet die geeignete Basis für Versammlungen, Party-Besuche, Telefonanrufe, Reisen und Ausflüge. Hier geht es zu wie in einem Bienenhaus, ein ständiges Kommen und Gehen. Bewohner eines Fünfer-Hauses sind oft der Mittelpunkt für alle möglichen Aktivitäten. Wenn Sie Ihre Kommunikationsfähigkeit verstärken wollen, wohnen Sie hier richtig. Die Schwingung dieses Hauses wirkt geistig anregend. Sie fördert Sammeln von Informationen und Erfahrungen und deren schnellen Austausch. Für Journalisten, Makler oder Angehörige ähnlicher Berufe ist dies der richtige Ort, wenn sie zu Hause arbeiten wollen. Auch feiern lässt es sich in einem Fünfer-Haus meist hervorragend. Es steigert die persönliche Anziehungskraft und fördert romantische Beziehungen. Für Menschen, die gern allein und zurückgezogen leben möchten, ist dies sicher nicht der richtige Ort.

Normalerweise können Sie Ihrer Intuition vertrauen, wenn Sie in einem Haus mit Fünfer-Schwingung leben. Doch manchmal fördert hier das etwas atemlose Lebenstempo übereilte Entscheidungen. Verlangsamen Sie dann das Tempo. Holen Sie erst einmal tief Luft und denken Sie sorgfältig nach, ehe Sie in wichtigen Fragen entscheiden.

Sechs

Die Schwingung des Sechser-Hauses in Stichworten: innere Ausgeglichenheit; Mitgefühl und Nächstenliebe; soziale Verantwortung; Dienst am Mitmenschen und an der Gemeinschaft; Großzügigkeit; Schönheit; Interesse an Kunst und Förderung der Künste.

Ein Zuhause mit einer Sechser-Schwingung fördert Harmonie und Ausgeglichenheit. Diese Schwingung eignet sich besonders für das Zusammenleben in einer Familie, vor allem dann, wenn heranwachsende Kinder mit ihren unterschiedlichsten Interessen integriert werden müssen. Sie fördert das Gefühl, etwas Positives für die Gemeinschaft zu tun und anderen helfen zu wollen. Eigene künstlerische Fähigkeiten lassen sich in einem Sechser-Haus besonders gut entfalten. Fürsorgliche Eigenschaften treten ebenfalls in den Vordergrund. Angehörige beratender Berufe, die zu Hause arbeiten, werden feststellen, dass sie sich hier auf liebevolle Weise in die Interessenlage ihrer Klientinnen und Klienten einfühlen können. In einem Sechser-Zuhause spielt der Familiensinn eine starke Rolle. Enge, liebevolle Beziehungen zur Partnerin oder dem Partner, den Kindern, Freundinnen und Freunden oder Familienangehörigen gedeihen hier besonders gut. Die Gestaltung des Heims und seiner unmittelbaren Umgebung tritt in den Vordergrund.

Manchmal fördert die Sechser-Schwingung die Neigung, anderen zu viel an persönlicher Kraft abzugeben. Deshalb kann es wichtig sein, für Ausgewogenheit zwischen dem Geben an andere und dem Wahren der eigenen Interessen zu sorgen. Manchmal kann die angenehme und ausgeglichene Atmosphäre eines Sechser-Hauses auch zu große Zurückgezogenheit fördern. Wenn Sie diese Neigung an sich selbst bemerken, sollten Sie aktiv am Geschehen in der Welt um Sie herum teilnehmen.

Sieben

Die Siebener-Schwingung in Stichworten: mystische Neigungen; symbolisiert die Weisheit, Orientierung nach innen; Geburt und Wiedergeburt; Religiosität im weitesten Sinne; spirituelle Rituale; Einsamkeit als Weg; Analyse; meditative Betrachtung des Lebens. Ein Zuhause mit einer Siebener-Schwingung ist ein Ort der Zurückgezogenheit und der meditativen Besinnung. Es bietet Ihnen reichhaltige Chancen, Erfahrungen aus der Vergangenheit und der Gegenwart zu analysieren. Großes Gewicht liegt dabei auf der spirituellen Entwicklung. Ein Siebener-Haus eignet sich hervorragend für Menschen, die allein leben, sich zurückziehen und meditieren wollen und göttliche Inspiration suchen. Wenn mehrere Personen sich das Siebener-Zuhause teilen müssen, kann es manchmal ein wenig schwierig werden, wenn nicht alle den meditativen Weg gehen möchten. Das Siebener-Haus eignet sich gut auch zum Forschen oder Studieren, denn die Siebener-Schwingung fördert konzentrierte geistige Arbeit ganz allgemein, besonders aber die Intuition, die Träume, telepathisches Erleben und alle jene Erfahrungen, die Ihnen helfen, Ihren persönlichen Weg im Leben zu finden und zu gehen.

Das Siebener-Haus ist kein Ort für Menschen, die den materiellen Erfolg suchen. Die Siebener-Energie fördert stärker spirituelle Werte als irdischen Besitz und Reichtum. Auch wenn Sie gern eine Beziehung aufnehmen möchten, eignet sich ein Siebener-Haus nicht unbedingt, weil es eher die Neigung zum Alleinsein und zur Distanz fördert.

Acht

Die Achter-Schwingung in Stichworten: Fülle; Unendlichkeit; Unbegrenztheit; Autorität; Führungsqualität; materieller Wohlstand; Belohnung; kosmisches Bewusstsein.

Ein Zuhause mit einer Achter-Schwingung begünstigt Fülle in allen Lebensbereichen, in der Freundschaft wie im Familienleben und im Besitz. Wenn Sie die materielle Seite Ihres Lebens positiv beeinflussen wollen, dann wohnen Sie günstigerweise in einem Haus mit einer Achter-Schwingung. Die Acht fördert organisatorische Begabungen und Managementfähigkeiten. Beide tragen zu wachsendem materiellen Erfolg bei. Wenn Sie diszipliniert und hart arbeiten, bestehen unter dem Einfluss der Achter-Schwingung gute Chancen, eine Machtposition zu erreichen. Vielleicht haben Sie sich in den zurückliegenden Jahren besonders stark auf Ihre spirituelle und emotionale Entwicklung konzentriert und dabei den materiellen Dingen weniger Aufmerksamkeit gewidmet. Dann kann ein Achter-Haus für Sie den richtigen Ausgleich herbeiführen. Denn es fördert finanzielle Macht und Fülle, ebenso aber auch allerlei Ehrungen, Preisgewinne und öffentliche Anerkennung. Die Acht ist eine Schwingung, welche zur Ganzheit hinführt. Deshalb entwickeln sich Beziehungen unter ihrem Einfluss oft im körperlichen, seelischen und geistigen Bereich in gleicher Weise positiv.

Wichtig ist, dass Sie unter dem Einfluss der Achter-Schwingung auch das Wohl der anderen im Auge behalten und den Einsatz Ihrer finanziellen Möglichkeiten klug planen. Sonst kann es geschehen, dass Sie sich in einem Achter-Haus dauerhaft mit dem Problem des Überflusses auseinander setzen müssen.

Neun

Die Neuner-Schwingung in Stichworten: Menschenfreundlichkeit, Selbstlosigkeit; das eigene Leben anderen Menschen widmen; Vollendung und Beendigung; Befreiung; umfassendes Mitgefühl; Toleranz; Weisheit.

Ein Zuhause mit einer Neuner-Schwingung eignet sich ausgezeichnet, wenn Sie die Ernte Ihrer bisherigen Bemühungen einbringen wollen. Mitgefühl und Liebe zu den Menschen können hier besonders gut wachsen und sich entfalten. Die Neuner-Schwingung ermöglicht es, über die eigenen Grenzen hinauszuschauen. Die Erkenntnisse Ihres Lebens lassen sich hier an andere weitergeben. In einem Neuner-Zuhause kann eine fast prophetische Tiefe an Weisheit erreicht werden. Es gelingt, Abstand von den kleinen Problemen und Ärgernissen des Lebens zu gewinnen. Alte Freundschaften nehmen an Bedeutung zu. Andere Menschen können sich von Ihrem Mitgefühl und Ihrer Weisheit angezogen fühlen. In einem Neuner-Haus lassen sich viele im Leben angefangenen Dinge zu einer sinnvollen Einheit verbinden und vollenden. Wenn Sie hier Ihre Wahrheit leben, dann werden andere Sie als Vorbild ansehen und gern von Ihnen lernen.

Unter dem Einfluss der Neuner-Schwingung können Sie zu stark das Wohl der Menschen im Blickfeld haben, darüber aber die einfachen, kleinen Bedürfnisse des Lebens übersehen. Auch aus dem Genießen der alltäglichen Dinge, das kann zum

Beispiel eine einfache Mahlzeit oder ein Glas Wein oder ein wenig Zärtlichkeit sein, wächst viel an Lebensfreude und an Lebenskraft.

Meisterzahlen

Meisterzahlen lassen sich zwar immer noch in kleinere Zahlen auflösen. Aber auf Grund ihrer besonderen Beschaffenheit haben sie nach alter Überlieferung eine eigene Bedeutung:

11 Ihre Schwingung eignet sich besonders, um die eigene Intuition, manchmal auch Hellsichtigkeit, spirituelle Heilfähigkeiten und andere mediale Begabungen zu fördern.

22 Sie fördert alle Fähigkeiten nicht nur auf spirituellem Gebiet, sondern auch im körperlichen, psychischen und geistigen Bereich – bis hin zu vollendeter Meisterschaft.

33 Nach alter numerologischer Lehre ist unter dem Einfluss dieser Schwingung einfach jede Entfaltung zu vollendeter Meisterschaft möglich.

Steckt hinter dem Zahlenspiel ein Stück Lebensplan?

Nicht immer haben wir in unserem Leben die Möglichkeit, unsere Wohnung frei nach der Schwingung auszuwählen, von der wir meinen, sie sei gerade besonders günstig für unsere Entwicklung. Viele Entscheidungen sind uns einfach vorgegeben. Da bleibt kaum Möglichkeit zu wählen. Das bedeutet aber nicht, dass hier blinder Zufall wirkt. Jede Schwingung hat ihren eigenen Reiz. Ihn anzunehmen und zu genießen fällt uns leichter, wenn wir den dahinter stehenden Lebensplan erkennen. Wenn wir ihn akzeptieren, dann gibt uns jede Schwingung genau das, was wir zu diesem Zeitpunkt unseres Lebens für unsere persönliche Entwicklung brauchen. Es ist ein Unterschied, ob wir unsere Wohnung mit ihrer Schwingungsqualität als Ergebnis blinden Zufalls sehen, oder ob wir in ihr ganz bewusst eine Chance zur Entfaltung in uns angelegter Möglichkeiten erkennen. Konkret bedeutet das: Wir würden vielleicht lieber das kommunikativ-fröhliche Leben in einem Zuhause mit Dreier-Schwingung leben, stattdessen zwingen uns die Umstände in die Zurückgezogenheit einer Siebener-Wohnung mit all ihren spirituellen Entwicklungsmöglichkeiten. Vielleicht sind diese ja gerade jetzt wichtiger für unsere Entwicklung, auch wenn wir das im Augenblick anders sehen.

Ihre persönliche Schwingungsqualität oder die Ihres Partners

Zwar geht es in diesem Kapitel in erster Linie um Häuser und Wohnungen. Aber da Sie nun schon Erfahrung im Umgang mit Kraftsymbolen gewonnen haben, wird es Ihnen nicht schwer fallen, diese Aussagen auf Personen zu übertragen. In der Sprache der Träume und Symbole steht das Haus ohnehin für die Person des oder der Träumenden. Wer von einem Haus träumt, träumt fast immer von sich selbst. Sogar der Ort im

Haus, an dem sich der Traum abspielt, gibt Aufschlüsse über seine Botschaft: So ist der Keller fast immer der Ort des Unbewussten, der Dachboden symbolisiert den Intellekt, den Ort des Denkens. Und bei Träumen, die sich im Badezimmer oder in der Toilette abspielen, geht es im Allgemeinen um Probleme der psychischen Entlastung und Reinigung. Das ist nichts Ausgedachtes, sondern eine Erfahrung, die sich bei der Deutung von Tausenden und Abertausenden Träumen immer wieder bestätigt. Sie ermöglicht uns auf einfache Weise, die Aussagen über die Zahlenqualität von Häusern auch auf Menschen anzuwenden. Probieren Sie es!

Alles das, was in diesem Kapitel über die Schwingungsqualität eines Hauses gesagt ist, gilt in gleicher Weise für uns Menschen. Jeder Mensch hat eine bestimmte Schwingungsqualität. Sie lässt sich aufgrund seines Geburtsdatums leicht finden. Auf diese Weise können Sie Ihre eigene Grundschwingung ermitteln, aber auch die Ihrer Partnerin oder Ihres Partners.
Hierzu folgendes Beispiel:

Nehmen wir an, Sie sind am 14.11.1952 geboren. Um Ihre persönliche Zahlenschwingung herauszufinden, brauchen Sie nur alle einzelnen Zahlen Ihres Geburtsdatums zusammenzählen:
$1 + 4 + 1 + 1 + 1 + 9 + 5 + 2 = 24$.
Die Zahl 24 lösen Sie wieder in ihre Einzelzahlen auf und zählen sie zusammen: $2 + 4 = 6$.
Ihre persönliche Schwingungszahl ist also die Sechs. Lesen Sie nun unter Sechs nach, wie diese Grundschwingung beschaffen ist.

28
Runen als Symbole der Kraft

Runen sind seit alter Zeit starke Symbole der Kraft. Wer mit ihnen umgeht, kann bestimmte Kräfte in sich selbst fördern. Jede der 18 Runen, die es gibt, hat ihre besondere Kraftqualität. In diesem Kapitel erfahren Sie, wie Sie die Kraft der einzelnen Runen herausfinden und am besten für sich selbst nutzen können.

Wie Sie mit Runen umgehen können

Die bekannteste und wohl auch wirksamste Art des Umgangs mit der Kraft der Runen ist die Runen-Meditation. Hierzu gibt es mehrere Möglichkeiten:

Sie können sich die Rune, mit deren Kraft Sie in Kontakt treten möchten, auf ein Blatt Papier oder Pappe aufzeichnen oder sie in ein Holztäfelchen einritzen. So erhalten Sie eine optische Hilfe für Ihre Meditationsübung. Günstig ist auch, wenn

Sie diese Runenabbildung an einer Stelle in Ihrer Wohnung aufstellen oder aufhängen, wo Sie sie oft sehen.

Eine andere meditative Runen-Übung besteht darin, dass Sie sich bestimmte Meditationssätze aussuchen, die in diesem Buch zu jeder Rune angegeben sind, und sich diese Sätze in Ihrer täglichen Meditation immer wieder sagen. So kann sich ihre Wirkung am besten in Ihrem Unbewussten verankern.

Die Form von Runen mit dem eigenen Körper nachzustellen ist eine Möglichkeit, gleichsam wie eine Antenne kosmische Kraft aufzunehmen. Sie sollte am besten draußen in der Natur, in der Nähe kraftvoller Bäume ausgeübt werden.

Außerdem gibt es noch die Möglichkeit, Runenmudras zu bilden. Statt mit dem ganzen Körper werden bei dieser Übung bestimmte Runenformen mit der Hand gebildet. Auf diese Weise kann man unauffälliger und ohne großen Aufwand üben. An den alten Götterdarstellungen in Asien fällt immer wieder die besondere Haltung der Hände auf. Jede von ihnen hat ihren eigenen Sinngehalt.

Bei den Runen-Mantra-Übungen spricht oder singt man bestimmte Laute, die jeder Rune zugeordnet sind. Ähnliche Übungen mit Mantras aus Lauten oder Silben sind von den Mönchen aus den Klöstern des Ostens her bekannt. Sie werden dort seit Jahrtausenden angewandt.

Wenn Sie Erfahrung im Umgang mit dem Pendel haben, ist es leicht, die für Sie jeweils richtige Rune mit Hilfe der folgenden Tabelle herauszufinden.

Ich selbst habe solche Versuche mehrfach im Abstand von einigen Monaten mit geschlossenen Augen durchgeführt und bin dabei immer wieder auf dieselbe Rune gestoßen.[58] Wenn Sie keine Beziehung zum Pendeln haben, lesen Sie sich am besten die Beschreibungen über die unterschiedliche Kraft der einzelnen Runen in diesem Kapitel durch. Fühlen Sie dann in

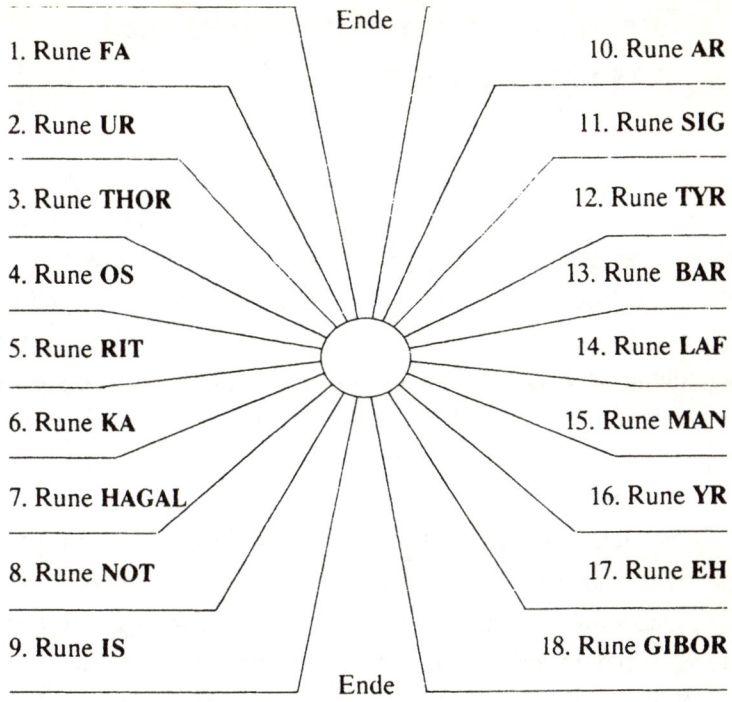

Ende

1. Rune **FA**	10. Rune **AR**
2. Rune **UR**	11. Rune **SIG**
3. Rune **THOR**	12. Rune **TYR**
4. Rune **OS**	13. Rune **BAR**
5. Rune **RIT**	14. Rune **LAF**
6. Rune **KA**	15. Rune **MAN**
7. Rune **HAGAL**	16. Rune **YR**
8. Rune **NOT**	17. Rune **EH**
9. Rune **IS**	18. Rune **GIBOR**

Ende

Tabelle zum Auspendeln der Runen (nach Florek 1996, 116)

sich hinein und versuchen Sie zu spüren, mit welcher Runen-Kraft Sie in näheren Kontakt treten möchten. Vielleicht ist es die Kraft mehrerer Runen, von der Sie sich angesprochen fühlen. Dann nehmen Sie mit jeder von ihnen meditativen Kontakt auf. Sie werden bald spüren, was sie Ihnen jeweils zu sagen hat und wie sich ihre spezielle Wirkung am besten entfaltet.

Woher die Runen kommen und was sie bedeuten

Überall in den alten nordischen Sprachen ist das Wort »Rune« vertreten: Im Angelsächsischen kommt es als RUN vor, im Gotischen als RUNA, im Isländischen heißt es RUNAR, in der althochdeutschen Sprache RUNER. Und überall trägt dieser Begriff die Bedeutung von »Geheimnis«, »geheim« oder »geheimes Wissen«. Selbst im modernen Hochdeutsch steckt er noch immer in dem Wort »raunen« im Sinne von »flüstern« oder »geheimnisvoll murmeln«.

Ursprünglich sind die Runen offenbar eine Art kultischer Schriftzeichen gewesen. Der Sage nach soll Odin der Schöpfer der Runenmagie gewesen sein. Odin wieder bringt man mit dem sagenumwobenen untergegangenen Atlantis in Verbindung, von dem schon in alten Schriften aus vorchristlicher Zeit die Rede ist. Plato (427-347 v. Chr.) beschreibt Atlantis als einen Inselstaat mit äußerst hoch entwickelter Kultur, der größer als das heutige Asien gewesen sein soll. Das Rätselraten um diesen geheimnisvollen Kontinent, wo er gelegen haben könnte, warum er unterging und ob hier außerirdische Götter ihre Hand im Spiel gehabt haben könnten, hat seitdem nicht mehr aufgehört. Ein bedeutender Autor unserer Zeit, Günter Grass, lässt in seinem Roman *Die Rättin* eine Gruppe emanzipierter Frauen Atlantis per Schiff in der Ostsee suchen, während diesmal die ganze übrige Kultur untergeht und nur Ratten überdauern.

Sosehr ihre Ursprünge im Dunkel liegen: Verbreitet war die Runenlehre jedenfalls jahrtausendelang im keltisch-germanischen Raum. Schriftliche Aufzeichnungen über sie kennen wir aus der *Edda*, einer wichtigen Sammlung alter Götter- und Heldenlieder aus Island. Doch sie entstand erst im 9. bis 13. Jahrhundert. Wer immer sie aufschrieb, er wusste, dass es sich um keine leichte Kost handelt. Denn in der *Edda* heißt es: »Und sind dir diese Sprüche, du Menschensohn, auch auf lange Zeit hinaus nicht erlernbar – wenn du sie dann endlich begreifst, nutze sie, vernimmst du sie. Heil dir, behieltest du sie.«

Textausschnitt aus der Edda, *der berühmten Sammlung von Götter- und Heldenliedern, nach einer Handschrift aus dem 13. Jahrhundert. Die* Edda *enthält auch wertvolle Aussagen über die Kraft der Runen.*

Wie die Runen wirken

Dass von den Runen eine starke, oftmals heilende Kraft ausgeht, war für frühere Kulturen offenbar vollkommen selbstverständlich. Doch wir Menschen zu Beginn des 21. Jahrhunderts verlangen eine Erklärung für das Wirken der Runen, welche der Kontrollinstanz unseres Verstandes standhält. Immerhin liegt der Nazi-Missbrauch mit Runenmagie kaum mehr als ein halbes Jahrhundert zurück. Und die Rückfallgefahr scheint für viele noch immer nicht ganz gebannt. Als vor kurzem die Deutsche Post AG eine Briefmarke mit runenähnlichen Zeichen herausbrachte, schrie ein Teil der Presse gequält auf. Daraufhin verschwand die Marke schnell wieder vom Markt. Und allenfalls bei einem Häuflein von Briefmarkensammlern wird sie Glücksgefühle größeren Umfangs ausgelöst haben.

Wie aber wirken Runen? – Reinhard Florek, Autor und Experte auf dem Gebiet der Runenarbeit, geht davon aus, dass unser Körper wie eine Antenne kosmische Schwingungen aufnehmen kann, wenn er bestimmte Runenhaltungen einnimmt.[59] So unwahrscheinlich ist dieses Erklärungsmodell nicht, wenn wir uns an die in Kapitel 13 beschriebenen Beobachtungen der amerikanischen Anthropologin Felicitas Goodman erinnern. Sie stellte bei ihrer Trancearbeit in Gruppen und Workshops immer wieder fest, dass bestimmte Körperhaltungen das Entstehen jeweils typischer Wachtraumbilder bewirken, die zu uralten kultischen Ritualen gehören.[60]

Die überzeugendste Erklärung für die Wirkung der Runen liefert das bereits mehrfach erwähnte, von dem britischen Biologen Rupert Sheldrake entwickelte Modell der morphischen Felder.[61] Nach Sheldrakes Auffassung gibt es Schwingungsfelder, in denen alles Wissen der Menschheit gespeichert ist. Offenbar stehen uns etliche wirksame Möglichkeiten zur Verfügung, Kontakt zu solchen Schwingungsfeldern oder – mit C.G.Jung ausgedrückt – zum kollektiven Unbewussten der Menschheit aufzunehmen, um das darin enthaltene Wissen »anzuzapfen« und seine heilende Kraft zu nutzen. Diesen Kontakt herzustellen gelingt uns in manchen unserer Nachträume, in meditativen Wachträumen, in vielerlei Zuständen eines veränderten Bewusstseins und schließlich auch, wenn wir bestimmte Körperhaltungen einnehmen, wie sie aus schamanischen Ritualen fast aller alten Kulturen bekannt sind. Bilden Menschen mit ihrem Körper bestimmte Runenformen nach, so entsteht offenbar ein Zugang zu der im Laufe von Jahrtausenden gespeicherten rituellen Kraft dieser Runen.

Jede der insgesamt 18 Runen hat eine ganz spezielle Kraft. Diese Kraft lässt sich jeweils in einem für sie typischen, für Meditationen geeigneten Leitsatz bündeln.

Die Kraft der einzelnen Runen

Die FA-Rune (1)

Meditationssätze

Die Liebe in mir gibt mir Schöpferkraft.
Ich bin ein Teil des Universums.
Und in mir wirkt alle Kraft des ganzen Kosmos.

Wirkungskraft

Die FA-Rune ist die Rune der Neugestaltung. Sie gibt dem Leben neue Impulse. Unter ihrem Einfluss ist es möglich, sich auf die eigene Kraft zu besinnen und einen positiven Neuanfang zu wagen.

Sie begünstigt inneren und äußeren Wohlstand durch zielgerichteten Einsatz der eigenen Energien. Ihre Wirkung ist dann besonders notwendig, wenn immer wieder Fehlschläge im Leben eintreten, wenn wir Mangel in geistiger oder materieller Hinsicht erleiden, wenn Unbeständigkeit und das Gefühl von Sinnlosigkeit das Leben belasten und beispielsweise zu häufigem Wechsel von Beruf, Wohnort und Beziehungen führen.

Die Kraft der FA-Rune fördert Beständigkeit. Unter ihrem Einfluss gelingt es uns besser, unsere Ziele in dieser Welt zu verwirklichen. Ruhe, Kraft und Festigkeit treten an die Stelle von Nervosität und innerer Zerrissenheit.

Die UR-Rune (2)

Meditationssätze

In mir ist die Kraft der Natur und der Mutter Erde.
Sie heilt alle Wunden.

Wirkungsweise

Die UR-Rune gilt als die Rune der Heiler. Sie wirkt überall dort, wo die Kräfte und die Geister der Natur gerufen und um ihre Hilfe gebeten werden.

Krankheiten können in unserem Leben Herausforderungen enthalten. Wenn wir sie als solche begreifen, stellen sie Chancen für unsere persönliche Entwicklung dar. Ähnliches gilt für andere Missgeschicke und Schicksalsschläge. Begreifen wir ihre Botschaft, so sind wir imstande, die Richtung unseres Lebens entscheidend zum Positiven hin zu verändern.

Unter dem Einfluss der UR-Rune erkennen wir die Signale unseres Körpers oft klarer. So brauchen wir Krankheiten bald nicht mehr, um uns in unserem Leben weiterzuentwickeln. Unsere Empfindsamkeit für die Kräfte der Natur erhöht sich. Und wir erleben die Natur nicht mehr als etwas von uns Getrenntes, sondern als Bestandteil unseres Lebens, aus dem wir heilende Kraft gewinnen können. Diese Heilkraft wirkt nicht nur gegen Krankheiten, sondern sie bringt uns zugleich auf unserem Weg der Entfaltung unserer Persönlichkeit, auch der in uns ruhenden Begabungen, voran.

Die THOR-Rune (3)

Meditationssätze

Durch mich fließt starke Lebenskraft.
Sie heilt alle Beziehungen.

Wirkungsweise

Ähnlich wie die UR-Rune (2) gilt auch die THOR-Rune als Zeichen der Heiler im weitesten Sinne. Sie gibt Kraft, mit heilenden Schwingungen zu arbeiten. Wo die natürliche Lebensenergie ins Stocken gerät, dort erfahren wir nicht nur Krankheit, sondern oftmals auch Feindschaften, Trennung, Einsamkeit, Intrigen und Misstrauen.

Die Kraft der THOR-Rune öffnet Körper, Seele und Geist für positives Erleben. Unter ihrem Einfluss lässt sich das Staunen neu lernen, ebenso die Begeisterung und Entdeckerfreude, wie sie die Kinder noch haben. Wir öffnen uns dem Vertrauen in die Welt neu. So lassen sich wesentliche Lebensziele verwirklichen. Partnerschaften gelingen und auf allen unseren Unternehmungen ruht Segen.

Die OS-Rune (4)

Meditationssatz

Macht und Verantwortung, Worte und Taten
stehen in Einklang miteinander.

Wirkungsweise

Die OS-Rune wirkt körperlicher und geistiger Kraftlosigkeit entgegen – vor allem, wenn wir das in uns angelegte schöpferische Potential nicht erkennen und nicht leben. Es besteht dann die Gefahr, Schaden durch Missbrauch von Macht zu erleiden. Die OS-Rune verhilft nach alter Lehre zu hoher geistiger Kraft. Sie schärft das Urteilsvermögen und gibt den Worten Überzeugungskraft. Reden und Handeln stehen in Einklang miteinander. Auf diese Weise ist es möglich, einen fruchtbaren Boden zu schaffen, auf dem sich alle kreativen Kräfte voll entfalten können.

Die RIT-Rune (5)

Meditationssatz

Die Klarheit des Denkens löst Konflikte,
Gewalt und Unrecht auf.

Wirkungsweise

Ist der Glaube an eine wie auch immer beschaffene höhere Führung im Leben abhanden gekommen, so breitet sich häufig Sinnlosigkeit im Leben aus. Wir empfinden unser Leben dann

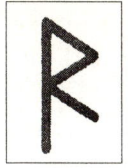

als belanglos und zufällig und leiden oft unter Energieverlust. Häufiger Ärger mit Behörden, Ungerechtigkeiten, die uns widerfahren, Disharmonien im Privatleben, persönliche Angriffe, Diffamierungen und Gefühle von Hilflosigkeit sind einige Beispiele für die Folgen, die eintreten können, wenn wir unsere Mitte verloren haben.

Mit Hilfe der RIT-Rune gelingt es, den Kontakt zu unserem höheren Selbst zu festigen. Das Leben gewinnt wieder an Perspektiven. Wir erhalten Kraft, zielgerichtet zu denken und zu handeln. Und wir gewinnen mehr innere Freiheit. Das Konfliktpotential geht zurück. Gewalt, Unrecht und Disharmonie verlieren an Bedeutung im Leben.

Die KA-Rune (6)

Meditationssätze

Männliche und weibliche Energien
schwingen in lebendigem Ausgleich miteinander.
Sie entfalten alle Kreativität in mir.

Wirkungsweise

Die KA-Rune verbindet männliche und weibliche Energien, Yin und Yang, in uns. Wo diese Energien frei und in Einklang mit der Natur schwingen, erleben wir viel Lebensfreude und Erfolg beim anderen Geschlecht. Auch spüren wir, wie ungeheuer viel an Kreativität in uns vorhanden ist.

Wenn wir uns immer wieder als Versager empfinden oder unbegreifliche Rückschläge und Schwierigkeiten mit unserer

Partnerin oder unserem Partner erleiden, kann die Kraft der KA-Rune helfen, unser Gefühlsleben ausgeglichener und harmonischer zu gestalten.

Die KA-Rune gilt als Erfolgsrune für Künstler schlechthin. Mit ihrer Hilfe lässt sich die persönliche Ausstrahlung verstärken.

Die HAGAL-Rune (7)

Meditationssätze

In mir ist die Kraft der Sonne.
Ich lebe in Einklang
mit den schöpferischen Energien der Natur.

Wirkungsweise

Die HAGAL-Rune gilt seit uralter Zeit als die Feuerschutz-Rune. Mit ihrer Hilfe lernt man zu unterscheiden zwischen dem, was den Lebensfluss hindert, und dem, was ihn fördert. Sie ermöglicht es, mit den Kräften der Natur in Einklang zu leben.

Der Einfluss der HAGAL-Rune ist überall dort von Bedeutung, wo ein Verlust der Existenzgrundlagen droht, wo Unfälle durch Unachtsamkeit entstehen, wo Menschen sich schutzlos den Naturgewalten ausgeliefert fühlen oder wo ganz allgemein eine zu starke Abhängigkeit von äußeren Einflüssen besteht. Unter ihrer Wirkung erkennen wir, dass die Materie von Geist erfüllt und deshalb durch den Geist beeinflussbar ist. Die HAGAL-Rune schützt vor negativen Einflüssen. Sie ist die Rune der Dichter, Philosophen und Sonnenpriester. Denn sie alle schöpfen aus dem gesamten Wissen der Menschen, das sich seit Jahrtausenden angesammelt hat und über das kollektive Unbewusste abrufbar ist.

Die NOT-Rune (8)

Meditationssatz

Angst und Not zeigen mir Wege
zur positiven Veränderung in meinem Leben.

Wirkungsweise

 Erst indem wir unsere Not erkennen, können wir das Notwendige tun, um sie zum Guten zu verändern. Hinschauen ist dazu erforderlich, unsere Schattenseiten wahrnehmen, selbst wenn dies mitunter ein sehr schmerzhafter Prozess ist. Verdrängen kann zwar in einer Panik-Situation manchmal lebensrettend sein. Denn manche Erlebnisse sind so schmerzhaft, dass wir sie nicht ertragen könnten, wenn wir ihre ganze emotionale Tragweite sofort in einem einzigen Augenblick erfassen würden. Aber Verdrängen ist niemals eine Dauerlösung. Deshalb hilft nur, unsere Not anzuschauen, selbst dort, wo es um sehr schmerzhafte psychische Verletzungen geht.

Die NOT-Rune ist vor allem dort hilfreich, wo es um Angst vor dem Tod geht, um Trennungsängste jeder Art, um Prüfungsangst, Streitigkeiten, Gefühle von Hass und Ärger, um Krankheit, Leid und um Ablehnung unseres als Prüfung empfundenen Schicksals. Sie stärkt das Durchhaltevermögen in Krisensituationen, lässt uns durch Erfahrung lernen und gibt mehr Selbstsicherheit.

Die IS-Rune (9)

Meditationssätze

Schwierigkeiten in meinem Leben
sind Herausforderungen.
Ich lerne an ihnen
die Kunst der Selbstbeherrschung.

Wirkungsweise

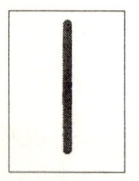 Die Kraft der IS-Rune ist überall dort hilfreich, wo wir unsere Kräfte und Begabungen nicht voll entfalten können, wo wir uns – aus manchmal nicht recht erkennbaren Gründen – geschwächt und unterdrückt fühlen. Ihre Kraft stärkt Menschen, denen es an Durchsetzungsvermögen fehlt, an Mut und Rückgrat, sich in kritischen Situationen zu behaupten. Das Gefühl, nicht so handeln zu können wie wir wollen, verleitet zu unbeherrschten Gefühlsausbrüchen. Unselbständigkeit ist hier ein Grund-Lebensthema.

Nach alter Lehre stärkt die IS-Rune die Willenskraft und die Einsicht. Sie erleichtert die Kunst der Selbstbeherrschung. Wir gewinnen an persönlicher Ausstrahlung, wenn wir in Einklang mit unseren Aufgaben und Herausforderungen leben. Wir können mit schmerzhaften Erfahrungen besser umgehen und sie als Herausforderungen auf unserem Lebensweg begreifen.

Die AR-Rune (10)

Meditationssätze

Ich lebe in Einklang mit den kosmischen Gesetzen.
Aus dieser Harmonie schöpfe ich Lebenskraft
und erfahre Sinn in meinem Leben.

Wirkungsweise

 Wenn die Lebenskraft ungehindert und frei von Blockaden durch unseren Körper fließt, dann fühlen wir uns gesund auf der körperlichen und der psychischen Ebene. Glück, Anerkennung und Erfolg können sich so am ehesten einstellen.

Die AR-Rune gibt nach alter Überlieferung Schutz vor negativen Einflüssen jeder Art. Solche Einflüsse können in dem Gefühl von Sinnlosigkeit bestehen, ebenso aber in Suchtproblemen, chronischem Misserfolg oder in Krankheiten. Bei Suchtverhalten muss es nicht immer um Drogen gehen. Selbst übermäßiges Arbeiten kann suchtbedingt sein, wenn es aus dem Gefühl heraus geschieht, sich zu betäuben, einen Konflikt nicht sehen zu wollen oder sich selbst sonst als überflüssig und nutzlos zu empfinden.

Mit Hilfe der AR-Kraft lassen sich bereits erreichte Positionen festigen. Gleichzeitig gelingt es, sich stärker für alles Neue und Faszinierende zu öffnen, das uns auf unserem Lebensweg begegnet. Die AR-Rune gilt als die Rune der Alchimisten.

Die SIG-Rune (11)

Meditationssatz

All mein Tun führt zum Erfolg.

Wirkungsweise

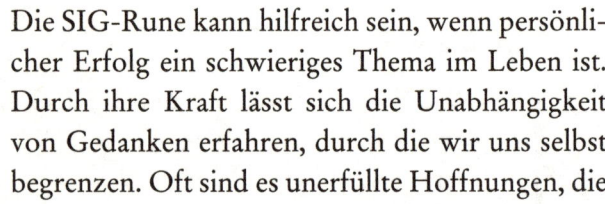 Die SIG-Rune kann hilfreich sein, wenn persönlicher Erfolg ein schwieriges Thema im Leben ist. Durch ihre Kraft lässt sich die Unabhängigkeit von Gedanken erfahren, durch die wir uns selbst begrenzen. Oft sind es unerfüllte Hoffnungen, die uns das Leben so schwer ertragen lassen. Misserfolge oder Scheinerfolge setzen uns zu. Im Wettbewerb scheinen wir der chronische Verlierer zu sein. Wir empfinden uns schnell als unterdrückt, auch wenn die Situation objektiv gesehen gar nicht so bedrückend erscheint.

Die Kraft der SIG-Rune vermittelt ein neues Gefühl der Sicherheit. Angst und Sorgen treten in den Hintergrund, wo sie unser Leben bisher bestimmt haben. Die SIG-Rune stärkt das Durchsetzungsvermögen und den Lebenswillen.

Die TYR-Rune (12)

Meditationssätze

Schutzengel sind um mich und stehen mir bei.
Der Tod ist für mich Bestandteil des Lebens.
Ich bin ein Kanal,
durch den göttliche Liebe strömt.

Wirkungsweise

 Die Kraft der TYR-Rune erleichtert es, sich als Kanal göttlicher Liebe zu empfinden. Auf diese Weise gelingt es besser, Wärme, Herzlichkeit, Freude und Mitgefühl an andere Menschen auszustrahlen.

Die Kraft der TYR-Rune eignet sich besonders für Menschen, die sich nicht mit allen ihren Schwächen selbst akzeptieren können, die deshalb dazu neigen, gegen sich selbst unaufrichtig zu sein. Sie bauen manchmal eine Scheinwelt um sich herum auf, in der sie zu leben versuchen. Doch diese Scheinwelt trägt nicht. In der Realität führt sie daher zu Rückschlägen aller Art.

Die TYR-Rune hilft, dass wir ebenso gut geben wie nehmen können. Wir erkennen, dass der Tod fester Bestandteil des Lebens ist. Denn unser Leben ist bestimmt von ständigem Abschied und Neubeginn.

Die TYR-Rune ist eine Tarnrune. Ihre Kraft begünstigt die Kommunikation mit Engeln und anderen Geistwesen. Sie eignet sich besonders für parapsychologisch oder medial interessierte Menschen.

Die BAR-Rune (13)

Meditationssätze

Niemand kann mir Schaden zufügen.
Ich vertraue auf die Kraft Gottes in mir.

Wirkungsweise

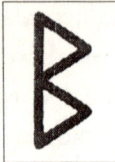 Die Kraft der BAR-Rune hilft, unterscheiden zu lernen zwischen dem, was wir in unserem Leben verändern können, und dem, was wir als unveränderbar hinnehmen müssen. Das ist eine Kunst, die als Weisheit gilt.

Unerfüllte Wünsche können uns leicht zu ihrem Sklaven machen. Wir erleben uns dann als entsprechend unfrei, spinnen in Gedanken Intrigen und kämpfen mit feindseligen Gefühlen, die sich nicht abschütteln lassen wollen.

Die BAR-Rune hilft loszulassen. Auf diese Weise gewinnen wir Kraft, uns den Dingen zu widmen, die sich verändern lassen. Unsere Bemühungen finden mehr Anerkennung. Wir können besser Liebe geben und nehmen. Diese Kraft der Liebe gibt uns mehr Unabhängigkeit. Alte Konflikte, Zweifel und Unsicherheiten, die uns einengen, verlieren immer mehr an Bedeutung für uns.

Die BAR-Rune gilt als die Rune der Sänger und Schauspieler.

Die LAF-Rune (14)

Meditationssätze

*Ich stelle mich allen Herausforderungen
in meinem Leben.
Mein Handeln steht voll in Einklang
mit mir selbst.*

Wirkungsweise

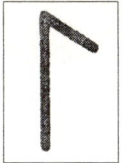 Unter dem Einfluss der LAF-Rune sind wir bereit, uns den Herausforderungen des Lebens zu stellen. Indem wir ihnen offen begegnen, verliert sich immer stärker die Angst vor Niederlagen.

Die Kraft der LAF-Rune ist überall dort hilfreich, wo Menschen sich allzu schnell von Rückschlägen entmutigen lassen und zu vorzeitigem Aufgeben neigen. Besonders leicht geschieht dies, wenn sich jemand seiner Ziele noch nicht ganz sicher ist. Manchmal versuchen wir in solchen Situationen, den Kopf in den Sand zu stecken. Wir flüchten uns in vielfältige Aktivitäten, verzetteln dabei im Grunde aber nur unsere Energie. So kommt es leicht zu Unzufriedenheit und den Folgeerscheinungen von Überarbeitung. Auch Probleme in der Partnerschaft treten gehäuft auf. Unser Schicksal empfinden wir als unbegreiflich und sehen die eigenen Ursachen noch nicht, die wir in diesem Spiel setzen.

Mit Hilfe der LAF-Runenkraft erkennen wir stärker, dass das Leben in der Tat ein Spiel ist, in dem es darauf ankommt, die Spielregeln zu erlernen und anzuwenden, in dem es im Grunde aber nichts zu verlieren gibt.

Unser Handeln steht so stärker in Einklang mit uns selbst. Die Partnerbeziehung entwickelt sich lebendiger und harmonischer. Wir gehen bewusst und achtsam durch das Leben. Wir erkennen und bestehen die Aufgaben daher besser, die sich uns in unserem Leben stellen.

Die LAF-Rune wird dem Element Wasser zugeordnet.

Die MAN-Rune (15)

Meditationssätze

Stirb und Werde ist das Gesetz,
unter dem mein Leben steht.
Ich nehme Abschied,
um mich Neuem öffnen zu können.

Wirkungsweise

Die MAN-Rune kann uns helfen, die Vergäng-
lichkeit im Leben als Voraussetzung für Wiedergeburt zu begreifen. Wenn wir sehen, dass Energie
immer in Bewegung ist, öffnen wir uns stärker für
diese Bewegung und für die Veränderungen in unserem Leben. Halten wir zu stark am Materiellen fest, so sehen
wir leicht die Materie nicht mehr als konzentrierte Energie, die
sie ja in Wahrheit ist. So verlieren wir uns leicht in einer Welt
des Vergänglichen und versuchen festzuhalten, was nicht festzuhalten ist. Neues kann in unserem Leben aber nur dort entstehen, wo wir bereit sind, Altes loszulassen.

Wenn wir bereit sind, dieses Gesetz »Stirb und Werde« in
unserem Leben voll anzuerkennen, können wir uns körperlich,
seelisch und geistig voll entfalten. Wir begreifen, dass an die
Stelle von all dem, was wir aufgeben müssen, immer etwas
Neues tritt.

Die YR-Rune (16)

Meditationssatz

Ich gehe meinen Weg.

Wirkungsweise

Die YR-Rune kann uns helfen, wenn wir unseren Lebensweg nicht klar vor uns sehen. Folge solcher Unklarheiten kann sein, dass wir wiederholt von unserem Weg abkommen, die Richtung nicht klar erkennen. Daraus entstehen manchmal Unfallgefahren, aber auch alle möglichen anderen Schwierigkeiten im Leben.

Die Kraft der YR-Rune lässt uns den Lebensweg klarer erkennen. Wir können unseren Lebensplan besser verwirklichen und kommen Schritt für Schritt unseren wesentlichen Zielen näher.

Diese Rune aktiviert aber auch die weibliche, hingebende Kraft in uns, die Yin-Energie, wie die jahrtausendealte chinesische Lehre sie nennt. Diese Kraft kommt bei Frauen, ebenso aber auch bei Männern vor. Gesundheit und volle Harmonie herrschen – wir sahen das bereits – dort, wo sich Yin- und Yang-Energie miteinander in harmonischem Ausgleich befinden. Wird die Yin-Energie gestärkt, so kann das auch bedeuten, dass sich unser Bedürfnis nach Zärtlichkeit erhöht, ebenso aber die Fähigkeit, Zärtlichkeit zu geben.

Die EH-Rune (17)

Meditationssätze

Ich fühle mich eingebunden
in den Kreislauf des Lebens.
In mir ist tiefes Vertrauen,
dass sich alles für mich
zum Positiven wendet.

Wirkungsweise

Unter dem Einfluss der EH-Rune lernen wir »Ja« zum Leben und zu unserer körperlichen Existenz zu sagen. Wir empfinden eine tiefe Verbundenheit mit allen Lebewesen auf dieser Erde. Und wir fühlen uns eingebettet in den natürlichen Kreislauf des Lebens, wie er sich in der Natur um uns darstellt.

Hilfreich ist die Kraft der EH-Rune vor allem, wenn wir uns nach einer erfüllenden Partnerbeziehung sehnen, wenn wir meinen, keinen Erfolg in der Kontaktaufnahme zu haben, wenn wir uns auf Grund von wiederholten Enttäuschungen immer mehr in die Einsamkeit zurückziehen.

Die Kraft der EH-Rune stärkt das Vertrauen in uns selbst und in die Welt um uns. So gewinnen wir jene positive Ausstrahlung, die uns den richtigen Partner oder die richtige Partnerin finden lässt. Wir können die Anziehungskraft zwischen Mann und Frau genießen. Diese Rune hilft auch, Festigkeit und Treue in einer bestehenden Partnerschaft zu verstärken. Außerdem gilt sie als günstig für den Ausgang in gerichtlichen Angelegenheiten.

Die GIBOR-Rune (18)

Meditationssatz

*Mein Bewusstsein ist voll in Einklang
mit den Schwingungen des Kosmos.*

Wirkungsweise

 Die GIBOR-Rune gilt seit uralter Zeit als Gottes-
rune, welche die kosmische Liebe erweckt und
stärkt. Sie ist die Rune der Meditation und der
mystischen Vereinigung mit Gott. Ihre Kraft hilft,
wenn wir unter dem Gefühl des Getrenntseins von
der Fülle leiden, die das Leben bietet. Sie fördert das Lösen von
Energieblockaden, wie sie oftmals durch eine von Angst und
Furcht bestimmte Haltung entstehen. Wo es gelingt, die letzten Blockaden aufzulösen, erlangen Menschen kosmisches Bewusstsein.

29
Ein heiliger Ort
in Ihrer Wohnung

Unsere moderne Welt ist arm an Mythen, Märchen, Träumen und Visionen geworden. Viele Menschen glauben noch immer an die Beherrschbarkeit dieser Welt durch die Technik. Alles erscheint ihnen als grundsätzlich machbar. Und doch greift ein schleichendes Unbehagen um sich: Da ist dieses unangenehme Gefühl, oder ist es mehr ein Ahnen, dass wir in Wahrheit nichts mehr im Griff haben, dass uns alles entgleitet und die »Dinge« eine unvorhersehbare Eigendynamik entwickeln, die sich nicht mehr steuern lässt.

Die herkömmlichen Religionsgemeinschaften geben vielfach nicht mehr den Halt, den sie einmal spendeten. Sie bleiben Antworten schuldig, weil sie keine haben und weil sie selbst in ihren eigenen Dogmen zu erstarren drohen. Dabei ist das Bedürfnis nach Religiosität nach wie vor in den Menschen vorhanden, vielleicht sogar in noch stärkerem Maße als früher. Zwar war das Leben der Menschen auch damals bedroht durch Kriege, Seuchen und Katastrophen. Aber die Menschen fühlten sich weit stärker eingebunden in eine feste Ordnung. Sie gab ihnen Halt und Sicherheit und ihrem Leben einen klaren Sinn.

Wenn es also in unserer modernen Welt keine Schamanen mehr gibt, müssen wir selbst unsere Schamanen sein. Und wenn die Zahl der wirklich berufenen Priester immer stärker zurückgeht, dann müssen wir eben selbst unsere Priester und Priesterinnen sein. Wenn in unserer Zeit alte Normen zerbröckeln und uns niemand mehr sagt, an welchen Werten wir uns noch orientieren können, dann ist es an der Zeit, dass wir uns selbst Orientierungsmöglichkeiten schaffen. Niemand nimmt uns diese Aufgabe ab. Und keiner kann sie für uns erledigen. Es liegt ganz allein bei uns selbst, uns neue Orte und Quellen der Kraft zu erschließen.

Joseph Campbell (1904-1987), einer der größten Mythenkenner unserer Zeit, hatte sich in einem Interview mit der Frage auseinander zu setzen, was es denn für uns moderne Menschen bedeutet, einen heiligen Ort zu haben. Für ihn ist das Vorhandensein eines solchen Ortes im unmittelbaren Lebensraum eine absolute Notwendigkeit. Campell fordert konkret dazu auf:

»Sie müssen ein Zimmer oder eine bestimmte Stunde oder so am Tag haben, wo Sie nicht wissen, was den Morgen in der Zeitung gestanden hat, nicht wissen, wer Ihre Freunde sind, nicht wissen, was Sie irgendwem schulden, nicht wissen, was irgendwer Ihnen schuldet. Das ist ein Ort, an dem Sie einfach erfahren und herauslassen können, was Sie sind und was Sie sein könnten. Es ist ein Ort schöpferischer Inkubation. Zuerst kann es sein, daß dort nichts geschieht. Aber wenn Sie einen heiligen Ort haben und ihn benutzen, wird irgendwann etwas geschehen.«[62]

Was an einem solchen selbst geschaffenen Ort der Kraft geschieht, kann unterschiedlicher Art sein. Wir können konkrete Problemlösungen, Träume, Visionen, künstlerische Ideen, Phantasien, Wünsche oder innere Bilder an einem solchen Ort erleben; in jedem Falle aber Begegnungen mit uns selbst. Wir erfahren uns so, wie wir sind, wenn wir uns ganz in Einklang mit uns selbst befinden, wenn uns niemand stört und antreibt zu all diesen Dingen in unserem Leben, die wir im Grunde überhaupt nicht tun wollen, weil sie unserem Wesen fremd sind.

Weinen, lachen, schreien, tanzen, beten oder meditieren Sie an Ihrem heiligen Ort, ganz wie es Ihnen gefällt. Oder schalten Sie Ihr Radio ein oder den CD-Player und spielen Sie die Musik, nach der Ihnen in diesem Augenblick zumute ist, ganz gleich, was die anderen sagen würden, ob sie diese Musik kitschig, fad oder primitiv finden. An Ihrem Ort der Kraft gibt es keine anderen, es gibt nur Sie selbst. Und Sie ganz allein entscheiden hier, was für Sie gut ist. Hier können Sie mit der Welt so stark in Einklang leben wie beispielsweise unsere Vorfahren bei der Jagd in der Natur. Für sie war die ganze Welt heiliger Ort.

Wenn irgend möglich, schaffen Sie sich ein eigenes Zimmer in Ihrer Wohnung – und wenn es nur ein kleines Dachstübchen oder ein Kellerraum ist. Notfalls genügt eine »heilige Ecke« oder eine »Jammerecke«, wie immer Sie das nennen wollen, in einem auch von Ihren Mitbewohnern benutzten anderen Raum. Solche Ecken gab es seit alten Zeiten in russischen Bauernstuben ebenso wie in den Einödhöfen Süddeutschlands, der Schweiz oder in Tirol.

Richten Sie Ihre »heilige Ecke« so ein, wie es Ihnen gefällt. Stellen Sie Bilder auf, die Sie lieben, oder alle möglichen Gegenstände, die Sie irgendwann einmal gefunden oder von Reisen mitgebracht haben und die Ihnen wichtig sind. Wenn Sie wollen, schirmen Sie Ihre »heilige Ecke« vor den Blicken anderer ab, indem Sie sie hinter einem Vorhang oder in einem Schrank unterbringen. Und suchen Sie Ihren heiligen Ort regelmäßig auf. Selbst wenn Sie wenig Zeit haben: Ein paar Minuten jeden Tag können schon viel für Sie selbst bewirken.

Von dem Bildhauer Anatol Herzfeld gestaltete Steine im Park der Insel Hombroich bei Neuss

30
Ein heiliger Ort in Ihrem Garten oder in der Landschaft

Wie Sie Ihr eigener Schamane werden können

Wer zeigt uns das Göttliche in der Natur? Und wer hilft uns, das Unsichtbare zu begreifen?

In unserer Zeit übernehmen die Künstler, zu einem Teil wenigstens, die Aufgaben, welche einstmals die Schamanen erfüllten. Künstler spüren die Mythen unserer Zeit und können sie anderen Menschen vermitteln. Aber es muss sich dabei um Künstler handeln, die etwas von Mythen und Menschen verstehen. Von ihnen gibt es nicht viele. Künstler, die nur die bestehende Gesellschaftsordnung kritisieren, ohne eine eigene Vision zu haben, eignen sich nicht für diese anspruchsvolle Aufgabe.

Und was bleibt all den vielen Menschen, die keine Künstler oder Dichter sind und bisher in ihrem Leben keine großen

Visionen erlebt haben? Wie können sie teilhaben an den Mythen unserer Zeit? Wie können sie die heilige und heilende Kraft in der Natur spüren lernen?

Die Antwort des Mythenexperten Joseph Campbell auf diese Fragen klingt so verblüffend wie einfach. Campbell empfiehlt:

»Setzen Sie sich in ein Zimmer und lesen Sie – lesen Sie und lesen Sie. Und lesen Sie die richtigen Bücher von den richtigen Leuten. Ihr Geist wird auf diese Ebene gebracht, und Sie empfinden die ganze Zeit über eine angenehme, milde, langsam brennende Verzückung. Diese Erkenntnis des Lebens kann zu einem anhaltenden Zustand werden. Wenn Sie einen Autor finden, der Sie wirklich packt, dann lesen Sie alles, was er geschrieben hat. Sagen Sie nicht: ›Ach, ich will wissen, was Soundso gemacht hat‹ – und kümmern Sie sich bloß nicht um die Bestsellerliste. Lesen Sie einfach, was dieser eine Autor Ihnen zu geben hat. Und dann können Sie den nächsten Schritt tun und lesen, was er gelesen hat, und die Welt eröffnet sich Ihnen von einem bestimmten Standpunkt aus. Aber wenn Sie von einem Autor zum anderen springen, können Sie uns vielleicht darüber Auskunft geben, zu welchem Zeitpunkt der und der dies und das Gedicht geschrieben hat – aber er hat Ihnen nicht das Geringste gesagt.«[63]

Irgendwann kommt der Zeitpunkt, an dem wir genug gelesen haben. Da will endlich etwas in die Tat umgesetzt, da will die Welt gestaltend verändert werden, auch wenn es nur die kleine Welt unserer Wohnung oder unseres Gartens ist. Schauen Sie sich um in Ihrem Garten. Vielleicht finden Sie dort irgendwo eine »wilde« Ecke, einen nicht gestalteten Winkel, wo Sie die Natur noch sich selbst überlassen haben. An solchen Orten halten sich nach Pogacnik und nach den Erfahrungen der Findhorn-Gemeinschaft bevorzugt allerlei Erdgeister auf.

Setzen Sie sich an solch einen Ort und meditieren Sie dort an einem warmen Sommertag zum Beispiel. Schließen Sie Ihre Augen und versuchen Sie, die Schwingungen dieses Ortes zu spüren. Wenn Sie dies öfters tun, werden Sie irgendwann ein Gespür für diesen Ort entwickeln. Bald werden Ihnen dann auch Ideen kommen, wie Sie den Ort gestalten können. Es gibt viele Möglichkeiten: einen Baum pflanzen vielleicht oder Steine dort aufstellen oder aufschichten, so, wie Sie sie finden. Auf diese Weise schaffen Sie sich Ihren eigenen Kraftort.

Ich selbst besitze weder die Begabung noch die technischen Fähigkeiten, Steine zu bearbeiten. Deshalb habe ich in meinem Garten vor allem Steine aufgestellt, die mir irgendwo in der Natur begegnet sind, und sie überwiegend unbearbeitet gelassen – mit Ausnahme des ehemaligen Begrenzungssteins, dem ich mit Hilfe einer Bohrmaschine das Gesicht des Götterboten Hermes gab (Abbildung S. 177).

Natürlich sind unsere Gestaltungsmöglichkeiten allein schon durch die meist verhältnismäßig geringe Größe unserer Gärten beschränkt. Aber selbst auf einem kleinen Grundstück lassen sich Orte der Kraft schaffen. Werfen wir doch öfters einen Blick auf die Werke der Künstler. Auch wenn ihnen allein schon sehr viel größere räumliche Gestaltungsmöglichkeiten zur Verfügung stehen: Anregungen zum Gestalten unserer eigenen Kraftorte erhalten wir bei ihnen allemal.

Irrgärten und Viehtränken

Anregungen der Künstler zum Gestalten eigener
Kraft-Orte

Der bayrische Künstler Peter F. Strauss verwirklichte eine Reihe eigenwilliger Ideen, mit denen er neue Orte der Kraft mitten in der Landschaft unserer Zeit schuf. »Labyrinth-Berg« heißt eines seiner bedeutendsten Projekte. Genau genommen ein Gemeinschaftsprodukt: Der slowenische Künstler Marko Pogacnik steuerte etliche Steinstelen dazu bei. Und die deutsche Künstlerin Mary Bauermeister gestaltete das Gipfel-Plateau mit Sitzsteinen und einem bemerkenswert großen Bergkristall in der Mitte. Das Ganze wurde als Labyrinth auf einem künstlich geschaffenen Berg angelegt. Allerdings kann und soll sich niemand darin verlaufen. Der Irrgarten symbolisiert eher das Wort Laotses: »Willst du schnell zum Ziel gelangen, so gehe einen Umweg.«

Den Berg schuf man aus dem Aushubmaterial der natürlichen Kläranlage der Hermannsdorfer Landwerkstätten in Bayern. Aus der Not der Abfallbeseitigung entstand hier eine Tugend. Das Labyrinth ist als eine Art Bild für den Lebensweg des Menschen zu verstehen. Sehr bald schon reicht ein Weg dicht an das Zentrum des Labyrinths heran. Doch dann beginnt ein Abstieg in die Materie. Erst nachdem dieser verhältnismäßig mühsame und lange Weg durchschritten ist, führt eine weit geschwungene Schleife nach oben. Sanft ist die Steigung. Der Pfad verläuft nun geradeaus zu einer dunklen Steinsäule mit einem eigenartigen eingravierten Symbol, das Rundheit und Eckigkeit miteinander verbindet. Dann beschreibt der Fußweg einen spitzen Winkel. Der Weg wird steiler. Irgendwann zwingt er den Wanderer buchstäblich zur Umkehr und sogar zu einem Abstieg, bis er schließlich den Gipfel erreicht. Hier laden sieben große Steine zum Verweilen ein. Der Blick hinunter zeigt Wasserflächen, Bäume, Gebäude und den soeben zurückgelegten Weg.

Ein weiteres Projekt nahe Hermannsdorf schuf Strauss als »Resonanzskulptur«. Er verwendete eine trapezförmige polierte Granitplatte. Sie dient dem Ziel, die wachstumsfördernde Energie einer Wasserader auf eine mehr als zwei Meter hohe Granitsäule zu lenken. Um diese Säule herum pflanzte Strauss sieben Bäume: Eichen, Linden und Ahornbäume. Der Ort ist als »Aufladungsort« für Pflanzen, Tiere und Menschen gedacht. Kühe in der Nähe nehmen ihn offenbar sehr gut an. Denn die Granitsäule inmitten der Skulptur hatte schon nach kurzer Zeit deutlich Patina angesetzt, weil die Tiere ihre Felle daran scheuerten. Eine Fülle von Kuhfladen zeigte an, dass sich die Kühe mit Vorliebe dort aufgehalten hatten, wo die gespiegelte Strahlung der Wasserader am kraftspendendsten sein soll: zwischen Granitplatte und Säule – für den Künstler ein Beweis, dass alles so funktioniert, wie von ihm ursprünglich beabsichtigt.

Strauss ist von der Radiästhesie ebenso beeinflusst wie von der anthroposophischen Lehre Rudolf Steiners.[64] Und es scheint nicht ganz unwahrscheinlich, dass er im Osten Münchens einen Kraftort neu geschaffen hat, den unsere Nachfahren noch besteigen werden.

Zugegeben: Strauss als bekannter Künstler hatte dank der Unterstützung aus der Schweisfurth-Stiftung hervorragende Gestaltungsmöglichkeiten, über die wir gewöhnlich nicht verfügen. Auch ist ein so tiefes, gestaltendes Eingreifen in die Natur nicht jedermanns und jederfraus Sache.

Noch sind genügend Kraftorte in der Natur vorhanden. Das Problem für die meisten von uns liegt eher darin, herauszufinden, wo es in der Nähe unserer Wohnung einen Ort der Kraft gibt, den wir leicht erreichen und deshalb möglichst oft aufsuchen können.

Halten Sie Ausschau nach einem solchen Ort, wenn Sie spazieren gehen! Manchmal spricht ein alter Baum zu Ihnen und schenkt Ihnen Kraft. Oder ein besonderer Stein in der Landschaft hat es Ihnen angetan. Vielleicht kennen Sie sogar eine Quelle am Fuß eines Berges in Ihrer Nähe, an der Sie meditative Ruhe finden können. Interessanterweise wissen unsere ausländischen Mitbürger solche Quellen häufig besser zu schätzen als wir Einheimischen. Besonders an Feiertagen habe ich sie dort angetroffen. Und oft schöpften sie dort Wasser, um es in allerlei Behältnissen mitzunehmen, weil es ihnen heilsam erschien. Offenbar entwickeln sie selbst im fremden Land mehr Nähe zur Natur als viele Einheimische, obwohl sie hier geboren sind.

31
Einen indianischen Steinkreis bauen

Astronomische Beobachtungsstationen oder kultische Orte?

Hoch oben in den Bergen Nordamerikas und in den Prärien des einstmals Wilden Westens heben sich vom steinigen Untergrund noch heute die Umrisse zahlreicher indianischer Medizinräder ab. Die größten erreichen einen Durchmesser von 250 Metern. Bei einigen beträgt der Durchmesser nur ein bis zwei Meter. Insgesamt finden wir dort in den Hochebenen rund 50 Steinkreise. Alle diese Räder sind nach dem gleichen Grundmuster gebaut: Schmale Steinreihen bilden Felge, Nabe und mehrere Radspeichen.

Historiker vermuten, dass die Prärie-Indianer etliche dieser Medizinräder bereits zu Anfang des 12. Jahrhunderts bauten. Aber sicher ist das nicht.

Letztlich ungeklärt ist bis heute auch der eigentliche Zweck dieser Räder. Ähnlich wie bei den Steinheiligtümern in

Europa mutmaßen einige Forscher, dass die Steinräder astronomischen Beobachtungen dienten. Aber wozu sollten die Prärie-Indianer den Himmel beobachtet haben? Ackerbau betreibende Stämme hätten vielleicht die Wachstumszeiten nach dem Stand der Sterne bestimmen können. Aber die Prärie-Indianer lebten als Nomaden von der Büffeljagd. Tatsache ist: Die Steinräder sind exakt an den Himmelsrichtungen orientiert. Sie sind so ausgerichtet, dass man in der Verlängerung der Ost-West-Speichen am Tag der Sommersonnenwende genau die aufgehende und die untergehende Sonne erkennen kann.

Sehr wahrscheinlich dienten die Medizinräder kultischen Zwecken, die sich zum Teil bis heute in der Tradition ihrer Nachfahren erhalten haben. Noch geben die Nachfahren ihr altes Wissen weiter an Menschen, die bereit sind, es anzunehmen und zu nutzen.

Ein Medizinrad für Ihr Zuhause

Ein Medizinrad können Sie in Ihrer Wohnung, ebenso aber draußen im Garten anlegen. Der Steinkreis für den Garten kann so groß sein, dass Sie sich hineinsetzen und darin meditieren können. Ist er für die Wohnung bestimmt, so kann aber auch ein Durchmesser von nur wenigen Zentimetern genügen. Der Kreis wirkt dann wie ein lebendiges Mandala, das ständig frische Kraft und Energie in Ihr Zuhause bringt.

Die Größe des Medizinrades ist nicht entscheidend. Wichtiger ist, auf Ihre Bedürfnisse zu achten: Wo und wie können Sie das Rad am besten nutzen? Möchten Sie die Möglichkeit haben, es jederzeit anzuschauen, dann ist Ihre Wohnung der richtige Ort für Ihr Medizinrad. Genügt es Ihnen, sich in den Sommermonaten in den Steinkreis zu setzen, um zu meditieren, so ist Ihr Garten eher der geeignete Platz. Beide Vorhaben lassen sich aber auch mühelos miteinander verbinden. Denn der Bau eines Medizinrades erfordert nicht allzu viel Aufwand.

ÜBUNG

Wenn Sie ein Medizinrad im Freien anlegen wollen

Der erste Schritt besteht darin, Steine zu sammeln. Es sollte sich möglichst um Steine handeln, die für Sie eine besondere, persönliche Bedeutung haben. Am besten, wenn die Steine aus der Gegend stammen, in der Sie leben, oder sonst aus einer Gegend, zu der Sie eine besondere Beziehung haben.

Sie brauchen vier »Hauptsteine« für die Kreislinie, je einen für jede der vier Himmelsrichtungen. Mit vier weiteren »Hauptsteinen« kennzeichnen Sie noch einmal alle vier Himmelsrichtungen im Mittelpunkt des Kreises. Dann brauchen Sie noch für jedes Viertel drei kleinere Steine, um die Kreislinie zwischen den Hauptsteinen auszulegen. Wenn Sie wollen, können Sie Ihr Medizinrad auch noch mit Speichen aus kleineren Steinen auslegen, ungefähr so, wie Sie das in der Abbildung dargestellt finden.

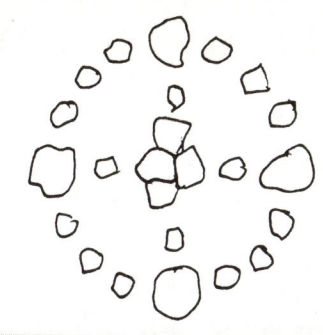

Indianischer Steinkreis, aus 8 größeren und 16 kleineren Steinen gebaut. Wenn Sie einen solchen Steinkreis im Garten errichten wollen, empfiehlt es sich, einem Durchmesser von ein bis zwei Metern zu wählen.

Als ersten Schritt zum Bau Ihres Medizinrades unternehmen Sie am besten einen Ausflug in eine Gegend, in der Sie geeignete Steine finden könnten. Es ist durchaus denkbar, dass Sie dafür bis zu einhundert Kilometer weit fahren müssen. Öffnen Sie sich bei der Suche nach geeigneten Steinen ganz für Ihr Vorhaben. Ihre Intuition wird Sie dann richtig leiten.

Wählen Sie eine Stelle auf Ihrem Grundstück aus, an der Sie den Steinkreis anlegen möchten. Es sollte möglichst ein Ort sein, an dem Sie sich besonders wohl fühlen. Natürlich soll sich der Steinkreis auch harmonisch in die Gesamtgestaltung Ihres Gartens einfügen. Wenn Sie mit dem Pendel umgehen können, können Sie dieses als Hilfe einsetzen, um den geeigneten Ort mit der richtigen Schwingung herauszufinden. Ansonsten wird Ihnen Ihre Intuition helfen, die richtige Stelle zu finden. Es kann durchaus einige Zeit dauern, bis Sie sich über den geeigneten Ort im Klaren sind. Aber es lohnt sich, Geduld bei der Wahl zu haben und keine Entscheidung zu überstürzen.

Stecken Sie einen Pflock an der Stelle in den Boden, wo der Mittelpunkt Ihres Kreises sein soll. Befestigen Sie eine Schnur an dem Pflock, ziehen Sie dann mit ihrer Hilfe einen Kreis und markieren Sie die Kreislinie. Der Kreis für den Garten sollte einen Durchmesser von mindestens einem Meter haben, damit Sie sich darin aufhalten und meditieren können.

Legen Sie dann auf der Kreislinie vier Hauptsteine jeweils in gleichen Abständen, nach den Haupthimmelsrichtungen angeordnet, in den Boden oder auf den Boden. Die Abstände zwischen den Hauptsteinen füllen Sie, indem Sie kleinere Steine an der Kreislinie entlang platzieren (vgl. Abbildung S. 269). Legen Sie nun vier weitere »Hauptsteine« in die Mitte des Kreises, wieder nach den Haupthimmelsrichtungen angeordnet. So schaffen Sie einen kleinen Kreis innerhalb des großen. Beide Kreise können Sie, wenn Sie wollen, nun noch mit aus kleineren Steinen gelegten Speichen verbinden. Aber unbedingt notwendig ist das nicht.

Lassen Sie sich Zeit beim Bau Ihres Medizinrades. Alles soll ohne Hektik, dafür aber mit viel Liebe, Sorgfalt und Achtung geschehen. Denn ein heiliger Ort entsteht.

Nach alter indianischer Lehre reichern Regen und Wind den Kreis nun mit ihren Energien an. Er zieht Kraft aus dem Universum und gibt sie an Ihr Zuhause und die Umgebung ab. Wie die Natur selbst, so verkörpert auch das Rad einen nie endenden Prozess der Erneuerung. Ein Ort des Heilens entsteht, an dem sich der Einklang zwischen den Naturelementen und dem Menschen wiederherstellen lässt. Deshalb ist Ihr Steinkreis ein besonders geeigneter und wirksamer Platz für Meditationen.

ÜBUNG

Wenn Sie ein Medizinrad in Ihrer Wohnung anlegen möchten

Um ein Medizinrad in Ihrer Wohnung anlegen zu können, brauchen Sie:
- ein rundes Tablett mit überstehendem Rand,
- roten Sand, wenn Sie ihn bekommen können; sonst genügt auch anderer Sand,
- kleine, runde Kieselsteine, die Sie auf einer »Kraftwanderung« am besten selbst sammeln können.

Füllen Sie das Tablett fast bis an den Rand mit Sand und streichen Sie den Sand glatt. Lassen Sie das Tablett 24 Stunden lang im Freien stehen, damit es sich mit den Energien der Naturelemente aufladen kann.
Holen Sie es dann wieder in Ihre Wohnung und legen Sie nun die Steine im Uhrzeigersinn. Beginnen Sie im Osten. Geeignet sind auch Halbedelsteine, Federn, Moos, Muscheln und andere Naturgegenstände zum Auslegen des Kreises. Auf diese Weise schaffen Sie sich ein lebendiges Mandala zur Anziehung positiver Energien. Sie können das Rad in Ihre »heilige Ecke« stellen, ebenso gut aber auch auf einen Tisch irgendwo in Ihrer Wohnung, im Flur oder in der Nähe des Eingangs zu Ihrem Zuhause.

Hilfen für die Meditation mit einem indianischen Medizinrad

Viele unterschiedliche Arten, in einem Steinkreis zu meditieren, sind möglich. Wichtig ist bei jeder Art von Meditation, dass Sie einen Zustand tiefer Entspannung erreichen. Wählen Sie hierfür am besten die Entspannungsmethode, die Ihnen vertraut ist.

Meditation in einem indianischen Steinkreis kann bedeuten, dass Sie im Zustand tiefer Entspannung einfach abwarten, was geschieht. Manchmal kommen dabei innere Bilder, Gefühle, Ideen. Ein andermal ereignet sich vielleicht überhaupt nichts Bewegendes. Oder Sie spüren einfach Ruhe. Was auch immer geschieht, es geschieht richtig so, wie es geschieht.

Eine andere Möglichkeit ist, zu beten oder um Segen zu bitten. Dabei können Sie eine Rassel oder eine Trommel benutzen und die Worte selbst gestalten.

Denise Linn, Heilerin indianischer Abstammung, schlägt folgendes Gebet[65] als eine Möglichkeit für den meditativen Umgang mit dem Steinkreis vor:

Möge der Große Geist nun mit uns sein und Segen und Frieden bringen. Wir bitten darum, dass dieses Zuhause eine Zufluchtsstätte sein möge für alle, die eintreten. Wir bitten darum, dass die Menschen, die hier wohnen, gedeihen und Frieden in ihrem Herzen finden. Mögen Freude, Gesundheit und Liebe in diesem Zuhause wohnen.

Geist des Ostens, Reich des Windes und der Zeit,
Tor zum Element der Luft und zum Reich der Gedanken,
Komm in meinen Kreis und lehre mich,
Komm in meinen Kreis, damit wir frei werden.
Geist des Südens, Reich der Flüsse des Gefühls,
Tor zum Element des Wassers, heilig und heilend,
Komm in meinen Kreis und öffne mich,
Komm in meinen Kreis, damit wir frei werden.

Geist des Westens, Reich des strahlenden Lichts,
Tor zum Element des Feuers, verwandelnd und hell,
Komm in meinen Kreis und verändere mich,
Komm in meinen Kreis, damit wir frei werden.

Geist des Nordens, Reich der alten und weisen Mutter Erde,
Tor zum Element der Erde, des Todes und der Wiedergeburt,
Komm in meinen Kreis und stärke mich,
Komm in meinen Kreis, damit wir frei werden.

Geist der Wesen der Oberen Welten,
Komm in unseren Kreis, gib uns deine Gedanken und Ideen.

Geist der Wesen der Unteren Welten,
Komm in unseren Kreis und erde uns.

Großer Geist in allen Dingen,
Komm in unseren Kreis und erfülle uns,
Wir bitten dich, erfülle dieses Zuhause mit Segen,
Schönheit und Frieden.

Medizinräder bei den modernen Nachfahren indianischer Schamanen

Hilfe bei schwierigen Entscheidungsprozessen

Meditation und Gebet sind längst nicht die einzigen Möglichkeiten, wie sich ein indianisches Medizinrad nutzen lässt. Das Modell des Steinkreises kann eine hervorragende Hilfe überall dort sein, wo es darum geht, schwierige Entscheidungen in einer Gruppe oder auch für sich allein zu treffen. Die Medizinrad-Methode stellt sicher, dass die Gruppe alle wichtigen unterschiedlichen Gesichtspunkte berücksichtigt, die bei ihrer Entscheidung von Bedeutung sein können. Sie stärkt zudem das Zusammengehörigkeitsgefühl der Gruppe. Und sie bewirkt, dass möglichst alle Gruppenmitgieder die getroffene Entscheidung mittragen.

Seit einigen Jahren interessiert sich selbst das internationale Industriemanagement für die Nutzung des indianischen Medizinrades zum Lösen betrieblicher Probleme. Wirtschaftsgiganten wie zum Beispiel *General Motors,* die Telefongesellschaft *AT&T* oder die *Weltbank* schicken ihre Manager zu den modernen Nachfahren indianischer Schamanen in die Lehre. Die Manager erfahren und erleben bei ihnen, wie sie betriebliche Probleme auf eine ganz andere, bessere Art als nach dem Motto »Der Stärkere setzt sich durch« oder »Der Klügere gibt nach« lösen können.

Wer aber sind die Lehrer dieser Manager?

Das indianische Ehepaar Wind Eagle und Rainbow Hawk, Leiter des Ehama-Instituts in Kalifornien, lehrt den Umgang mit dem indianischen Medizinrad, beruhend auf der jahrtausendealten Überlieferung vor allem der Maya. In der praktischen Arbeit dieses Instituts entstand ein Modell für Ratssitzungen, in denen Entscheidungsprozesse von allen Seiten beleuchtet und im wahrsten Sinne des Wortes »abgewogen« werden. Bei solchen Entscheidungsprozessen lassen sich alle Sichtweisen und Einwände der Beteiligten berücksichtigen. Dementsprechend tragen alle Betroffenen die so entstehenden Entscheidungen voll mit, was selbst bei demokratischen Mehrheitsentscheidungen durchaus nicht selbstverständlich ist. Denn bei ihnen besteht immer die Gefahr, dass die überstimmte Minderheit die Entscheidung hinterher nicht unterstützt oder sie – bewusst oder unbewusst – unterläuft. Mag sein, dass der indianische Entscheidungsprozess mehr Zeit beansprucht. Aber im Ergebnis ist er weit effektiver. In der modernen Arbeitswelt zeigt sich ja immer deutlicher: Die meisten Menschen möchten eine sinnvolle Tätigkeit ausüben. Sie sind bereit, einen Teil der Entscheidungsprozesse in ihrem Arbeitsumfeld mitzuvollziehen. Sie möchten nicht nur notgedrungen ins Büro gehen, aber in Wirklichkeit nur für den Feierabend, das Wochenende und den Urlaub leben.

Seit einigen Jahren veranstalten die Ehama-Leute Wochenendseminare auch in Deutschland. Selbst in Fachkreisen anerkannte Zeitungen wie die *Wirtschaftswoche* berichteten ausführlich und lösten ein starkes Echo aus. Die *Schweisfurth-Stiftung* lud Wind Eagle und Rainbow Hawk nach München ein. Was sie mit ihren Mitarbeitern dort boten, war keineswegs ein Vortrag im herkömmlichen Sinne, sondern sie vollzogen eher eine Zeremonie mit Singen und Trommeln und Meditationen.

Da arbeiten die Beteiligten nicht allein mit ihrem Verstand an Problemlösungen, sondern sie lassen innere Bilder in sich aufsteigen, stellen sie anschließend in kleinen rollenspielähnlichen Szenen dar und diskutieren mit Hilfe eines Sprechstabes.

Wer ihn erhält, erzählt von dem, was er gesehen oder empfunden hat. Die anderen hören zu.

Die Gäste finden gleich bei ihrem Eintreffen acht verschiedene Kärtchen vor, auf denen in knappen Schlüsselwörtern die Aufgabe der Gruppe umrissen ist, für deren Arbeit sie sich entscheiden möchten. Der Inhalt dieser Schlüsselwörter ist aus der folgenden Abbildung erkennbar.

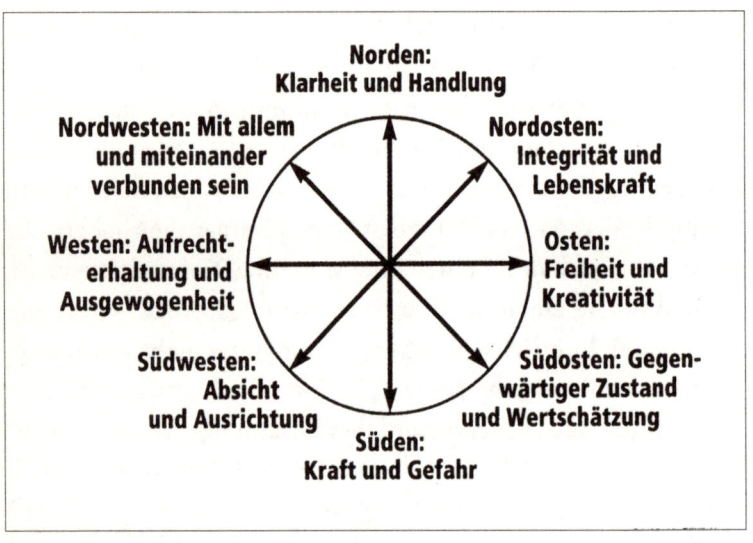

Die von den modernen Nachfahren indianischer Schamanen angewandte Version des Medizinrades. Sie geht im Wesentlichen auf die Tradition der Maya zurück und stellt ein Modell für Ratssitzungen dar, in denen Entscheidungsprozesse von allen Seiten beleuchtet werden. Wirtschaftsgiganten wie General Motors, *die Telefongesellschaft* AT&T *oder die Weltbank lassen ihre Manager bereits nach diesem Verfahren ausbilden. Im Vordergrund steht dabei die Erfahrung, dass betriebliche Probleme auf eine ganz andere, bessere Art als nach dem Motto »Der Stärkere setzt sich durch« oder »Der Klügere gibt nach« lösbar sind (Dalichow 1997, 27).*

Im Osten beginnt die Arbeit mit dem Medizinrad. Diese Gruppe hat bei jeder Überlegung, die in der Ratssitzung angestellt wird, auf die Frage zu achten: Wie beeinflusst die anstehende Entscheidung Freiheit und Kreativität?

Weiter geht es im Südosten. Unter dem Motto »Gegenwärtiger Zustand und Wertschätzung« geht es hier um Fragen wie zum Beispiel: Welche Bedingungen herrschen hier und jetzt? Und wie können wir unter den vorgefundenen Bedingungen, zu denen wir ja gesagt haben, das bestmögliche Ergebnis erreichen?

Die Gruppe des Südens achtet unter dem Thema »Kraft und Gefahr« darauf, dass alle an der Ratssitzung Beteiligten wach und reaktionsbereit sind. Sie kümmert sich auch um eventuell auftretende Unstimmigkeiten.

Dann folgt der Südwesten mit seinem Thema »Absicht und Ausrichtung«. Hier gilt es, genau hinzuschauen, woher die Beteiligten kommen, welchen Hintergrund sie mitbringen und welches Ziel sie verfolgen.

Bei der Richtung Westen wird unter dem Thema »Aufrechterhaltung und Ausgewogenheit« verhandelt: Wie wird sich die heute anstehende Entscheidung auf unsere Nachkommen in 100 bis 200 Jahren auswirken? Dabei handelt es sich nicht nur um Menschen, sondern auch um die Zukunft der Tiere und Pflanzen und um die Elemente Wasser, Luft und Erde. Die Gruppe des Westens vertritt die Interessen der Bewahrer, der Ernährer, der Wächter über die Gesundheit.

Im Nordwesten achtet man unter dem Motto »Mit allem und miteinander verbunden sein und Timing« besonders auf die Gesetze von Ursache und Wirkung. Diese Gruppe erinnert die Menschen daran, wo sie sich innerhalb eines bestimmten Zyklus befinden und ob im Augenblick eher eine Zeit des Handelns oder eher des Abwartens bestimmend ist.

Um das Handeln selbst geht es dann im Norden. Hier sitzen die Macher mit ihrem Schlüsselwort »Klarheit und Handlung«. Ihr Interesse richtet sich vor allem auf die Erschließung finanzieller und anderer Quellen.

Die Gruppe des Nordostens befasst sich mit »Integrität und Lebenskraft«. Sie entwickelt ein besonderes Gespür dafür, wo etwas nicht stimmt oder wo etwas zurückgehalten wird. Nicht Ausgesprochenes kann wie eine verborgene Krankheit das ganze System schwächen und vergiften. Diese Gruppe achtet deshalb darauf, dass alles Wichtige auf den Tisch kommt. Ihre Aufgabe liegt auch darin, all das zu bewahren, was heilig ist.

Jeder Entscheidungsprozess muss alle diese acht Stationen durchlaufen. Dann entstehen Ausgewogenheit, Ganzheit und Kraft bei jeder Entscheidung. Würde man einzelne Teile auslassen, so könnten Disharmonien auftreten.[66]

Das indianische Medizinrad-Modell eignet sich nicht allein für das Industriemanagement, sondern im Grunde für alle Entscheidungsgremien, angefangen bei den Schulen, Hochschulen und Bildungseinrichtungen aller Art, über Stadtparlamente, Religionsgemeinschaften, Behörden, bis hin zu politischen Gruppen. Ihre Arbeit ließe sich mit Hilfe der Medizinrad-Methode sehr wahrscheinlich weit interessanter und effektiver gestalten als bisher. Alles käme auf einen Versuch an, natürlich unverbindlich zunächst, sozusagen als »Sandkastenspiel«. Die Spielregeln liegen keineswegs fest. Da gibt es viel Raum für die eigene Kreativität und Schöpfungskraft einer Gruppe. Allein schon sie zu entfalten, lohnt sich auf jeden Fall.

Die Medizinrad-Methode können Sie auch dann erfolgreich anwenden, wenn Sie allein vor einer schwierigen Entscheidung stehen. Gehen Sie im Geiste durch alle acht Statio-

nen des Medizinrades. Betrachten Sie dabei Ihr Problem jeweils unter der Blickrichtung, die Ihnen die Station angibt, in
der Sie sich gerade befinden. Meditieren Sie Ihr Problem in jeder einzelnen Station.

> *Wir sind dazu verdammt, verurteilt, zu singen. Wir singen*
> *aus Verzweiflung. Wir singen aus Angst. Wir singen aus*
> *Wut, aus Trotz. Ich gehe zu dem Berg, den ich Großvater*
> *nenne, und ich muss einfach singen.*
>
> Galsan Tschinag, mongolischer Schamane,
> Stammesoberhaupt der Tuwa, Dichter und Journalist

32
Die Kraft der Musik
und des Tanzes

Seit uralten Zeiten wissen die Völker um die Kraft der Musik und des Tanzes. Schon im Alten Testament der Bibel heißt es, dass die Posaunen von Jericho Stadtmauern zum Einstürzen brachten. Ganz gleich, ob dieser Bericht wörtlich zu nehmen ist oder als Hinweis auf die erfolgssteigernde Wirkung von Musik bei Kampfhandlungen allgemein: Musikalische Schwingungen sind imstande, das Bewusstsein der Menschen entscheidend zu verändern. Der Klang der Trommel begleitet Soldaten seit Jahrtausenden in den Krieg und in den Tod. David verstand es, mit seinen Saitenklängen König Sauls Depressionen zu verscheuchen. Die große Muttergöttin Kybele verehrte man in Griechenland, später bis ins Rheinland hinein, ab dem fünften vorchristlichen Jahrhundert durch rauschhafte Tänze, begleitet von schrillen Rasseln, Klappern, Handpauken, Flöten und Hörnern. Von Delos bis zu den Indianern Nordamerikas gab es die Sitte, in kultischen Tänzen Tiere nachzuahmen, zum Beispiel im Tanz der Kraniche, und sich so mit ihrem Geist zu verbinden. Bei den Naturvölkern etlicher Kontinente, vor allem in Afrika, war es üblich, alle wesentlichen Stationen des Lebens, alle wichtigen Ereignisse, von der Geburt bis zum Tod, als Tanz zu feiern. Selbst politische Demonstrationen gestalten die Menschen dort bis heute tanzend.

Von Goethe, dem Sinnenmenschen, ist bekannt, dass er sich einen Raum ertanzte, wenn er ihm gefiel, wohl um ihn intensiver wahrnehmen zu können. In Kirchen tanzte man früher. Und moderne griechische Tänzerinnen zeichnen sich uralte geometrische Symbole auf den Boden. Eine von ihnen erklärt ihre Erfahrung im Ertanzen solcher geometrischen Figuren so:

»Wenn ich in diesem Symbol tanze, so gibt mir die Umgrenzung sofort das Gefühl, daß ich mich in einem Raum bewege, der mich schützt, selbst wenn ich ihn in der großen Fläche von Delphi in den Boden gezeichnet habe. Je nachdem aber, in welchem Bereich des Symbols ich tanze, fühle ich ganz unterschiedliche Gestimmtheiten in mir, und ich merke, daß bestimmte Bereiche meines Körpers jeweils besonders angesprochen werden. Das erstaunlichste ist: Wenn ich in der Mitte bin, habe ich plötzlich so etwas wie einen Blackout, als wäre ich in einem schwarzen Loch. Ich kann dieses Körpergefühl nicht anders beschreiben.«[67]

Die Kraft der Musik ist so stark, dass sie Emotionen bis hin zur Gewalttätigkeit hochpeitschen kann. Je nach ihrer Beschaffenheit ist sie umgekehrt aber ebenso gut imstande, die Menschen ruhig und friedfertig werden zu lassen.

In der nordenglischen Stadt Newcastle gelingt es seit kurzem, mit Hilfe von Musik den Vandalismus in den U-Bahnhöfen erfolgreich zu bekämpfen, wie die folgende *dpa*-Meldung zeigt:[68]

Klassische Musik schreckt Rowdys

London (dpa) – Das Spielen klassischer Musik auf U-Bahnhöfen in der nordenglischen Stadt Newcastle hat nach Angaben der britischen Polizei zu einem dramatischen Rückgang von Vandalismus und Rowdytum im Netz der öffentlichen Verkehrsmittel geführt. Seitdem statt heißer Poptöne sinfonische Dichtungen des deutschstämmigen Komponisten Frederick Delius (1862-1934) über die Lautsprecheranlagen klingen, kann sich die Stadt auf eine Reduzierung ihrer jährlichen Schadensbilanz von rund 500 000 Pfund (1,4 Millionen Mark) freuen. »Es scheint, als können die Jugendlichen diese Musik einfach nicht ausstehen. Sie hören eine Weile lang zu und gehen dann woandershin«, sagte Polizeichef Allan Curry am Freitag. Bill Fox von der Beraterfirma *Maybo* erklärte: »Gewisse klassische Musik hat eine beruhigende Wirkung. Aber es müssen sanfte, instrumentale Töne sein, die nicht so viele Energien freisetzen.«

Was aber ist an der Musik so Besonderes, dass sie den Menschen Kraft geben kann bis hin zur Raserei? Wie gelingt es ihr, alle Emotionen bewusster erlebbar werden lassen und selbst Randalierende zur Ruhe zu bringen?

Offenbar sind Musik und Tanz imstande, die Schwingungsqualität von Menschen und Räumen zu verändern. Und interessanterweise treten Bewusstseinsveränderungen durch Musik nicht nur in der Situation selbst ein, sondern sie wirken nachhaltig weiter, wenn der Klang längst verstummt und der Tanz beendet ist. Große Künstler unserer Zeit wissen das. Aus dieser Erfahrung heraus veranstalteten Spitzenstars wie Jehudi Menuhin oder Leonard Bernstein internationale Friedenskonzerte. Sie hofften, auf diese Weise eine fortdauernde Schwingung zu schaffen, die das Zusammenleben der Menschen auf dieser Welt positiver gestaltet, menschenwürdiger.

Wohl deshalb sollte die persönliche Beziehung des Künstlers zu seinem Instrument von Liebe geprägt sein. Dieses Instrument kann auch die Stimme, kann der ganze Körper sein.

Alle Klangenergie wirkt weiter. Sie endet nicht, wenn der Künstler sein Instrument beiseite legt. Die Meister des Zen sagen, dass ein Glockenton noch lange weiterschwingt, selbst wenn wir ihn nicht mehr hören können. Er hallt durch das Universum bis in die Ewigkeit. Wer je den Klang eines Tempelgongs in der Stille eines Zenklosters gehört hat, weiß, was da gemeint ist. In der Sprache der Lyrik lässt sich diese Erfahrung so fassen:

Gleichgewicht[69]

Nichts
geht verloren
Nirgendwo

Alle Lieder bleiben
Hoch über den Wolken
schwingen sie durch Jahrtausende

Mit dem nächtlichen Regen
prasseln die unerhörten
Wünsche zu Boden

Ein Gedanke allein
zündet Ketten
aus Millionen Hoffnungen

Neid
nistet fortgesetzt
in Erdfalten

Und der chinesische Hass
wartet auf seinen Vulkanausbruch
in Mittelamerika

Träume
umkreisen
den Erdball

Bis der Baum des Lebens
aus der Stadt
Steinaufbeton wächst

Nichts
geht verloren
Nirgendwo

Durch Musik und Tanz Ihre Wohnung mit positiven Energien anreichern

Dass Musik eine heilende und reinigende Wirkung hat, wissen die Menschen seit uralter Zeit. Bei uns nutzt man heute ihre Heilkraft in der Therapie – mit erstaunlichem Erfolg übrigens. Und doch sieht es so aus, als ob wir in der Anwendung von Musik noch ganz am Anfang stehen. Obwohl bei uns eine jahrhundertelange, hoch entwickelte Musikkultur besteht, haben wir gerade erst damit begonnen, die Kraft der Töne zur Heilung, zur Reinigung von Räumen und von Menschen zu entdecken und zu nutzen.

Die Indianer setzten Töne als Jagdzauber ein, um Tiere herbeizurufen. In anderen Stammeskulturen trommelte man mit Löffeln gegen Töpfe und Pfannen, um einen Raum von »bösen Geistern« zu befreien. Den Begriff »böse Geister« würden wir eher mit »stockenden Energien« oder mit »Energiestau« wiedergeben, um auszudrücken, dass das gesunde Fließen der Lebensenergie – aus welchen Gründen auch immer – nicht oder nicht mehr stattfindet.

Musik hat offenbar die Kraft, solche Stauungen aufzulösen. Dabei kommt es nicht einmal auf eine besonders große musikalische Virtuosität beim heilenden Einsatz von Musik an. Auch die Wahl des Instruments ist von zweitrangiger Bedeutung. Ihr Instrument kann Ihre eigene Stimme sein. In den Klöstern des Ostens nutzt man die Stimme seit alter Zeit, um Mantras, heilige Silben, zu singen. Gewaltige Kraftfelder entstehen auf diese Weise, vor allem, wenn viele Menschen solche heiligen Töne miteinander singen.

Entscheidend ist, was Sie beim Auflösen von Energiestaus durch Musik fühlen. Wenn Sie beim energetischen Reinigen und Aufladen eines Raumes ein Instrument benutzen, versuchen Sie, mit Ihrem ganzen Bewusstsein den Ton zu erspüren. Fühlen Sie den Ton in Ihrem Inneren schwingen. Werden Sie selbst dieser Ton. Stellen Sie sich vor, wie dieser Ton von Ihnen ausstrahlt, wie er den ganzen Raum füllt.

Und wenn Sie wollen: Singen und Tanzen Sie diesen Ton, so, wie Sie ihn empfinden. Es gibt keinen festen Tanzstil und keine Regeln. Allein Ihr Gefühl entscheidet, was geschieht.

Natürlich können Sie auch Musikkonserven einsetzen, CDs, Schallplatten, Tonträger aller Art. Welche Beschaffenheit Ihre Musik hat, ob sie zur Klassik, Folklore oder dem Unterhaltungsbereich gehört, spielt keine Rolle. Entscheidend ist allein, dass die Musik einen starken persönlichen Bezug zu Ihnen hat.

Wie jeder Mensch einen eigenen Charakter hat, der ihn von allen anderen Menschen unterscheidet, so hat auch jedes Instrument bestimmte typische persönliche Eigenschaften. Sie lassen sich in groben Zügen beschreiben. Aber entscheidend kann letztlich immer nur Ihre ganz persönliche Beziehung zu diesem Instrument sein.

Wenn Sie es einsetzen, um die Energieschwingungen eines Raumes zu reinigen oder insgesamt zu erhöhen, stellen Sie sich am besten zuerst mit Ihrem Instrument in die Mitte des Raumes. Sind Energiestauungen vorhanden, so klingt das Instrument entweder stark gedämpft oder schrill. Haben Sie solche Störungen festgestellt, so gehen Sie am besten vom Osten aus mit Ihrem Instrument im Uhrzeigersinn durch den ganzen Raum. Achten Sie dabei darauf, dass die Schwingungen des Instruments auch bis in die hintersten Ecken und Nischen des Raumes gelangen können. Wenn Sie ein wenig Übung gewonnen haben, werden Sie die energetischen Unterschiede verschiedener Räume immer deutlicher spüren und auflösen können.

Hier nun eine genauere Beschreibung der Instrumente, die sich am besten zum Klären und Reinigen von Raumschwingungen eignen:

Glocken

Die ältesten Glockenfunde der Archäologen gehen bis in die Zeit um 800 v. Chr. zurück. Sie stammen aus Asien und dienten offenbar religiösen Zeremonien. Die Kelten, frühe Experten auf dem Gebiet der Metallgusstechniken, sollen die Glocken aus Asien nach Europa gebracht haben. In Frankreich und etwas später auch auf den Britischen Inseln gab es Glocken seit etwa 500 n. Chr.

Der Klang einer Glocke hängt natürlich von ihrer Größe, vor allem aber von ihrer Materialbeschaffenheit ab. Glocken aus Silber ähneln in ihrem Klang der Silbrigkeit des Mondlichts, während von Messingglocken eher eine funkelnde, vibrierende, stark aktivierende Yang-Energie ausgeht. Bronzeglocken, wie man sie in den japanischen Klöstern bevorzugt, sollen Menschen und Räume durch ihre Schwingungen besser erden. Ein hoher Kupferanteil in Glocken begünstigt offenbar die Energiearbeit. Denn Kupfer gilt nicht nur in Armreifen und Halsbändern, sondern ganz allgemein als ein die Lebenskraft anziehendes Metall.

Auf die Kunst der Glockenherstellung verwandte man bei allen Völkern besonders viel Sorgfalt. Opfergaben und Rituale begleiteten den Produktionsvorgang immer wieder vom Beginn bis zu einem Ende, bei den Kelten ebenso wie bei den balinesischen Priestern.

Glocken lassen sich auf zwei unterschiedliche Arten zum Klingen bringen: einmal durch Anschlagen von außen, am besten mit einem Holzstock, oder durch Läuten von innen her. Beide Arten führen zu unterschiedlichen Klangergebnissen. Am besten sammeln Sie selbst Ihre Erfahrungen.

Gongs

Gongs existieren in zwei verschiedenen Arten. Beide sind Schlaginstrumente in Form einer runden Platte aus gehämmertem Metall. Während die eine Art an einem Ständer aufgehängt wird, hat die andere die Form eines Beckens. Beide stammen aus China. Ihr Klang ist ungewöhnlich voll und schwingend. Er verändert sich je nach Beschaffenheit des verwendeten Schlegels. Die Schlegel bestehen meist aus Gummi oder aus Holz. Sie werden mit Stoff, Fell oder Wolle überzogen.

Wenn Sie einen Gong für Ihre Energiearbeit benutzen wollen, sollte er einen Durchmesser von nicht mehr als 50 Zentimeter haben. Sonst ist er zu schwer zu tragen.

Am besten schlagen Sie den Gong zuerst sanft und weich rundum an seinen Rändern an. Wenn Sie dann immer mehr zur Mitte hin und zum Schluss einmal in der Mitte anschlagen, bauen Sie ein Klangfeld von ungewöhnlicher Intensität auf. Seine Schwingungen füllen den ganzen Raum.

Stimmgabeln

Stimmgabeln erzeugen eine äußerst feine Schwingung. Sie können sie zum Reinigen eines Raumes am besten dann einsetzen, wenn Sie zuvor die dichteren Energieblockaden mit einem stärkeren Instrument aufgelöst haben.

Die Stimmgabel eignet sich auch, um die Schwingungen des eigenen Körpers zu harmonisieren. Am besten nehmen Sie die Stimmgabel in die eine Hand und schlagen damit kräftig auf die andere. Führen Sie dann die Stimmgabel vom linken zum rechten Ohr, danach an Ihrem Körper entlang in Richtung Himmel und schließlich in Richtung Erde.

Klangschalen

Klangschalen erzeugen ähnlich wie Glocken einen sehr intensiven und lang anhaltenden Ton. Hergestellt werden sie in Tibet oder Nepal. Die Schalen bestehen meist aus Messing. Mit einem Holzstab schlägt man sie an ihrem äußeren oder inneren Rand an. Dabei stellt man die Schalen am besten auf einen festen Untergrund, zum Beispiel auf einen Holztisch. Sie lassen sich ohne weiteres auch zum Klären der Schwingungen eines Raumes einsetzen. Am besten tragen Sie dabei die Klangschale auf den Fingerspitzen Ihrer einen Hand. In der anderen halten Sie den Holzstab, mit dem Sie den Klang erzeugen.

Windspiele

Wenn Sie den Geist des Windes mit seiner schützenden Energie in Ihre Wohnung rufen möchten, empfiehlt es sich, Windspiele aufzuhängen. Am besten hängen Sie sie an Stellen auf, an denen eine leichte Berührung oder ein zarter Windhauch sie gelegentlich erklingen lässt.

Trommeln

Trommeln tragen den Herzschlag der Mutter Erde in sich. Seit uralten Zeiten benutzen die Menschen Trommeln bei ihren religiösen Ritualen, aber auch beim Kampf. Mit ihrem monotonen Rhythmus sind sie imstande, das Bewusstsein der Menschen zu verändern und Trance herbeizuführen. Diese Wirkung lässt sich wissenschaftlich mit Hilfe von Hirnstrom-Messungen nachweisen.

Die Schamanen der unterschiedlichsten Naturvölker benutzen die Trommel zum Klären der Raumenergie, weil ihre machtvolle Schwingung die stockende Energie schnell zum Fließen bringt.

Trommelrhythmen können sehr unterschiedlichen Charakter haben. Für den Anfang ist der Rhythmus des Herzschlags, ein Zweier-Takt, wegen seiner beruhigenden Wirkung besonders günstig. Er ist uns von Anbeginn unseres Lebens her sehr vertraut, weil wir ihn schon sehr früh im Mutterleib hören. Er harmonisiert die unterschiedlichen Energien, Yin und Yang, weiblich und männlich, in uns.

Entspannen Sie sich beim Trommeln auch körperlich. Lassen Sie Ihren Atem tiefer werden. Irgendwann wird Ihr Gefühl die Führung übernehmen. Lassen Sie sich von der Trommel sagen, welcher Rhythmus richtig ist. Am besten lassen Sie einfach zu, dass ein natürlicher Trommelrhythmus durch Sie hindurch entsteht. Durch diese Haltung können sich Energieblockaden in Ihrem Körper, in Ihren Emotionen oder im Raum um Sie herum am besten auflösen.

Rasseln

Ähnlich wie die Trommel eignen sich auch Rasseln besonders gut, um einen Zustand tiefer Entspannung herbeizuführen. Allerdings ist ihre Wirkung sanfter als die der Trommel. Dass Mütter Rasseln benutzen, um ihre Babys zu beruhigen, ist sicherlich kein Zufall.

Rasseln werden aus unterschiedlichen Materialien hergestellt. Eine Form besteht aus einem getrockneten Kürbis, in
dem sich Samenkörner befinden. Andere wieder sind aus Le-
derkugeln oder aus Holz hergestellt und mit Kieselsteinen
oder mit Sand gefüllt.

Beim Rasseln sollte das Handgelenk sehr locker sein. Und
die Rassel soll möglichst locker in der Hand gehalten werden.

Manche Trommelexperten schlagen vor, einen Rhythmus
von etwa 200 Schlägen pro Minute zu trommeln. Andere dagegen bevorzugen ein langsameres Tempo. Am besten versuchen
Sie selbst den Rhythmus zu finden, den Sie als den günstigsten
empfinden. Lassen Sie beim Rasseln einfach geschehen, was geschehen will, ohne allzu sehr mit Ihrem Bewusstsein einzugrei-
fen und zu steuern.

Andere Instrumente, Stimme und Körper

Grundsätzlich eignet sich jedes Instrument, Raumenergien zu
klären, selbst rhythmisches In-die-Hände-Klatschen. Welche
starke Wirkung Klatschen haben kann, ist vom Beifall bei
künstlerischen Aufführungen her bekannt. Beifall feuert die
Künstler zu Höchstleistungen an. Doch im alten China dachte
man anders. Dort klatschte man nicht, weil man davon ausging,
dass sonst die von den Künstlern während ihrer Darbietung
aufgebaute Energie zerstört würde.

Ein hervorragendes Instrument ist Ihre Stimme. Mit ihrer
Kraft können Sie den Energiefluss allein schon fördern, indem
Sie einen einzigen Ton über eine längere Zeitspanne hinweg
halten. Natürlich können Sie auch ganze Melodiefolgen singen,
selbst erfundene oder solche, die Sie kennen, mit oder ohne
Text, wie es Ihnen gerade einfällt. Auch das Singen von Man-

tras oder einzelnen Silben, zum Beispiel OM AH HUM, wie es in den Klöstern des Ostens üblich ist, gehört zu einer äußerst wirkungsvollen Energiearbeit. Unterstützen lässt sich diese Arbeit entscheidend durch Tanzen. Tanzen Sie einfach so, wie Ihnen zumute ist. Nichts an Ihrem Gesang und Tanz muss irgendwelchen Ansprüchen genügen. Singen und tanzen Sie für sich ganz allein, möglichst ohne viel mit Ihrem Willen zu steuern. Geschehenlassen ist alles!

> *Meine Worte sind verwoben*
> *mit den hohen Bergen,*
> *mit den hohen Felsen,*
> *mit den hohen Bäumen,*
> *verwoben mit meinem Körper*
> *und mit meinem Herzen.*
> *Helft mir alle mit übernatürlicher Kraft.*
> *Und du, Tag,*
> *und du, Nacht,*
> *Seht mich alle,*
> *ICH BIN EINS MIT DIESER WELT.*
>
> Gebet der Yokut-Indianer aus Kalifornien

33
Beschützer
für Ihr Zuhause

Bei vielen Naturvölkern überall auf der ganzen Welt existiert seit alter Zeit bis in die Gegenwart hinein die Vorstellung, Verbündete in Gestalt eines Schutzengels, eines Krafttiers oder eines Haushütergeistes könnten Haus, Wohnung und die darin lebenden Menschen vor Unheil beschützen. Durch das Aufstellen von Bildern, Statuen und Symbolen versucht man, die Kraft solcher Schutzwesen sichtbar werden zu lassen und mit ihr in Kontakt zu treten. Ob das tatsächlich gelingt, lässt sich mit wissenschaftlichen Methoden nicht beweisen. Im Grunde geht es hier um religiöse Überzeugungen. Sie sind nicht beweisbar. In den vergangenen Jahrhunderten hat es immer wieder Versuche kluger Leute gegeben, zu »beweisen«, dass es Gott gibt. An allen diesen Beweisen gibt es einen Haken; keiner von ihnen ist hieb- und stichfest. Im Bereich religiöser Überzeugungen können wir eben nur über persönliche Erfahrungen sprechen. Solche Erfahrungen haben ihre Stimmigkeit. Wir können allenfalls Zweifel an der Zuverlässigkeit der Person desjenigen anmelden, der über seine Erfahrung berichtet, indem wir etwa sagen: »Das hat er sich nur ausgedacht«

oder: »Das ist gelogen.« Da aber nicht nur einzelne Menschen, sondern Angehörige vieler Kulturen überall in der Welt von solchen Erfahrungen unabhängig voneinander berichten, erhöht sich ihre Gültigkeit beträchtlich.

Allein die Berichte über das Wirken von Schutzengeln füllen Bände. Bei den Indianern heißen Schutzengel interessanterweise Vogelwesen. Auch bei uns stellt man sich diese Boten aus einer anderen Welt ja als Wesen mit Flügeln vor.

> *Unter allen Stämmen unseres Volkes gibt es die Lehre, die besagt, dass man sich in die Einsamkeit begeben sollte, in die Wildnis der Berge, der Wüsten und der Meere, um dort die Anweisungen der Schöpfung entgegenzunehmen ...*
>
> *Wir alle kennen die Kraft des Gebetes, unsere Sinne vorzubereiten, und die Kraft des Fastens, des Schwitzens und anderer Reinigungsrituale, die unseren Geist und unsere Seele darauf vorbereiten, die Stimme des heiligen Geheimnisses zu hören.*
>
> Saupaquant (Akwesasne)

Die Kraft der Rituale und Gebete

Gebete und Rituale stellen nichts anderes als den Versuch dar, mit Hilfe der Kraft solcher Schutzwesen eine gewünschte Veränderung herbeizuführen. Bei Ritualen – oft auch beim Beten – geschieht das in einem veränderten Bewusstseinszustand mit Hilfe von symbolischen Handlungen. Für sich selbst gesehen hat ein Ritual keine Macht. Aber es projiziert Energie und verstärkt auf diese Weise eine Absicht. Der Wert eines Rituals liegt in erster Linie darin, dass mit seiner Hilfe Energie gebündelt und auf ein bestimmtes erwünschtes Ergebnis hin konzentriert wird.

Rituale entstehen Tag für Tag irgendwo auf dieser Welt neu. Und jeden Tag sterben alte Rituale, weil niemand mehr ihren Sinn versteht. Hohle Gewohnheiten aber bleiben wirkungslos. Dieses Buch will Sie ermutigen, selbst Rituale zu erproben und neue zu erfinden. Das kann in Gemeinschaft mit anderen Menschen geschehen, aber auch allein.

Ein Ritual zum Schutz für Ihr Zuhause

Hier nun ein Beispiel, wie Sie mit Hilfe eines einfach durchzuführenden Rituals Ihr Zuhause in ein Energiefeld von Schutz einbinden können.[70] Natürlich können Sie dieses Ritual beliebig verändern, so, wie es Ihren Bedürfnissen am besten entspricht. Denn im Grunde kommt es nur darauf an, dass Sie mit Ihrer vollen Überzeugung hinter diesem Ritual stehen. Dann entfaltet es seine Kraftwirkung am stärksten.

ÜBUNG

- *Nehmen Sie eine brennende Kerze in die Hand und stellen Sie sich damit in die Nähe der Eingangstür Ihres Zuhauses.*

- *Nehmen Sie sich Zeit, sich vollkommen zu entspannen.*

- *Schauen Sie in die Flamme der Kerze und stellen Sie sich vor, dass sich das Licht der Kerze immer weiter ausdehnt, bis es Sie schließlich in einen leuchtenden, warmen Lichtkreis einhüllt.*

- *Halten Sie die Kerze ungefähr in Brusthöhe vor Ihren Körper und lassen Sie das Gefühl von Liebe in Sie hineinströmen. Machen Sie dann das Kreuzzeichen mit der Kerze, indem Sie sie langsam nach oben, dann in einer geraden Linie nach unten und dann nach links und nach rechts führen. Sprechen Sie dabei immer wieder Ihren Wunschsatz: »Lass dieses Haus sicher geschützt und behütet sein.«*

- *Gehen Sie nun mit Ihrer Kerze durch Ihre ganze Wohnung von unten nach oben und im Uhrzeigersinn durch alle Räume. Machen Sie das Kreuzzeichen an jeder Tür und an jedem Fenster und sprechen Sie dabei Ihren Satz: »Lass dieses Haus sicher geschützt und behütet sein.«*

- *Kehren Sie dann zu der Stelle zurück, an der Sie Ihr Ritual begonnen haben, und machen Sie ein weiteres Kreuzzeichen. Pusten Sie dann die Kerze aus.*

Ganz gleich, wie Sie zum kirchlichen Christentum stehen: Das Kreuz ist ein heiliges Symbol, das bis weit in vorchristliche Zeiten zurückreicht und sich in vielen alten Kulturen findet. Es gilt als mächtiges Symbol für Frieden und Schutz. Wenn Sie dieses Zeichen machen, gewinnen Sie Kontakt zum kollektiven Unbewussten der Menschen. Und Sie treten in ein Energiefeld ein, das Millionen von Betenden auf der ganzen Welt in Jahrtausenden aufgebaut haben. Die Kraft dieser Energie öffnet sich Ihnen.

Ihr persönliches Krafttier als Schutz für Ihr Zuhause

Krafttiere können sehr wirkungsvolle Beschützer für das Zuhause sein. Die Indianer arbeiteten sehr gern mit ihnen. Aber auch aus anderen Kulturen ist der Schutz durch sie bekannt. Es gibt zahlreiche Beispiele, an denen sich die schützende Kraft persönlicher Krafttiere erkennen lässt:

In dem Trakt eines Krankenhauses, in dem die Krankenschwestern wohnten, war fast in allen Zimmern eingebrochen worden. Die Diebe hatten überall Bargeld und sämtliche Wertgegenstände mitgenommen. Nur ein Zimmer war nicht aufgebrochen. Die darin wohnende Krankenschwester pflegte den Kontakt zu einem ihrer Krafttiere, dem Wolf. In schwierigen Situationen rief sie seine Kraft an und erhielt auf diese Weise mehrfach wertvolle Hinweise, durch die sie Fehlentscheidungen vermeiden konnte.

In ihrem Zimmer hatte sie mehrere Bilder von Wölfen aufgehängt und eine Wolfsstatue aus Holz aufgestellt.

Warum die Einbrecher ausgerechnet ihr Zimmer nicht geplündert hatten, blieb für alle rätselhaft. Sie selbst war fest überzeugt, dass die Wolfsenergie ihre Wohnung geschützt hatte. Eine andere Frau berichtet, in unmittelbarer Nähe ihres sehr einsam gelegenen Hauses hätten sich eine Zeit lang immer wieder verdächtige Gestalten herumgetrieben. Schließlich habe sie die Keramikskulptur ihres Krafttiers, ein Krokodil, direkt vor die Haustür gestellt. Seitdem sei kein unerwünschter Mensch mehr ihrem Haus zu nahe gekommen.

Solche und ähnliche Erlebnisse sind in großer Zahl überliefert.

Wie Sie den Kontakt zu Ihrem persönlichen Krafttier aufnehmen und pflegen können, ist bereits im Kapitel 21 ausführlich beschrieben. Wundern Sie sich bitte nicht, wenn sich beim Finden Ihres Krafttiers vielleicht mancherlei Merkwürdigkeiten häufen.

Ihr Krafttier kann ein Tier sein, das schon seit Ihrer Kindheit Ihr Lieblingstier war. Es kann aber auch eines sein, das sich wiederholt in Ihren Nachträumen und Meditationen zeigt. Manche Menschen spüren, welches ihr Krafttier ist, weil sie sich seit ihrer Kindheit von ihm besonders angezogen fühlen. Schließlich kommt es vor, dass jemand sein Krafttier durch eine ungewöhnliche Anhäufung von »Zufällen« findet: In der Nacht träumt einer beispielsweise von Krähen. Bei einem Spaziergang am nächsten Tag begegnen ihm Krähenschwärme. Am gleichen Abend hört er in einem Konzert Schuberts *Winterreise*. Dabei berührt ihn das Lied von der Krähe, diesem sonderbaren Wegbegleiter durch die Einsamkeit, auf eigenartige Weise.

Solche »Zufallsbegegnungen« – die Experten nennen sie Synchronizitäten[71] – kommen verhältnismäßig oft vor. Sie können uns wertvolle Hinweise geben, vor allem aber den Kontakt zu unserem persönlichen Krafttier herstellen, wenn wir für ihre Botschaft offen sind.

Wie Sie die Bedeutung Ihres persönlichen Krafttiers herausfinden können

Jedes Krafttier verfügt über verschiedene Eigenschaften und Fähigkeiten. Teilweise lassen sich diese Qualitäten eindeutig erkennen, weil sie im kollektiven Unbewussten vieler Naturvölker in gleicher oder zumindest sehr ähnlicher Weise gespeichert sind. So verkörpert zum Beispiel der Fuchs fast überall Lebensklugheit, Geschicklichkeit, Schlauheit und List. Diese Bedeutung kehrt in den unterschiedlichsten Kulturkreisen und Kontinenten in den Mythen und Träumen der Menschen wieder. Anderer Tiere Eigenschaften lassen sich längst nicht so eindeutig festlegen. So gilt zum Beispiel die Eule bei vielen Völkern als Verkörperung der Weisheit. Andere wieder sehen in ihr eine Botin des Todes und der Dunkelheit. Dementsprechend fürchten sie sich vor der Eule.

Wenn Sie die Bedeutung eines Krafttiers genauer erfahren möchten, sollten Sie auf Ihre Intuition horchen. Entscheidend ist letztlich: Was bedeutet dieses Tier für mich? Wie empfinde ich den Umgang mit ihm? – Um die Antwort auf diese Fragen herauszufinden, könnten Sie die Lebensgewohnheiten dieses Tieres möglichst genau studieren. Manchmal ist das in direktem Umgang mit diesem Tier in seinem natürlichen Lebensraum oder wenigstens in der künstlich geschaffenen Umgebung eines zoologischen Gartens möglich. Bei anderen Tieren wieder sind wir auf Informationen aus Tierbüchern oder aus einem guten Traumlexikon mit psychologischen Deutungen angewiesen. Denn in den Träumen der Menschen zeigt sich die persönliche Kraftqualität eines Tiers meist am deutlichsten. Ihr persönliches Krafttier werden Sie umso genauer kennen lernen, je intensiver Sie auch im Zustand meditativer Entspannung Kontakt zu ihm aufnehmen, mit ihm sprechen, es um seinen Rat fragen, um Hilfe bitten und ihm für seinen Schutz danken.

Wenn Sie Klarheit darüber gewonnen haben, welches Tier Ihr persönliches Krafttier ist, können Sie in Ihrer Wohnung Bilder und Statuen aufhängen bzw. aufstellen, die dieses Tier darstellen. Auf diese Weise verstärken Sie das Energiefeld Ihres Krafttiers.

Die hier folgenden Hinweise beschreiben typische Qualitäten von Krafttieren, die sich besonders gut zum Schutz Ihres Zuhauses eignen. Aber, wie gesagt, letztlich kann nur Ihre persönliche Einstellung zu einem Krafttier darüber entscheiden, welche Wirkung dieses Tier in Ihrem Leben hat.

Der **Bär** verkörpert Kraft allgemein, ganz besonders aber heilende Kraft. Er fördert tiefen und festen Schlaf (entsprechend seiner Fähigkeit, Winterschlaf zu halten). Wahrscheinlich ist das der Grund, warum viele Kinder ihn in der Form des Teddybären als Kuschel- und Schlaftier bevorzugen Er eignet sich besonders für Menschen, die krank sind oder aber die selbst mit heilender Energie in ihrem Beruf arbeiten möchten.

Das **Pferd** wird oft mit dem Gefühl von großer Stärke und Freiheit, aber auch mit Anmut und Bewegung in Verbindung gebracht.

Sind Weisheit und der Blick auf Unbekanntes Ihnen wichtig, so kann die **Eule** das richtige Krafttier für Sie sein.

Wer mit der Energie des **Wolfs** arbeitet, fördert die Verbundenheit in der Familie und das Gefühl der Zusammengehörigkeit in einer größeren Lebensgemeinschaft.

Vögel gelten allgemein als aktiv, schnell, energiegeladen und fröhlich.

Die **Eidechse** ist ein sehr weibliches Krafttier. Sie gibt

auch Mütterlichkeit und stärkt die Fähigkeit, in sich hineinzu-
horchen, sich auf sich selbst zu besinnen.

Fische als im Wasser lebende Tiere fördern den Kontakt
zu den eigenen psychischen Energien, zu den Träumen und
Gefühlen. Ähnliches gilt für Robben. Denn in der Sprache der
Träume ist Wasser meist ein Hinweis auf seelische Energie.

Die **Schildkröte** verkörpert die Energie der Mutter Erde.
Sie wird mit dem Schutz und der Geborgenheit im Mutterleib
in Verbindung gebracht und vermittelt den Trost und die Be-
haglichkeit der Dunkelheit. Sie fördert Ruhe, Erholung und
ein starkes Gefühl von Sicherheit.

Die Energie des **Adlers** ist machtvoll. Viele Menschen
fühlen sich von ihr angezogen. Sie kann Erfolg bei der Arbeit
fördern.

Delphine und **Wale** sind mächtige Symbole für Veränderung. Dabei vermitteln Delphine zusätzlich ein starkes Gefühl
von Freude, Kommunikationsfähigkeit und Verbundenheit zu
anderen Menschen und zur Schöpfung überhaupt. Eine ähnliche Bedeutung haben übrigens auch **Fischotter**.

Der **Elefant** gilt als die Gemeinschaftsenergie und die
Freundschaft stärkend.

Schlangen fördern ebenfalls die Energie der Veränderung, des seelischen Wachstums. Dabei geht es darum, Altes
loszulassen, damit das Neue in uns lebendig werden kann. Diese Wirkung hängt damit zusammen, dass die Schlange die Fähigkeit besitzt, sich zu häuten. Viele Menschen empfinden eine
starke Abneigung gegenüber Schlangen und können dieses
Tier daher nur schwer als Krafttier annehmen. Aber Schlangen
verkörpern seit alter Zeit Heilenergien. In Griechenland
brachte man früher Kranke in besondere Heiltempel, in denen
sie übernachteten. Auf dem Boden dieser Tempel schlängelten
sich Heilschlangen. Im Symbol der Ärzte, einem Stab, um den

sich zwei ineinander verschlungene Schlangen winden, drückt sich die heilende Energie dieser Tiere bis in unsere Zeit hinein aus.

Die **Kuh** verkörpert im Allgemeinen den mütterlich-nährenden Aspekt. Für viele Menschen symbolisiert sie auch Frieden und das Gefühl, für andere da zu sein.

Die Energie des **Rehs** ist für viele Menschen mit Sanftheit, Weichheit und Liebe verbunden. Wenn Ihr Leben stark nach außen gerichtet und von hoher Aktivität bestimmt ist, kann die Energie des Rehs ein wirksames Gegengewicht bedeuten.

Im Gegensatz zum Reh, das sich behutsam um Pflanzen herum bewegt, marschiert der **Elch** im Allgemeinen direkt auf sein Ziel los. Ihn kann nichts aufhalten. Er durchbricht jedes Hindernis und verfügt über ein hohes Maß an Vitalität und Stärke. Der Elch verfügt über eine kriegerähnliche Energie, die gut helfen kann, wenn jemand das Gefühl hat, in seinem Leben immer wieder Opfer zu sein, die Dinge nicht selbst steuern zu können.

Krähen sind äußerst intelligente Tiere. Wenn etwas ihr Interesse erregt hat, entwickeln sie viel Beharrlichkeit. Sie lassen nicht locker, ehe ihre Neugier zufrieden gestellt ist. Außerdem gelten sie als schlau und erfinderisch. Sie sind imstande, sich aus ihrer Umgebung alles das zu beschaffen, was ihnen wichtig erscheint.

Wenn Sie Ihr persönliches Krafttier gefunden haben, sollten Sie ihm von Zeit zu Zeit Aufmerksamkeit widmen. Das kann geschehen, indem Sie meditativ mit ihm Kontakt aufnehmen, es um Hilfe in schwierigen Situationen bitten, ihm für seinen Schutz danken oder einfach, indem Sie es – in seiner Symbol-darstellung in Ihrer Wohnung – manchmal begrüßen und zu ihm zu sprechen.

34
Edelsteine verwandeln Ihr Zuhause

In allen bekannten hoch entwickelten Kulturen schätzte man Edelsteine nicht nur als Schmuck, sondern wegen ihrer heilenden Wirkung. Durch ihre positiven Schwingungen verbinden sie uns mit der schützenden, stärkenden und nährenden Kraft der Erde. Aber sie sind zugleich Träger des Lichts in seinen reinsten, natürlichen Farben und übermitteln kosmische Energien, die harmonisierend auf Körper und Seele wirken. Deshalb ist es günstig, sich in der Wohnung mit Edelsteinen zu umgeben. Die Schwingungsqualität der Räume lässt sich auf diese Weise deutlich spürbar erhöhen.

Legen Sie zum Beispiel einen Hauskristall an eine wichtige Stelle Ihrer Wohnung oder Ihres Zimmers. Wählen Sie dafür ein besonders schönes Exemplar aus, zu dem Sie selbst eine starke Beziehung spüren. Geeignete Edelsteine können Sie im Versandhandel, in Esoterik-Läden und inzwischen auch schon in größeren Juweliergeschäften kaufen.[72] Sie sind nicht einmal besonders teuer. Als nicht geschliffene Trommelsteine mit einem Durchmesser von von 3 bis 4 cm bekommt man Edelsteine schon für wenig Geld. Für größere und besonders schöne

Steine oder Drusen – das sind Schalen-Hohlräume aus bestimmten kristallisierten Mineralien – müssen Sie natürlich mit höheren Preisen rechnen.

Wenn Sie den richtigen Hauskristall gefunden haben, reinigen Sie ihn am besten zunächst, indem Sie ihn längere Zeit unter fließendes kaltes Wasser halten. Nehmen Sie ihn dann während einer Meditation in beide Hände und sprechen Sie zu ihm. Widmen Sie ihn dem Schutz, den Sie von ihm erwarten, und danken Sie ihm schon jetzt dafür, dass er Ihnen diesen Schutz geben wird. Steine sind Lebewesen, nur eben statischer als Pflanzen, Tiere und Menschen. Doch man kann mit ihnen sprechen.

Legen Sie solche Steine an Ihren heiligen Ort in der Wohnung oder an andere wichtige Stellen, wo Sie sie oft sehen und in nahen Kontakt zu ihnen treten können, zum Beispiel an Ihren Arbeitsplatz. Manche Menschen tragen ihren Lieblingsstein ständig bei sich. So können sich seine heilenden Schwingungen besonders intensiv auf ihren Körper übertragen.

Ihr persönlicher Kraftstein muss nicht unbedingt ein Edelstein sein. Manchmal »fällt« Ihnen ein Stein an einem besonders schönen Ort in der Natur »zu«. Er trägt dann die Energie dieses Ortes in sich. Und mit ihm können Sie die Schwingung dieses Ortes in Ihr Zuhause bringen. Vor vielen Jahren habe ich während eines Urlaubs am Meer einen wunderschönen grünen Sandstein gefunden. Er hat die Farbe des Wassers und an seiner Oberfläche haben sich Rillen eingegraben, die wie Wellen aussehen. Jedes Mal wenn mein Blick in meinem Arbeitszimmer auf diesen »Wellenstein« fällt, spüre ich die Energie des Meeres. Er trägt sie noch immer in sich und strahlt sie aus.

Unterschiedliche Steine haben verschiedene Schwingungsqualitäten und auch unterschiedliche Heilwirkungen, die man in der Edelsteintherapie berücksichtigt. Aus diesem Grunde folgt hier ein – alphabetisch geordneter – Überblick über die »Eigenschaften« der wichtigsten Steine. Aber auch er kann wieder nur Anhaltspunkte geben. Letztlich entscheidend ist immer die Bedeutung, die ein Stein für Sie ganz persönlich besitzt.

Die Schwingungsqualität der wichtigsten Edelsteine

Achat: Er fördert die Auflösung negativer Emotionen und gibt Ausgeglichenheit und Festigkeit. Er hilft, den eigenen Körper voll zu akzeptieren, und wirkt günstig auf die Fortpflanzungsorgane.

Amethyst: Das rote Feuer der Aktivität und das blaue der Stille und Weite vereinigen sich im Amethyst zu einer neuen Kraft. Er schenkt lebendige Ruhe, in der sich alte Ängste auflösen. So kann Vertrauen in die göttliche Kraft des Universums wachsen. Er fördert die Meditation und die Inspiration.

Aquamarin: Der lichtblaue Aquamarin trägt die Weite des Meeres und des wolkenlosen Himmels in sich. Er hilft, zu einem Spiegel der Weite des Geistes zu werden. Er fördert die Kommunikation und bringt Licht und Klarheit in die dunklen Winkel unserer Seele. Der Aquamarin fördert das intuitive Verstehen und hilft, die Gedanken und Gefühle frei auszudrücken.

Bergkristall: Der Bergkristall hilft, die bunte Vielfalt des Lebens zu einer Ganzheitlichkeit zu vereinigen. Er gibt Klarheit und Licht und fördert die spirituelle Erkenntnis. Der Bergkristall löst Stauungen und Blockaden auf. Und er schenkt neue Energie.

Bernstein: Der Bernstein gibt Wärme und Zuversicht. Seine Sonnenkraft leitet auf dem Weg zu mehr Klarheit, Freude und Erfolg bei allen Unternehmungen beruflicher wie persönlicher Art. Auf der Körperebene reinigt und läutert der Bernstein den Organismus. Er wirkt ausgleichend auf das Verdauungs- und Hormonsystem und stärkt die Leber.

Blutjaspis: Der grünrote Blutjaspis verbindet mit der elementaren Kraft der Erde. Er gibt Vitalität, Festigkeit, Geduld und das Gefühl der Geborgenheit, aus dem Kraft und Ruhe geschöpft werden können.

Chalcedon: Der weißblaue Chalcedon wirkt beruhigend und ausgleichend. Er vermindert Reizbarkeit und Überempfindlichkeit. Er fördert den Zugang zum Inneren unserer Persönlichkeit und den Selbstausdruck durch Sprache und Schrift.

Edeltopas: Der goldgelbe Edeltopas schenkt die verströmende Kraft der Sonne. Er gibt größere Bewusstheit, Wachheit, Klarheit, Freude und Lebendigkeit. Bei Ängsten und Depressionen hilft er, die belastenden Gedanken und Gefühle fortzunehmen. Der Edeltopas stärkt den ganzen Körper und regt ihn an. Er fördert die körperliche wie die geistige Verdauung.

Granat: Der Granat schenkt Antriebskraft, Willensstärke und Selbstvertrauen. Er regt die Sexualität an und hilft dabei, sie in eine aufbauende Kraft zu verwandeln. Auf der Körperebene wirkt er günstig bei Erkrankungen der Geschlechtsorgane. Er regt auch den Blutkreislauf an.

Hämatit: Er wird auch Blutstein genannt und gibt Festigkeit und Kraft. Er wirkt stärkend und aufbauend auf den Körper und stützt die Heilung von Krankheiten.

Jade: Das sanfte Grün der Jade schenkt Frieden, Harmonie, Weisheit des Herzens, Gerechtigkeit und Bescheidenheit. Die Jade entspannt und beruhigt das Herz. Sie fördert die Freude an der Schöpfung und hilft gegen Unruhe und Rastlosigkeit. Sie schenkt einen ruhigen Schlaf und angenehme Träume.

Karneol: Der Karneol schafft eine starke Verbindung mit der Schönheit und der schöpferischen Kraft dieser Erde. Er hilft, den Augenblick zu leben. Er lässt die Lebenskraft wieder fließen und stärkt die kreative Ausdrucksfähigkeit.

Kunzit: Im Kunzit verbindet sich das zarte Rosa der erhöhten Liebe mit dem Violett, das den Aspekt der göttlichen Liebe betont. Nach alter Überlieferung öffnet der Kunzit die Menschen für die göttliche Liebe. Er hilft, die Herzensliebe hin zur Selbstlosigkeit wachsen zu lassen.

Lapislazuli: In der tiefblauen Farbe des Lapislazuli sind goldene Pyriteinschlüsse verteilt wie die Sterne am Nachthimmel. Der Lapislazuli öffnet den Sinn für die Geborgenheit im Kosmos. Er führt den Geist nach innen und verhilft ihm, übergeordnete Zusammenhänge zu erkennen. Er fördert die Intuition und die tiefe Freude über die Wunder des Lebens und des Universums.

Mondstein: Der Mondstein schafft eine Verbindung zur empfindsamen, empfänglichen und traumhaften Seite unseres Wesens. Er öffnet den Weg zu innerem Reichtum an Gefühlen. Er nimmt die Angst vor Gefühlen und begünstigt das Entstehen eines emotionalen Gleichgewichts. Auf der körperlichen Ebene unterstützt der Mondstein die Reinigung blockierter Lymphbahnen und sorgt bei Frauen für einen ausgewogenen Hormonhaushalt.

Rosenquarz: Das zarte, rosafarbene Licht des Rosenquarzes fördert Sanftheit, Zärtlichkeit und Liebe. Es hilft auch, sich selbst und die anderen anzunehmen. Der Rosenquarz öffnet den Sinn für die Schönheit von Musik und anderen Kunstformen. Er belebt die Phantasie und die schöpferische Ausdruckskraft.

Rote Koralle: Die rote Koralle regt das Fließen lebendiger Kraft an. Sie fördert den Blutkreislauf und schenkt Stabilität und Biegsamkeit gegenüber den Hindernissen des Lebens.

Rubin: Der Rubin vermittelt lebensspendende, warme und kreative Energie. Er stellt eine harmonische Verbindung zwischen körperlicher und geistiger Liebe her. Dadurch erschließen sich neue Lebensformen.

Saphir, indigoblauer: Ein klarer, durchsichtiger Saphir öffnet den Geist für kosmisches Wissen. Seine Schwingungen bewirken eine Reinigung, Umwandlung und Erneuerung in Seele und Geist. Er bildet eine Brücke zwischen dem Irdischen und dem Unendlichen und bringt Klarheit auf dem spirituellen Weg.

Smaragd: Der Smaragd schenkt Frieden und Harmonie. Er fördert die Übereinstimmung mit den Kräften der Natur, regeneriert, verjüngt, erfrischt und beruhigt. Er zieht heilende Energie an.

Sodalith: Der dunkelblaue Sodalith reinigt den Verstand und fördert die Fähigkeit zu tiefen Gedanken. Er schenkt Ruhe,

Gelassenheit und stärkt die Nerven. Er hilft zugleich, überlebte Gedankenmuster aufzulösen. Der Sodalith vermittelt die Kraft, Ideen und Erkenntnisse in den Alltag zu übertragen und sie wirksam zu vertreten.

Tigerauge: Das Tigerauge stärkt die äußere und die innere Sehkraft. Es schärft den Verstand und hilft, eigene Schwächen klar zu erkennen und daraus Konsequenzen zu ziehen.

Türkis: Der Türkis verbindet die hohen Ideale des Geistes mit der ursprünglichen, lebendigen, naturhaften Kraft der Erde. Er hilft, geistige Erkenntnisse in das erdhafte Leben zu integrieren. Der Türkis zieht positive Energien an.

Turmalin: Der rosarote Turmalin öffnet das Bewusstsein für den gebenden Aspekt der Liebe. Er führt aus eng gewordenen Gefühlsstrukturen heraus.

Manchmal haben rosa Turmaline einen grünen Rand. Sie bekommt man im Handel meist in Scheiben aufgeschnitten. Bei ihnen verbindet sich die Qualität des rosaroten Turmalins mit den heilenden, harmonisierenden Schwingungen des Grüns.

Zitrin: Der Zitrin stärkt das Wohlbefinden. Er vermittelt Wärme, Lebendigkeit, das Gefühl von Sicherheit und Zuversicht. Er hilft, Erfahrungen unseres Lebens besser zu verarbeiten und in die Persönlichkeit zu integrieren. Das Umsetzen intuitiver Wahrnehmungen in unser Handeln gelingt mit Hilfe des Zitrins besser. Er stützt bei der Verwirklichung wichtiger Ziele. Im Körperbereich fördert der Zitrin das Ausscheiden von Giften und Schlacken. Er belebt das Blut und die Nerventätigkeit und wirkt günstig bei Verdauungsbeschwerden und Diabetes.

Vieles ist verrückt in der Welt des weißen Mannes. Wir glauben, dass die Weißen sich mehr Zeit nehmen sollten, um mit der Erde, den Wäldern und allem, was wächst, vertrauter zu werden, statt wie eine in Panik geratene Büffelherde herumzurasen. Wenn die weißen Menschen auch nur einige unserer Ratschläge befolgten, fänden sie eine Zufriedenheit, die sie jetzt nicht kennen und die sie auf ihrer verbissenen Jagd nach Geld und Vergnügen vergeblich suchen. Wir Indianer können die Menschen immer noch lehren, wie man im Einklang mit der Natur lebt.

Tatanga Mani

35
Geräte und technische Hilfen für Ihre Wohnung

Die Grenzen unserer Belastbarkeit durch Schadstoffe sind erreicht

Bei gesunder Lebensweise in einem gesunden Lebensumfeld sollte der Einsatz technischer Geräte zur Erhöhung der Lebenskraft eigentlich überflüssig sein. Nur: Unsere moderne Lebensweise ist alles andere als »gesund«. Sie hat sich sehr weit von der Natur entfernt. Entsprechend hoch ist heute die Zahl der selbst geschaffenen Zivilisationskrankheiten, unter denen die Menschen der westlichen Kulturnationen leiden. Ihre Ursachen sind vielfältig. Sie lassen sich kaum jemals einzeln ermitteln. Aber durch ihr Zusammenwirken verstärken sich die einzelnen schädlichen Faktoren gegenseitig auf geradezu unglaubliche Weise in ihrer Wirkung.

Einzelne dieser schädlichen Einwirkungen verträgt der Körper oft jahrzehntelang ohne nennenswerte Ausfälle. Dann aber bringt plötzlich die Reaktion auf irgendeinen für sich gesehen verhältnismäßig harmlosen Schadfaktor das Fass zum

Überlaufen und dramatische Gesundheitsreaktionen treten auf. Oft bricht jetzt plötzlich das ganze Immunsystem zusammen. Und es kommt zu den typischen Krankheitsbildern unserer Zeit: Krebs, Herz-Kreislauf-Pprobleme, Allergien, Asthma, rheumatische Erkrankungen der Muskeln und Gelenke, Magen- und Darmstörungen, Pilzerkrankungen an Darm, Haut und Organen, chronischer Schnupfen und Nebenhöhlenerkrankungen, nicht recht definierbare chronische Müdigkeitserscheinungen schon bei Jugendlichen, Kopfschmerzen, Nervenstörungen aller Art, Einschlaf- und Durchschlafprobleme, Ausfluss und Regelstörungen bei Frauen, Depressionen.

Wir sind heute einer geradezu unglaublichen Fülle von Giften ausgesetzt. Und niemand kann bis jetzt genau sagen, wie sie sich in ihrer Wirkung gegenseitig beeinflussen. Das beginnt bei dem Nervengift Quecksilber aus Amalgamfüllungen mit dem gleichzeitig wirkenden Zinn aus dem Amalgamabrieb. Jeder einzelne Mensch ist heute bereits mit Dioxin vergiftet.[73] Zusätzliche Belastungen stellen Krebs erregendes Benzol aus bleifreiem Benzin, Cadmium aus kunstdüngergezogenen Vollkornprodukten und Gemüsen dar. Hinzu kommt das Passivrauchen. Diese Faktoren zusammen machen bereits die Hälfte der täglich von der Weltgesundheitsorganisation (WHO) zugelassenen Cadmium-Höchstmenge aus. Aber dann sind da noch die Wirkungen von Formaldehyd aus den Schlafzimmermöbeln, das hochgiftige Kerosin, das in den überlasteten Flugschneisen auf uns niederrieselt, wenn wir in deren Nähe wohnen, die Weichmacher, die nach vierjähriger Liegezeit aus gummierten Teppichfußböden herausbröseln, der Hausstaub, der von PCB (polychloriertem Biphenylen) gesättigt ist. Außerdem unterliegt jeder Mensch inzwischen enormen elektromagnetischen Belastungen, dem heute üblichen Elektrosmog durch Handys und die vielen elektrischen Felder, von denen das ganze Land flächendeckend kreuz und quer überzogen ist. Der Organismus muss zusätzlich jeden Tag ungefähr 50 amtlich genehmigte Lebensmittelzusatzstoffe verkraften, die den Appetit anregen, die Nahrung verschönern und haltbar machen sollen. Kopfhaut, Augen, Nase und Haut werden laufend einer chemischen Dauerberieselung aus Haarfärbemitteln und Haarsprays unterzogen. Die Haut wird großflächig und den ganzen Tag über den Einwirkungen von Tri- und Perchloräthylen, Pentachlorphenol und Polyester ausgesetzt. Das sind die Rückstände aus chemischen Reinigungen und Textilfaserbehandlungen.[74] Solche Beispiele an täglichen Belastungen ließen sich beliebig vermehren. Irgendwann gibt der Organismus seine Gegenwehr auf: Er wird krank.

Die Zahl der Schadensursachen verringern

Entkommen können wir diesem Netz aus schädlichen Einwirkungen nicht mehr. Aber es bleibt noch immer genug Spielraum, ihren Einfluss zu verringern und unseren Lebensraum mit positiven Energien anzureichern, um auf diese Weise ein Gegengewicht zu schaffen.

Auf dem Markt werden zahlreiche Geräte angeboten, die die schädliche Wirkung von Elektrosmog aufheben sollen. Ob sie dieses Ziel auch wirklich erreichen, kann ich nicht sicher sagen.

Im Grunde gibt es drei Methoden, wie Sie die schädlichen Auswirkungen elektrischer Felder in Ihrer Wohnung vermindern können. Die erste: alle elektrischen Geräte möglichst wenig einschalten. Das gilt vor allem für Mikrowellenherde, Handys, Fernseher, Computer, elektrisch beheizte Bettdecken, Wasserbetten, Heizkissen, Haartrockner und Leuchtstofflampen. Die zweite Möglichkeit: Halten Sie möglichst weiten Abstand von elektromagnetischen Feldern. Sorgen Sie vor allem dafür, dass Ihr Schlafbereich frei von derartigen Störfeldern ist. Radiowecker und ähnliche Geräte haben in der Nähe Ihres Bettes nichts zu suchen. Selbst Stahlfedermatratzen sind nach neueren Forschungen nicht harmlos, weil sie wie Antennen elektromagnetische Schwingungen aus der Umwelt aufnehmen und sie verstärken. Besser sind Matratzen aus reinen Naturmaterialien. Und die dritte Methode: auf solche Geräte, die starke Störfelder aufbauen, von vornherein verzichten bzw. sie wieder abschaffen, falls sie sich schon in Ihrer Wohnung befinden.

Wenn Sie genau wissen möchten, welche Geräte in Ihrer Wohnung elektromagnetische Störfelder verursachen, dann besorgen Sie sich Geräte zum Messen solcher Felder. Sie sind nicht teuer und lassen sich leicht handhaben.

Falls Sie schlecht schlafen oder Gesundheitsprobleme irgendwelcher Art haben, empfiehlt sich immer auch die Untersuchung Ihres Schlafplatzes durch einen guten Radiästhesisten, damit Sie möglichst alle Störfelder mit schädlichen Strahleneinwirkungen beseitigen können.

Viele schädliche Gesundheitseinwirkungen lassen sich verhindern, wenn Sie Nahrungsmittel mit chemischen Zusätzen möglichst meiden. Essen Sie stattdessen viel Früchte, ungespritztes Gemüse, Vollwertbrot und wenig Fleisch. Frische Früchte erhöhen die Energieschwingungen in Ihrer Wohnung allein schon dadurch, dass Sie sie in einer Schale auf den Tisch stellen. Wenn Sie sich außerdem noch viel im Freien bewegen und mit Ihrem Denken Ihre Lebenskraft erhöhen, anstatt sie durch negatives Grübeln zu schwächen, dann tun Sie schon eine ganze Menge für Ihre Gesundheit. Unsere Gedanken sind Energie. Allein durch unser Denken können wir ein mächtiges Feld von Lebenskraft um uns herum aufbauen und die schädliche Wirkung negativer Stresse ausschalten.

Orgonstrahler zur Erhöhung Ihrer Lebensenergie

Viele Menschen haben heute den Wunsch, ihre Lebensenergie durch zusätzliche Möglichkeiten anzureichern. Sie sind auch bereit, dazu moderne technische Hilfen in Anspruch zu nehmen. Eine der besten Chancen, ein positives Schwingungsfeld in Ihrer Wohnung aufzubauen, ist das Aufstellen eines Orgonstrahlers. Moderne Forscher haben dieses Gerät auf Grund der Erkenntnisse Wilhelm Reichs (1897-1959) entwickelt. Reich war Schüler von Sigmund Freud und Psychoanalytiker (vgl. S. 138 und 142). Er emigrierte nach Amerika und bildete dort Psychoanalytiker wie Alexander Lowen und Fritz Perls aus, die später Weltruhm erlangten und die Entwicklung der modernen Psychotherapie entscheidend prägten. Er selbst entwickelte mit seinen berühmten Bion-Versuchen die Voraussetzungen, Orgonenergie zur Heilung selbst schwer krebskranker Menschen erfolgreich einzusetzen. Dazu setzte er seine Patientinnen und Patienten in einen von ihm entwickelten Orgonakkumulator. Ich darf wiederholen: Das ist ein Gerät ungefähr in der Größe einer Duschkabine, das aus mehreren wechselnden Schichten von Stahlwolle und Glaswolle aufgebaut ist und messbare Veränderungen z.B. in der Körpertemperatur bewirkt. Auf der Basis dieses Akkumulators gelang es, kleinere, handliche Geräte zu entwickeln. Sie schaffen es inzwischen ebenso erfolgreich, den Organismus mit heilender und Kraft bringender Lebensenergie anzureichern. Setzt man sich öfters vor solch einen Orgonstrahler, so lässt sich bei den meisten Menschen schon nach kurzer Zeit ein deutliches Ansteigen des allgemeinen Wohlbefindens beobachten. Viele Ärzte und Heilpraktiker im In- und Ausland benutzen den Orgonstrahler inzwischen mit bemerkenswertem Erfolg zur Heilung aller möglichen Krankheiten. Teilweise stellen sie ihn sogar in ihrem Wartezimmer auf. Und immer mehr Menschen benutzen den Strahler zu Hause, um ihre Abwehrkraft gegen Krankheiten zu steigern, oder einfach nur, um sich mit Lebensenergie anzureichern und ein Schwingungsfeld voll positiver Lebenskraft in ihrem persönlichen Lebensraum aufzubauen.[75]

Ionisatoren und ihre gesundheitsfördernde Wirkung

Ihre Wohnung als heilklimatischer Luftkurort

Manchmal schafft die Natur klimatische Bedingungen, unter denen wir uns ausgesprochen unwohl fühlen. Bei Föhn beispielsweise leiden viele Menschen unter Kopfschmerzen, Müdigkeit oder Übelkeit und sind äußerst reizbar. Chirurgen vermeiden bei solch problematischen Wetterlagen zu operieren. Und Richter erkennen Föhnwetterlagen als Strafmilderungsgrund bei Gewalttaten an.

In vielen Ländern der Erde gibt es vergleichbar schwierige Wetterbedingungen: in Frankreich der Mistral, in Israel der

Sharav, in Kalifornien der Santa-Ana und in Kanada der Chinook. Sie alle zeichnen sich aus durch die ungewöhnlich hohe Zahl an positiv geladenen Ionen in der Luft, die den Menschen nicht gut bekommt. Dagegen fühlen wir uns in einem Klima mit hohem Anteil negativ geladener Ionen, zum Beispiel am Meer, in Nadelwäldern und an Wasserfällen, ausgesprochen wohl. Der Raum hinter einem Wasserfall galt bei den Indianer seit jeher als Ort heiliger Kraft.

Unglücklicherweise finden sich positiv geladene Ionen besonders reichlich in verschmutzter Luft. Sie vertreiben dort die negativen Ionen mit Leichtigkeit.

Ohne ein wenigstens annähernd bestehendes Ionengleichgewicht in der Luft könnten wir auf die Dauer nicht leben. Eine Gruppe russischer Wissenschaftler hat den Versuch unternommen, Mäuse, Kaninchen und Meerschweinchen in einer ionenfreien Atmosphäre zu züchten. Alle Tiere starben innerhalb weniger Tage.[76]

Wissenschaftler aus vielen Ländern kommen zu dem Ergebnis, dass sich eine Störung des natürlichen Ionengleichgewichts schädigend auf das psychische und körperliche Wohlbefinden des Menschen auswirkt. Ingesamt existieren zu diesem Thema mehr als 700 wissenschaftliche Untersuchungen auf der ganzen Welt. Sie belegen eindeutig, dass ein Übermaß positiv geladener Ionen sich gesundheitsschädlich, ein hoher Anteil an negativ geladenen Ionen sich dagegen fördernd auf die Gesundheit auswirkt.

In Israel haben Forscher Krankheitsbakterien einem starken Umfeld negativ geladener Ionen ausgesetzt. Innerhalb von sechs Stunden verminderte sich die Zahl der Erreger um 50 Prozent. Nach 24 Stunden waren nur noch 30 Prozent der Krankheitserreger vorhanden.[77] Dieses Ergebnis lässt darauf schließen, dass sich durch eine mit negativen Ionen angereicherte Atmosphäre günstige Heilbedingungen bei Krankheiten schaffen lassen.

Eine in den Vereinigten Staaten durchgeführte Studie ergab: 63 Prozent von Patienten, die unter Heuschnupfen oder Asthma litten, waren binnen kürzester Zeit vollkommen oder teilweise beschwerdefrei, wenn man sie einem Umfeld mit negativ geladenen Ionen aussetzte. Die Kranken kamen niesend, mit tränenden Augen, juckender Nase und von Schlafmangel erschöpft am Ort der Behandlung an. Nachdem sie fünfzehn Minuten vor einem Apparat gesessen hatten, der Negativ-Ionen erzeugt, fühlten sie sich pudelwohl. Ihre Beschwerdefreiheit hielt noch ungefähr zwei Stunden lang an, nachdem sie in ihre nichtionisierte Umgebung zurückgekehrt waren.[78]

Eine Untersuchung aus Russland ergab eine deutliche Steigerung der körperlichen Leistungsfähigkeit als Wirkung eines an Negativ-Ionen reichen Umfelds. Man setzte eine Gruppe von Männern 25 Tage lang für 15 Minuten pro Tag einem solchen Umfeld aus. Der allgemeine Gesundheitszustand, ihr Appetit und das Schlafverhalten verbesserten sich dabei deutlich. Schon nach neun Tagen steigerte sich ihre Arbeitskapazität um 50 Prozent. Nach dem 25. Tag ergab sich eine Steigerung von 87 Prozent.[79]

Ionisatoren ließen sich mit gutem Erfolg auch bei Brandverletzungen einsetzen. Sie führten zu einer wesentlich schnelleren Heilung. Zugleich ging die Zahl der Wundinfektionen deutlich zurück.[80]

Eine weitere Studie aus Israel konnte nachweisen, dass sich die bio-elektrischen Hirnströme bei Anwendung von Ionisatoren günstig verändern. Die Versuchspersonen berichteten parallel dazu, dass sie zunächst eine starke Entspannung, gefolgt von einem Zustand erhöhter Wachheit, gespürt hätten.[81]

Die Anschaffung eines Ionisators vermag in Ihrer Wohnung eine mit negativ geladenen Ionen angereicherte Atmosphäre zu schaffen. Wenn Sie sich ein solches Gerät kaufen, sollte es von guter Qualität sein. Erforderlich ist, dass die Emissionsnadeln aus rostfreiem Stahl hergestellt oder verzinkt sind. Sonst verlieren sie nach kurzer Zeit ihre Funktionsfähigkeit. Auch sollte das Gerät in der Raummitte aufgestellt sein. Da es den Schmutz aus der Luft herausfiltert, kann es sonst zu dunklen Ablagerungen an den Wänden kommen.

Zimmerspringbrunnen zum Selbstherstellen

Zimmerspringbrunnen schaffen ebenfalls eine an negativ geladenen Ionen reiche Atmosphäre. Außerdem erhöhen sie auf angenehme Weise die Luftfeuchtigkeit und schaffen mit ihrem Geplätscher für viele Menschen eine beruhigend und entspannend wirkende Geräuschkulisse.

Einen Zimmerspringbrunnen können Sie sich leicht selbst basteln. Kaufen Sie sich eine große und tiefe Schale. Dazu brauchen Sie eine kleine elektrische Unterwasserpumpe. Beides bekommen Sie am besten in Gartencentern. Die Pumpe stellen Sie in der Mitte der Schale auf. Dann legen Sie, ganz nach Ihrem Geschmack, Flusssteine um die Pumpe, sodass sie mitsamt dem Zuleitungsschlauch von den Steinen bedeckt wird. Nun brauchen Sie nur noch die Pumpe einzuschalten – und fertig ist Ihr selbst hergestellter Zimmerspringbrunnen!

Natürliche Ionisatoren: Zimmerpflanzen

Falls Sie sich nicht solcher technischer Hilfen zur Verbesserung Ihres Raumklimas bedienen möchten, können Sie durch das Aufstellen bestimmter Zimmerpflanzen eine ähnlich positive Wirkung erzielen. Farne erzeugen zum Beispiel auf hervorragende Weise eine negativ geladene Ionenatmosphäre in Räumen, wenngleich sie nicht ganz so stark wirken wie ein Ionisator.

Eine an der landwirtschaftlichen Universität in Norwegen durchgeführte Untersuchung kommt zu dem Ergebnis, dass Pflanzen in Büros die Zahl der Krankmeldungen durch Mitarbeiter deutlich verringern. Die Angestellten in einem »grünen Büro« wurden um rund ein Drittel seltener krank als ihre Kolleginnen und Kollegen, die an einem Arbeitsplatz ohne Pflanzen arbeiten.

Absterbende, kranke und tote Pflanzen sollten Sie möglichst aus Ihrer Wohnung entfernen, denn sie schwächen die Raumenergie.

Pyramiden als Kraftverstärker

Pyramiden sind noch zu nennen, wenn Sie mittels technischer Hilfen die Energie Ihrer Wohnung erhöhen möchten. Es gibt sie in den unterschiedlichsten Größen, angefangen bei wenigen Zentimetern bis zu mehreren Metern Höhe, sodass Sie Ihr Bett unter eine Pyramide stellen könnten, um Ihre Energiereserven ständig neu aufzuladen.

Duftlampen zur Verbesserung des Raumklimas

Am bekanntesten und inzwischen bei uns schon weit verbreitet ist die Gewohnheit, Duftlampen in der Wohnung aufzustellen. So lässt sich eine besondere Raumatmosphäre je nach Art der gewünschten Stimmung schaffen.

Duftstoffe üben starke Wirkungen auf den ganzen Organismus, vor allem auf unsere Emotionen aus. Jede Wohnung hat ihren eigenen Duft, auch wenn wir ihn nicht immer bewusst wahrnehmen. Ein bestimmter Duft kann weit zurückliegende Erinnerungen aus der Kindheit in uns wecken, angenehme wie unangenehme. Das Gefühl von Geborgenheit hat für uns seinen eigenen Duft ebenso wie das Gefühl von Angst und Schrecken.

Die moderne Aromatherapie nutzt Duftstoffe, um Kranke zu heilen. Sie steht in einer mehr als 2000 Jahre alte Tradition. Schon Hippokrates empfahl die Anwendung aromatischer Duftstoffe in Bädern und Öle zum Einreiben.

Bestimmte Duftstoffe haben eine anregende, erfrischende Wirkung, z. B. Minze, Limone, Mandarine, Rosmarin, Patschuli und Ylang Ylang. Sie sind eher yang-betont. Andere wieder wirken eher yin-betont, entspannend und beruhigend. Zu ihnen gehören vor allem Lavendel, Rose, Olibanum, Neroli und Majoran.

Persönliche Unterschiede in der Wirkung sind denkbar. Am besten sammeln Sie selbst Ihre Erfahrungen.

36
Ein Fest aus Licht und Farben feiern

Der Kreis schließt sich

Von der Zahlensymbolik her ist es kein Zufall, dass ausgerechnet ein 36. Kapitel dieses Buch zu Ende führt: In der 36 steckt dreimal die Zwölf. Die Zwölf galt schon bei den alten Babyloniern als heilige Zahl. Zwölf Tierkreiszeichen kennen wir. Zwölf ist die Zahl der Monate, die das Jahr umfassen. Zwölf Jünger werden Jesus zugeordnet. Und als Stunde setzt die Zwölf ein Ende. Tritt die Zwölf gleich dreimal auf, so unterstreicht das ihre Ganzheitssymbolik noch zusätzlich: Denn auch die Drei gilt seit dem Altertum als magische Zahl. In Indien bilden Brahma, Vishnu und Shiva eine göttliche Dreiheit. Ebenso gehen die altägyptischen und christlichen Religionen von der Dreifaltigkeit Gottes aus. Neptun, der Gott des Meeres, trägt einen Dreizack. Und in den Märchen sind drei Rätselfragen zu lösen.

Der Kreis schließt sich. Mein Buch wird nun vervollständigt. Alles, was zu sagen ist, ist gesagt. Wenn ein Kreis sich schließt, so ist das ein Grund, ein Fest zu feiern. Dieses Fest könnte ein besonderes werden, ein Fest der ganz anderen Art, ein Fest aus Licht, aus Farben, aus Musik und Tanz. Rituale und selbst gefertigte Masken spielen dabei eine wichtige Rolle. Es könnte ein Fest der Heilung werden, der Heilung für uns selbst und – wenn Sie wollen – auch ein Fest zur Heilung der Erde.

Licht heilt

Über das Licht wurde schon manches in diesem Buch gesagt – und doch ist noch einiges zu ergänzen, wenn ein Lichtfest gefeiert werden soll.

Licht heilt. Ohne das Licht der Sonne gäbe es kein Leben auf der Erde. In ihrer langen Geschichte als Jäger, Hirten und Bauern haben die Menschen immer in freier Natur gelebt und gearbeitet. Sie waren dabei ständig dem natürlichen Sonnenlicht ausgesetzt. Erst durch die industrielle Revolution änderte sich das plötzlich. Die Menschen strömten zu Abertausenden in die Städte, um in Fabriken und in Büros ihren Lebensunterhalt zu verdienen. Oder sie arbeiteten in Bergwerken tief unter der Erde. In unserer modernen Gesellschaft verbringen wir den größten Teil unserer Zeit hinter Fensterglas. Glas aber filtert den ultravioletten, lebensnotwendigen Teil des Lichts heraus und lässt ihn nicht bis auf unsere Haut vordringen. Wir erkranken aus Mangel an Licht.

Die Ozonschutzschicht der Atmosphäre schwindet. Deshalb warnen die Experten immer wieder davor, sich dem Sonnenlicht auszusetzen. Als Konsequenz ziehen sich die Menschen noch weiter von dem lebensnotwendigen Licht zurück – und werden infolgedessen immer kränker.

Dabei weiß die Medizin seit langem um die heilende Wirkung des Sonnenlichts. Schon 1903 erhielt der dänische Arzt Niels Finsen den Nobelpreis dafür, dass er Hautkrebs erfolgreich mit ultraviolettem Licht behandelte. Inzwischen bestätigen zahlreiche wissenschaftliche Untersuchungen: Ultraviolettes Licht ist ein wirksames Mittel, um hohen Blutdruck, ebenso den zu hohen Blutzuckerspiegel bei Diabetikern und den Cholesterinspiegel im Blut wirkungsvoll zu senken. Unter Einwirkung von Sonnenlicht stieg die Zahl der für die Krankheitsabwehr notwendigen weißen Blutkörperchen beträchtlich an. Die körperliche Leistungsfähigkeit insgesamt erhöhte sich deutlich. Inzwischen heilt man durch künstliches oder natürliches Sonnenlicht selbst bestimmte Formen von Depressionen.[82] Allein in Deutschland leiden zehn Millionen Frauen und Männer unter Depressionen. Viele von ihnen fühlen sich vor allem in der lichtarmen Jahreszeit niedergeschlagen. Schon kleine Anstrengungen ermüden sie und sie verlieren die Lust an allen Lebensäußerungen. Nervöse Unruhe und Angst, Spannungszustände oder Schlafstörungen bereiten ihnen Schwierigkeiten und lähmen jeden Antrieb. Sonnenlichtanwendungen mit natürlichem, aber auch mit künstlichem Sonnenlicht konnten ihnen helfen, aus ihrer lebensfeindlichen, hoffnungslosen Situation herauszufinden.[83]

Unsere Ahnen wussten um die lebenserhaltende Bedeutung des Sonnenlichts. Deshalb verehrten sie die Sonne als Gottheit und das Feuer, diesen Sonnenabkömmling, als Licht- und als Wärmespender. Um diesem spirituellen Wissen Ausdruck zu geben, feierten sie die Sommersonnenwende, den längsten Tag des Jahres, und viele andere mit der Sonne zusammenhängende Feste rituell. Warum sollten wir nicht wieder lernen, ein Fest für die Sonne zu feiern? Not-wendig ist es allemal.

Die Zeitpunkte unserer Ahnen für solche Feste bieten sich als besonders geeignete Termine an. Aber sie sind nicht verbindlich. Ein Sonnenfest können Sie auch feiern, wenn Ihnen danach zumute ist. Jeder Tag ist ein Tag für ein Sonnenfest. Fehlt es ihm an Sonne, so rufen Sie diese eben durch Ihre Rituale herbei! Oder Sie feiern kein Sonnenfest, sondern ein Fest für den Mond zum Beispiel oder ein Licht-Fest, ein Fest der Farben oder ein Fest zur Heilung der Menschen, der Tiere, der Wälder, aller Lebewesen oder der ganzen Erde. Möglichkeiten gibt es genug. Sie müssen nur wieder neu gedacht und erfühlt und gelebt werden.

Die Vorbereitungen für Ihr Fest der ganz anderen Art

Wenn der richtige Zeitpunkt feststeht, ist schon viel geschafft. Am besten stellen Sie sich nun in Ihren Meditationen immer wieder den Verlauf Ihres Festes bildhaft vor. Ihre inneren Bilder werden Ihnen den richtigen Weg zeigen. Vielleicht sagen sie Ihnen, dass Ihr Fest ein Maskenfest werden soll. Dann könnten Sie zusammen mit den anderen Teilnehmern, mit ihrem Partner oder ihrer Partnerin, mit Freunden und Bekannten oder mit wem auch immer sie feiern möchten selbst die Masken herstellen. Jeder kann zum Beispiel mit Hilfe einer Maske sein Krafttier darstellen. Wer sein Krafttier bisher noch nicht kennt, lernt es auf diese Weise vielleicht kennen. Oder wer will, stellt das Tier dar, zu dem er bzw. sie sich besonders hingezogen fühlt. Jeder kann sich auf dem Fest so bewegen, wie sich sein Tier bewegt. Und jeder kann tanzen, wie dieses Tier tanzt.

Wichtig bei der Maskengestaltung sind die Farben, die Sie als Ausdrucksmittel wählen. Farben sind Bestandteil des Sonnenlichts. Im Regenbogen werden sie alle sichtbar. Und jede Farbe hat ihre eigene Kraft und ihre eigene Sprache, die sie als anregende, beruhigende, motivierende, ausgleichende, inspirierende, sogar als lernfördernde Energie weitergibt. Die strahlenden Rot-, Orange- und Gelbtöne des Tages regen unsere Lebenskraft an. Die Farben der Nacht dagegen, Blau, Indigo und Violett, beruhigen, regenerieren und verjüngen uns. Der rote Bereich der Farben wirkt kraftanregend, der blaue eher beruhigend und entspannend. Schon die Ärzte im alten Ägypten wussten um diese Wirkung. Deshalb verordneten sie ihren Patienten, Kleidung in bestimmten Farben zu tragen. Und der griechische Philosoph Pythagoras empfahl bereits 500 Jahre v. Chr. Kranke durch Farben zu therapieren.[84]

Aber auch moderne Therapieformen kennen die heilende Kraft der Farben. Die Säuglingsstationen der meisten großen Krankenhäuser benutzen heute blaues Licht, um die häufig auftretende Gelbsucht der Neugeborenen zu behandeln. Dasselbe Licht setzt man auch als wirksames Mittel ein, um die Schmerzen bei rheumatischer Arthritis zu bekämpfen. Dagegen hat sich rotes, in unterschiedlichen Abständen blinkendes Licht als wirksam bei der Behandlung von Migränekopfschmerzen erwiesen. Bei 72 Prozent der so Behandelten verschwand der starke Migräneschmerz innerhalb einer Stunde.

In den USA benutzt man kaugummirosa gestrichene Gefängniszellen, um aggressive Häftlinge innerhalb weniger Minuten erfolgreich zu beruhigen. Mit Hilfe von rotem und blauem Licht ließen sich die Leistungen von Sportlern beträchtlich verbessern. Dabei wirkt Rot offenbar günstig auf das kurzeitige, schnelle Freisetzen von Energie, während Blau eher beständige längerfristige Leistungen fördert.[85]

Untersuchungen an kanadischen Schulkindern ergaben, dass die Verwendung warmer Farben wie Gelb und Orange in den Klassenräumen die Lernergebnisse deutlich verbesserte.[86] Zu ähnlich verblüffenden Ergebnissen kam die Pädagogin Barbara Meister Vitale. Sie stellte ein deutlich positiveres Lernverhalten bei Kindern fest, wenn man ihnen bei ihrer Arbeit Filzunterlagen in ihrer Lieblingsfarbe oder in deren Komplementärfarbe gab.[87]

Warum sollten wir als Erwachsene nicht ebenfalls die positive Kraftwirkung der Farben nutzen? Das kann geschehen, indem wir unsere Wohnung entsprechend streichen, Kleidung in den für uns heilsamen Farben tragen – oder eben, indem wir unsere persönliche Farbe beim Basteln einer Maske berücksichtigen.

Vor vielen Jahren habe ich die Platte des Schreibtischs in meinem Arbeitszimmer in einem satten Blau gestrichen. Ich spürte damals, dass diese Farbe eine beruhigende, die Gedanken klärende Wirkung auf mich hatte. Die Forschungsergebnisse über Farbtherapien waren mir zu jener Zeit nicht bekannt. Zum Teil gab es sie noch nicht einmal.

Die Bedeutung der einzelnen Farben

Farben wirken auf die meisten Menschen in ähnlicher Weise. Und doch sind Ausnahmen, sind persönliche Abweichungen möglich. Manchmal hat das etwas mit der eigenen Lebensgeschichte zu tun. Wer beispielsweise irgendein sehr unangenehmes Erlebnis in seiner Kindheit mit der Farbe Rot verbindet, wird sie wahrscheinlich auch in seinen Erwachsenenjahren nicht gerade als angenehme Farbe empfinden. Deshalb kann die hier wiedergegebene Beschreibung über die Wirkung einzelner Farben immer nur Anhaltspunkte geben, die aber nicht für alle Menschen zutreffen müssen.

Rot

Rot ist eine Farbe, die zu mutigem, entschlossenem Handeln anregt. Für die meisten Menschen ist sie mit Kraft und Leidenschaftlichkeit, mit Vitalität und Sexualität verbunden. Wenn Sie ein eher unentschlossener, zögernder Mensch sind oder sich im Augenblick kraftlos fühlen, dann kann die Farbe Rot für Sie genau die richtige sein. Probieren Sie es aus. Dazu brauchen Sie nicht gleich Ihre Wohnung rot zu streichen. Allein schon eine Unterlage in roter Pappe an Ihrem Arbeitsplatz oder das Tragen roter Kleidung kann viel bewirken.

Orange

Orange ist eine warme, fröhliche Farbe. Sie fördert Geselligkeit, Offenheit, Zuversicht, Begeisterung, Optimismus und Toleranz im Zusammenleben der Menschen. Deshalb ist Orange günstig für Räume, in denen Menschen zusammenkommen, um miteinander fröhlich zu sein, sich gut zu unterhalten. Wenn Sie sich einsam und niedergeschlagen fühlen, kann Ihnen diese Farbe möglicherweise schnell auf die Beine helfen.

Gelb

Gelb regt den Geist an und fördert die Kommunikation. Es wird mit intellektuellem Scharfsinn, Urteilsvermögen, dem Blick für Details, Disziplin, Aufrichtigkeit und Harmonie in

Verbindung gebracht. Gelb fördert die Konzentrationsfähigkeit und das klare Denken. Diese Farbe eignet sich daher besonders, die Arbeitsatmosphäre anzuregen oder günstige Voraussetzungen für das Gelingen jeder Art von Kommunikation zu schaffen.

Grün

Grün steht ausgleichend zwischen den extravertierten, warmen Tagfarben und dem eher zurückgenommenen, kühlen Nachtspektrum des Blau-Indigo-Lila-Bereichs. Es regt die Energien an, beruhigt aber zugleich.

Grün fördert das Gefühl von Ausgeglichenheit, Harmonie, Frieden, Hoffnung, Wachstum und Heilung. Nicht zufällig tragen die Ärzte in modernen Krankenhäusern daher Grün, vor allem bei Operationen.

Blau

Blau gehört zum kühlen Spektrum der Farben. Es regt an auf dem Weg der Suche nach innerer Wahrheit und Erkenntnis. Blau inspiriert und fördert Kreativität, Verstehen, Glauben, Hingabe, Sanftheit, Geduld und Gelassenheit. Blau schafft eine meditative Atmosphäre und eignet sich für Räume, die Ruhe und Frieden ausstrahlen sollen.

Lila

Ähnlich wie Blau hat das Lila eine beruhigende und tröstende Wirkung. Es fördert die Intuition bis hin zu medialer Wahrnehmungsfähigkeit, aber auch die Inspiration. Es ist eine sehr machtvolle Farbe. Deshalb empfiehlt es sich, sie in vorsichtiger

Dosierung zu verwenden, zum Beispiel indem man es mit weißer Farbe zu einem lavendelfarbenen Ton aufhellt. In der Kleidung und in den Räumen eignet sich Lila besonders als Farbe der Heiler. Auch in Meditationsräumen und bei der Gestaltung von Masken kann sie eine positive spirituelle Atmosphäre schaffen.

Weiß

Die Experten streiten sich, ob Weiß überhaupt als Farbe gelten kann. Im Grunde umfasst es alle Farben. Weiß fördert die Erkenntnis des Göttlichen, die Demut und die schöpferische Vorstellungskraft in uns. Es ist auch eine Farbe der inneren Reinigung und verkörpert Vollkommenheit. Weiß vermittelt das Gefühl von Sauberkeit und Reinheit, kann aber auch steril wirken, Distanz betonen und eine Atmosphäre von Unnahbarkeit schaffen, wenn es nicht durch andere Farben aufgelockert wird.

Schwarz

Schwarz ist die Farbe des Unbekannten, des Geheimnisvollen. Es richtet sich nach innen und wirkt introvertiert. Schwarz steht für den Anfang und das Ende, für das Stirb und Werde im Menschen. Es richtet die Aufmerksamkeit auf die innere Welt, sei es, um sich auf die eigene spirituelle Entwicklung zu konzentrieren oder um Trauerarbeit zu leisten.

Rituale neu schöpfen oder wieder entdecken

Farben und Rituale können Ihnen entscheidend bei der Gestaltung Ihres Festes, aber natürlich ebenso in Ihrem Alltagsleben helfen. Entwickeln Sie selbst Rituale für Ihr Fest und Ihren Alltag, damit jeder Tag zu einem Fest wird. Oder übernehmen Sie Rituale aus diesem Buch als Anregung, die Sie nach Belieben verändern und variieren. So könnte sich Ihr Fest beispielsweise an einem indianischen Steinkreis orientieren. Oder Sie könnten zusammen mit Ihren Gästen eine Spirale aus Steinen legen als Ritual zur Erdheilung. Alles ist möglich. In Ihren Meditationen kann ein solches Projekt langsam wachsen. Das braucht Zeit und manchmal viel Geduld. Aber ein solches Fest zu feiern wird sich für Sie lohnen. Und es wird vielleicht erst der Anfang zu vielen Festen und Ritualen sein, die Sie auf diese Weise wieder zum Leben erwecken oder die Sie vollkommen neu schöpfen.

Und während Sie vielleicht gerade Ihr Fest der ganz anderen Art feiern, werde ich in den Wald gehen zu meinem »Kraftbaum«, zu dem ich während der Arbeit an diesem Buch regelmäßig gegangen bin. Das ist eines meiner Rituale. Ich werde ihm danken für die Kraft, die er mir jeden Tag aufs Neue gab. Und ich werde ihn um Schutz bitten und um Hilfe für alle, die auf dieser Welt leben, dass sie die heilende, wachstumsfördernde Kraft der Sonne, der Erde, der Luft und des Wassers wieder neu erfahren dürfen.

So soll es sein.

Anmerkungen

1 Jung, Ges. Werke, Bd. 15, § 129
2 Graichen 1991, 11
3 Becker 1991, 192, 200
4 Sheldrake 1992
5 Brönnle 1994, 126
6 Becker 1991
7 Graichen 1991, 28 f.
8 Morrison 1978
9 Pogacnik 1989
10 La Chapelle 1978; Brönnle 1994, 123 f.
11 Becker 1991
12 Lüdeling 1997, 169 f.
13 Schaefer 1997, 22-27
14 Goodman 1995, 173 f.
15 Graichen 1991, 74
16 Die Externsteine bei Horn in der Nähe von Detmold im Teutoburger Wald gelten als einer der bekanntesten Kraftorte Deutschlands. Sie liegen auf einem mit hoher Wahrscheinlichkeit bereits den Germanen heiligen Gelände. Der Teutoburger Wald hieß noch im 18. Jahrhundert »Osninghain«, der Hain der Götter oder »Asen«. Eine Urkunde des Klosters Abdinghof aus dem Jahr 1093 nennt das Gebiet um die Externsteine »Idafeld«. In der *Edda* heißt die Landschaft um die Götterburg Asgard ebenfalls Idafeld. Nach Ansicht etlicher Forscher soll bei den Externsteinen der Standort der germanischen Weltensäule Irminsul gewesen sein.
17 Kast 1996, 144; Harnisch 1996, 75
18 Behm-Blancke 1962
19 Behm-Blancke 1962
20 1. Mose 22
21 1. Mose 4

22 Lüdeling 1997, 181 f.
23 Harnisch 1995, 18 f.; auch abgedruckt in Frankfurter Allgemeine Zeitung v. 8.06.76 und in der Anthologie westfälischer Schriftsteller und Maler *Leben im Münsterland*, Münster 1978, S. 89 f.
24 Gemeint ist Peter Caddy, einer der Gründer der sagenhaften Findhorn-Gemeinschaft im Norden Schottlands.
25 Hawken 1985, 164 f.
26 Pogacnik 1995, 270
27 Pogacnik 1995, 272
28 Lethbridge 1980
29 Sheldrake 1991, 204 f.
30 Sheldrake 1995
31 Vgl. hierzu im einzelnen Harnisch 1993, 17 f.
32 Sjöö/Mor 1985
33 Gebauer/Müschenich 1987
34 Eine ausführliche Darstellung über die heilende Wirkung der Orgonenergie und über den Orgonstrahler findet sich bei Harnisch 1993. Zusätzliche Informationen über den Orgonstrahler sind auch im Kapitel 35 dieses Buches enthalten.
35 Schaefer 1996, 37-42
36 von Franz, Der Individuationsprozess, in: C. G. Jung 1968, 161
37 Prumbach 1996, 17 f.
38 Jung, Traumsymbole des Individuationsprozesses, in Ges. Werke, Bd. 12, 5. Aufl. 1987, § 46, Anm. 2
39 Nähere Informationen vor allem zur Bedeutung einzelner Krafttiere und zum Umgang mit ihnen finden Sie in Kapitel 34.
40 Stevens 1994, 110 f., 288 f.
41 Hierbei handelt es sich um die so genannten iatrogenen Krankheiten. Das sind Krankheiten, die durch die Anwendung chemischer Arzneimittel erst entstehen. Nach neueren Schätzungen wird heute etwa jede dritte bis fünfte Krankheit als Folge der Anwendung chemischer Medikamente erzeugt.
42 Vgl. Kapitel 17
43 Mat. 18, 3 in der Übersetzung der Zürcher Evangelien-Synopse
44 Pogacnik 1995, 276
45 Vgl. hierzu Kapitel 16 und 19
46 Celan 1959
47 Harnisch 1995, 33
48 Zur Deutung der hier wiedergegebenen Traumsymbole vgl. im einzelnen Harnisch 1997, 75 und 318

49 Diamond 1967

50 Hall/Nordby 1972

51 Vgl. Harnisch 1997, 41

52 Vgl. Harnisch 1997, 143

53 Vgl. Harnisch 1997, 220

54 Bettelheim 1977

55 Jung, Ges. Werke, Bd. 9 I, § 44 f. (7. Aufl. 1989); vgl. auch Kast 1996, 124

56 Jes. 43, 1 nach der Luther-Übersetzung

57 Linn 1996, 179

58 Wenn Sie mit Runen arbeiten möchten: Im Buchhandel gibt es eine Reihe von Runen-Büchern. Eins von ihnen ist: Reinhard Florek, Das Runen Handbuch – Erkenntnis und Lebenskraft aus den geheimnisvollen Worten und Zeichen, Windpferd Verlag, Aitrang, 3. Auflage 1996. Dieses Buch ist sehr praxisbezogen, enthält allerdings weniger Informationen über die Hintergründe der Runenlehre.

59 Florek 1996, 7

60 Goodmann 1995

61 Siehe Kapitel 8

62 Campbell 1994, 102

63 Campbell 1994, 109

64 Dalichow 1996, 28-34

65 Verändert nach Linn 1996, 316 f.

66 Dalichow 1997, 24-29

67 Jordan 1997, 216 f.

68 Münstersche Zeitung vom 31.01.1998

69 Harnisch 1995 (1), 88 f.

70 verändert nach Linn 1996, 282

71 vgl. z.B. C. G.Jung 1994

72 Eine besonders gut geführte Spezialabteilung für Natursteine mit einem reichhaltigen Angebot führt beispielsweise das Juweliergeschäft Oeding & Ertel in Münster, Am Prinzipalmarkt.

73 Wassermann/Alsen-Hinrichs/ Simonis 1990

74 Braun von Gladiss 1991, 127, 149

75 Der Orgonstrahler ist ein etwa 35 cm großes Gerät. Ausführliche Informationen über alles Wissenswerte zum Thema Orgonenergie und Orgonstrahler finden Sie bei Harnisch 1993. Dort sind auch Bezugsquellen zum Kauf – der Preis beträgt ca. DM 560,– – und zum Mieten des Orgonstrahlers angegeben.

76 Soyka/Edmonds 1977, 20

77   Massy 1980, 28
78   Massy 1980, 25
79   Ebd.
80   Soyka/Edmonds 1977, 64 ff.
81   Massy 1980, 28
82   Kime 1995; Liberman 1995;
83   Zulley/Wirz-Justice (Hrsg.) 1995; Thor-Wiedemann 1996
84   Liberman 1995, 63
85   Liberman 1995, 72 f.
86   Ertel 1978;
87   Meister Vitale zit. n. Liberman 1995, 133 f.

Literatur

Arrow Smith, William/Korth, Michael: Meine Worte sind wie Sterne – sie gehen nicht unter, Reden der Indianerhäuptlinge, München 1984

Becker, Robert O.: Elektrizität und Lebensenergie, Der Einfluss elektrischer Ströme und elektromagnetischer Felder auf den menschlichen Körper – die Chancen der Energiemedizin und die Gefahren der elektromagnetischen Umweltverschmutzung, 2. Auflage, München 1991

Behm-Blancke, G.: Höhlen, Heiligtümer, Kannibalen, Archäologische Forschungen im Kyffhäuser, Leipzig 1992

Behringer, Hans Gerhard: Die Heilkraft der Feste. Der Jahreskreis als Lebenshilfe, 2. Auflage, München 1998

Bender, Hans (Hrsg.): Widerspiel – Deutsche Lyrik seit 1945, München 1962

Bettelheim, Bruno: Kinder brauchen Märchen, Stuttgart 1977

Betz, Otto: Die geheimnisvolle Welt der Zahlen. Mythologie und Symbolik, München 1999

Braun von Gladiss, Karl-Heinz: Ganzheitliche Medizin in der ärztlichen Praxis, Naturheilkunde, Umweltmedizin, Energiemedizin, kritisches Denken, Südergellersen 1991

Brönnle, Stefan: Landschaften der Seele, Von mystischen Orten, heiligen Stätten und uralten Kulturen, 2. Auflage, München 1998

Campbell, Joseph: Die Kraft der Mythen, Bilder der Seele im Leben des Menschen, Zürich und München 1994

Celan, Paul: Sprachgitter, Gedichte, Frankfurt a. M. 1957

Combs, Allan/Holland, Mark: Die Magie des Zufalls, Synchronizität – eine neue Wissenschaft, Reinbek bei Hamburg 1992

Dahlke, Rüdiger: Der Mensch und die Welt sind eins – Wie oben, so unten: unsere Existenz zwischen Mikrokosmos und Makrokosmos, 5. Auflage, München 1987

Dalichow, Irene: Der Weg der Schönheit, in: Esotera 12/97, 24-29

Dalichow, Irene: Ein Gipfel »strahlender« Symbolik, in: Esotera 12/96, 28-34

Devereux, Paul/Thomson, Ian: The Leyhunters Companion, London 1979

Ertel, Henner: Kinder-Farbstudien, München 1978

Florek, Reinhard: Das Runen Handbuch, Erkenntnis und Lebenskraft aus den geheimnisvollen Worten und Zeichen, 3. Auflage, Aitrang 1996

Fox, Matthew: Die Revolution der Arbeit. Damit alle sinnvoll leben und arbeiten können, München 1996

Gebauer, Rainer/Müschenich, Stefan: Der Reichsche Orgonakkumulator, Naturwissenschaftliche Diskussion, Praktische Anwendung, Experimentelle Untersuchung, Frankfurt/Main 1987

Goodman, Felicitas: Trance – der uralte Weg zum religiösen Erleben, Rituelle Körperhaltungen und ekstatische Erlebnisse, 3. Auflage, Gütersloh 1996

Goodman, Felicitas: Wo die Geister auf den Winden reiten, Trancereisen und ekstatische Erlebnisse, 3. Auflage, Freiburg 1995

Graichen, Gisela: Das Kultplatzbuch, Ein Führer zu den alten Opferplätzen, Heiligtümern und Kultstätten in Deutschland, München 1991

Harner, Michael: Der Weg des Schamanen, Ein praktischer Führer zu innerer Heilkraft, Genf, München 1994

Harnisch, Günter: Das große Traumlexikon, Über 1500 Traumsymbole von A bis Z psychologisch gedeutet, 6. Auflage, Freiburg, Basel, Wien 1997

Harnisch, Günter: Die Botschaft der Angstträume, Was sie uns sagen – wie wir sie verstehen – wie sie uns helfen, Freiburg i. Br. 1997

Harnisch, Günter: Fledermausohren, Fledermausangst, Gedichte, Lippstadt 1995 (1)

Harnisch, Günter: Orgonenergie – Geballte Lebenskraft, Die heilende Wirkung des Orgonstrahlers, 3. Auflage, Bietigheim 1993

Harnisch, Günter: Was Kinderträume sagen, Traumbilder verstehen, deuten, gestalten – Mit einem Lexikon der Traumsymbole, Freiburg, Basel, Wien 1995 (2)

Harnisch, Günter: Wie Kinder innerlich zur Ruhe kommen, Phantasiereisen für Kinder mit ihren Eltern, Freiburg, Basel, Wien 1998

Hawken, Paul: Der Zauber von Findhorn, Ein Bericht, Reinbek bei Hamburg 1985

Jung, Carl Gustav (u. a.): Der Mensch und seine Symbole, Olten 1968

Jung, Carl Gustav: Gesammelte Werke, hrsg. von Lilly Jung-Merker, Elisabeth Rüf und Leonie Zander, Bd. 15, Über das Phänomen des Geistes in Kunst und Wissenschaft, 4. Auflage, Olten 1984

Jung, Carl Gustav: Synchronizität, Akausalität und Okkultismus, 3. Auflage, München 1994

Kaiser, Rudolf: Gesang des Regenbogens, Indianische Gebete, Münster 1985

Kaiser, Rudolf: Sterne, die singen. Indianische Weisheit, München 1997

Kast, Verena: Die Dynamik der Symbole, Grundlagen der Jungschen Psychotherapie, München 1996

Kime, Zane R.: Sonnenlicht und Gesundheit, 3. Auflage, Ritterhude 1995

Kunkel, O.: Die Jungfernhöhle bei Tiefenellern, Eine neolithische Kultstätte auf dem Fränkischen Jura bei Bamberg, München 1955

La Chapelle, Dolores: Weisheit der Erde, Eine spirituelle Ökologie, Saarbrücken 1978

Lethbridge, T. C.: The Essential T. C. Lethbridge, London 1980

Liberman, Jacob: Die heilende Kraft des Lichts, Der Einfluss des Lichts auf Psyche und Körper, Neue Möglichkeiten der Licht-Therapie, 2. Auflage, Bern, München, Wien 1995

Linn, Denise: Die Magie des Wohnes, Ihr Zuhause als Ort der Kraft, der Kreativität und der Zuflucht, München 1996

Luczyn, David: Deutschland, Ein Führer zu Orten des Lichts und der Kraft, München 1991

Lüdeling, Ingeborg M.: Steine, Bäume, Menschenträume, Ein spirituelles Erlebnisbuch mit 24 Übungen, Freiburg i. B. 1997

Mardorf, Elisabeth: Das kann doch kein Zufall sein, Verblüffende Ereignisse und geheimnisvolle Fügungen in unserem Leben, München 1997

Maschwitz, Gerda und Rüdiger: Aus der Mitte malen – heilsame Mandalas, 5. Auflage, München 1998

Maschwitz, Gerda und Rüdiger: Neue Mandalas – Aus der Mitte wachsen, München 1998

Massy, Robert: You are What You Breathe, Boulder Creek, CA, 1980

Morrison, Tony: Enigma of the Drawings, The Unexplained, Nr. 19, London 1982

Morrison, Tony: Nazca: The End of the Trail, The Unexplained, Nr. 22, London 1982

Morrison, Tony: Pathways to the Gods: The Mystery of the Andes Lines, New York 1978

Peisker, Carl Heinz: Zürcher Evangelien-Synopse, 10. Auflage, Kassel 1970

Pestum, Jo: Leben im Münsterland, Eine Anthologie westfälischer Schriftsteller und Maler, herausgegeben nach einer Idee der Bezirksgruppe Münsterland des Verbands deutscher Schriftsteller (VS), Münster 1978

Poeplau, Wolfgang: In die Mitte der Welt führt deine Spur, Texte indianischer Weisheit, Freiburg 1984

Pogacnik, Marko: Die Erde heilen, Das Modell Türnich, München 1989

Pogacnik, Marko: Die Landschaft der Göttin, Heilungsprojekte in bedrohten Regionen Europas, München 1993

Pogacnik, Marko: Elementarwesen, Die Gefühlsebene der Erde, München 1995

Prumbach, Siegfried: Die andere Seite der Kraftorte, in: Raum & Zeit 80/1996, 17-24

Redaktion der Time-Life-Bücher: Geheimnisse des Unbekannten, Mystische Stätten, Amsterdam 1988

Reich, Wilhelm: Die Entdeckung des Orgons, Der Krebs, Köln 1974

Reimann, Michael: Entdecke die Musik in dir. Vom Vergnügen, die eigene Musikalität zu entdecken, München 1998

Schaefer, Michael: Ein Zuhause voller Harmonie, in: Esotera 12/96, 36-42

Schaefer, Michael: Zum Regenbogen der Energien, in: Esotera 9/97, 22-27

Sharamon, Shalila/Baginski, Bodo J.: Das Chakra-Handbuch, Vom grundlegenden Verständnis zur praktischen Anwendung, Eine umfassende Anleitung zum Harmonisieren der Energiezentren durch Klänge, Farben, Edelsteine, Düfte, Atemtechniken, Naturerfahrungen, Reflexzonen und Meditationen, 17. Auflage, Aitrang 1992

Sheldrake, Rupert: Das Gedächtnis der Natur, Das Geheimnis der Entstehung der Formen in der Natur, Bern, München, Wien 1992

Sheldrake, Rupert: Die Wiedergeburt der Natur, Wissenschaftliche Grundlagen eines neuen Verständnisses der Lebendigkeit und Heiligkeit der Natur, Bern, München, Wien 1991

Sheldrake, Rupert: Sieben Experimente, die die Welt verändern könnten, Anstiftung zur Revolutionierung des wissenschaftlichen Denkens, 4. Auflage 1995, Bern, München, Wien 1995

Sjöö, Monica/Mor, Barbara: Wiederkehr der Göttin, Braunschweig 1985

Soyka, Fred/Edmonds, Alan: The Ion Effect, New York 1977

Stevens, Jose und Lena: Zur Quelle der Kraft, Schamanische Techniken für das Leben von heute, Freiburg i. Br. 1994

Thor-Wiedemann, Sabine: Licht gibt Leben, Gesundheit für Körper und Seele durch Sonne und Lichttherapie, München 1996

Wassermann, O./Alsen-Hinrichs, C./Simonis, U. E.: Die schleichende Vergiftung – Die Grenzen der Belastbarkeit sind erreicht, Die Notwendigkeit einer unabhängigen Umwelttoxikologie, Frankfurt am Main 1990

Zulley, Jürgen/Wirz-Justice, Anna (Hrsg.): Lichttherapie, Regensburg 1995

Quellennachweis

S. 81, 185: Quelle unbekannt
S. 110 f.: Aus: Ingeborg Bachmann, Werke Bd. 1. © Piper Verlag GmbH, München 1978, S. 136 f.